W0056807

Bruno
Kern
Das
Märchen
vom
grünen
Wachstum

Rotpunktverlag.

DAS MÄRCHEN VOM GRÜNEN WACHSTUM

Bruno
Kern

**Plädoyer für eine solidarische
und nachhaltige Gesellschaft**

Der Rotpunktverlag wird vom Bundesamt für Kultur
mit einem Strukturbeitrag für die Jahre 2016–2020 unterstützt.

Umschlag: Patrizia Grab
Satz: Gaby Michel, Hamburg
Druck & Bindung: Friedrich Pustet, Regensburg
ISBN 978-3-85869-847-6
1. Auflage 2019

Dieser Titel ist auch als E-Book erhältlich.

Für Saral

Inhalt

KOLLEKTIVE VERNUNFT WIDER DIE LOGIK DES SELBSTMORDS

»Marx sagt, die Revolutionen sind die Lokomotiven der Weltgeschichte. Aber vielleicht ist dem gänzlich anders. Vielleicht sind die Revolutionen der Griff des in diesem Zuge reisenden Menschengeschlechts nach der Notbremse.«

WALTER BENJAMIN

Warum Sozialismus?

Die Begriffe unserer menschlichen Sprache sind nicht unschuldig, und so manche von ihnen tragen eine schwere geschichtliche Hypothek mit sich. Das gilt gerade für die »großen Worte«, in denen sich die stärksten Hoffnungen und Träume unserer Spezies kondensieren. Und doch können wir auf sie nicht verzichten. Im schwierigen Prozess, uns über unsere Zukunft zu verständigen, tut Klarheit not. Postmoderne Beliebigkeit, Verschleierungsvokabular und begriffliche Unschärfe tragen nichts bei zur Erhellung unserer Situation, zur Plausibilität unserer Alternativen und zur Ermutigung eines entsprechenden Engagements. Gerade vonseiten der in den verschiedenen Umweltbewegungen und -organisationen engagierten jungen Menschen, auf die ich selbst meine stärksten Hoffnungen setze, sehe ich mich mit dem misstrauischen Verdacht konfrontiert, »Ökosozialismus« sei nichts weiter als der Versuch, einem längst gescheiterten Modell aus dem 19. Jahrhundert einen frischen grünen Anstrich zu verleihen. Und wie alle, die einen undogmatischen, demokratischen, partizipatorischen und humanistischen Sozialismus vertreten, bin ich es längst leid, mich ständig abgrenzen zu müssen von all den politischen Abenteurern, die diesen Begriff für sich reklamierten. Der »linkskatholische« Journalist Walter Dirks war es aber nicht zuletzt, der uns kurz vor seinem Tod im Rückblick auf die Bemühungen der Nachkriegszeit um eine neue Wirtschaftsordnung im persönlichen Gespräch zu bedenken gab: »Unsere Sache war ab dem Zeitpunkt verloren, als wir glaubten, aus Opportunitätsgründen auf den Begriff ›Sozialismus‹ verzichten zu müssen.« Und so gebe ich wiederum meinen jungen Freunden und Weggefährten aus der Ökobewegung zu bedenken, ob sie mit ihrer begrifflichen

Enthaltsamkeit nicht ungewollt der herrschenden Ideologie aufsitzen, dass das kapitalistische System der Geschichte letzter Schluss sei, dass es alternativlos sei und dass die dringend nötigen Veränderungen innerhalb der kapitalistischen Marktwirtschaft, unter intelligenter Ausnutzung ihrer Mechanismen, zu bewerkstelligen seien. Von dieser gefährlichen Illusion wird in diesem Buch noch ausführlich die Rede sein.

Eine andere beliebte Immunisierungsstrategie besteht darin, dass man sich insgesamt in makroökonomischer Abstinenz übt, sich auf die Handlungsansätze im kleinen Bereich konzentriert – die ich übrigens für wichtig genug halte – und es von vornherein für müßig erachtet, sich mit den schwierigen Fragen der ökonomischen Transformation auseinanderzusetzen – was wiederum nur jenen in die Hände spielt, die die Ökonomie im Interesse einer kleinen Elite organisieren und dafür unsere Überlebenschancen aufs Spiel setzen.

So nehme ich denn lieber die historische Hypothek auf mich, mache mir die Hände schmutzig und rede Klartext. Sozialismus heißt, dass wir unsere Ökonomie nicht mehr den blinden Gesetzen und Sachzwängen des Marktes und der Konkurrenz, des Zwangs zum Profit um jeden Preis, der Notwendigkeit eines richtungslosen, auf Dauer gestellten Wachstums unterwerfen, sondern dass wir den Anspruch haben, uns gemeinsam darauf zu verständigen, wie wir unsere Bedürfnisse befriedigen, wie, wie viel und was wir produzieren wollen. Sozialismus heißt, dass wir den »Sachzwängen« einer Ökonomie, die wir längst nicht mehr kontrollieren können, einen vernünftigen, partizipatorischen Verständigungsprozess, einen politischen Aushandlungsprozess darüber entgegensetzen, wie wir das Nötige für ein anständiges Leben aller herstellen wollen. Es wäre eine

Beleidigung der Vernunft zu meinen, bewusstes menschliches Planen vermöge weniger als blinde Marktkräfte.

Sozialismus heißt also, die Produktionsmittel unter die Kontrolle der Gesellschaft zu bringen und sie für deren Interessen und Bedürfnisse einzusetzen. Sozialismus heißt, die Anarchie einzelner Profitinteressen durch eine koordinierte Planung zu ersetzen.

Diese Klarstellung mag vorläufig genügen. Die nötigen Präzisierungen und Begründungen werden im Verlauf dieses Buches geliefert. Eines ist mir aber vorweg noch wichtig: Erst wenn die ökonomische Basis nicht mehr den Sachzwängen der Kapitalkonkurrenz und der Profiterwirtschaftung um jeden Preis folgen muss, kann der Anspruch der Demokratie überhaupt eingelöst werden. Die bewusste Koordination unserer Produktion ist die Voraussetzung – wenn auch noch nicht die Garantie – für echte demokratische Teilhabe. Solange unsere Ökonomie den Sachzwängen des Kapitals unterworfen ist, haben demokratisch legitimierte Instanzen wie etwa Parlamente überhaupt nur einen geringen Entscheidungsspielraum, können sie im Wesentlichen nur das nachvollziehen, was ihnen die kapitalistische Ökonomie als »Sachzwang« vorgibt. Und solange die Menschen in ihrer materiellen Existenz abhängig sind vom Wohlwollen derer, die über die Produktionsmittel verfügen, sind sie auch in ihrer Wahlentscheidung nicht frei. Die neuerdings modisch gewordene Rede von der »marktkonformen Demokratie« ist entlarvend genug und bringt klar zum Ausdruck, wer der eigentliche Souverän ist. Auf dem Boden des Kapitalismus kann Demokratie aber – entgegen allen ideologischen Beteuerungen – nie und nimmer gedeihen.

Ökosozialismus – ein Begriff ohne Markenschutz

Es ist mir hier keineswegs darum zu tun, mit einem erschöpfenden geschichtlichen Abriss des »Ökosozialismus« zu langweilen.[1] Mir geht es ja insgesamt in diesem Buch darum, ein bestimmtes Konzept, einen bestimmten Vorschlag in die Diskussion einzuspeisen, nämlich den der Initiative Ökosozialismus[2]. Die Redlichkeit gebietet es aber schon, darauf aufmerksam zu machen, dass wir nicht die Ersten waren und auch nicht die Einzigen sind, die für sich beanspruchen, »Ökosozialisten« zu sein. So sollen wenigstens ein paar Hinweise darauf gegeben werden, wer in welchem Sinne bisher von »Ökosozialismus« gesprochen hat. Das ist bereits die erste Gelegenheit, in Anknüpfung und Widerspruch dazu das eigene Profil klarer hervortreten zu lassen.

Wenn jemand im deutschen Sprachraum für sich das Copyright auf den Begriff »Ökosozialismus« in Anspruch nehmen kann, dann ist das – zumindest nach meinen Recherchen – der bayerische Romancier und Essayist Carl Amery. In einem kleinen Aufsatz aus dem Jahr 1976[3] verwendet er ihn zum ersten Mal. Was er selbst darunter genauer versteht, hat er dann in einem umfangreicheren Buch[4] dargelegt. In Anlehnung an Karl Marx' *Thesen über Feuerbach* fasst er darin in elf Thesen das zusammen, was er – im Gegensatz zum bisherigen, inkonsequenten Materialismus – den »ökologischen Materialismus« nennt. Er geht dabei weit hinaus über eine bloße Bestreitung der kapitalistischen Ökonomie. Der Mensch habe sein spezifisches Potenzial einzufügen in die ökologischen Kreisläufe, seinen angemessenen Platz darin zu finden und seinen Herrschaftswillen gegenüber den übrigen Lebewesen entsprechend zurückzunehmen. Amery stellt damit also den neuzeitlichen Dualismus von Mensch und Natur und den daraus resultierenden Anthropozentrismus radikal infrage. Und: Nicht einfach der Kapitalismus, sondern das Industriesystem insgesamt widerstreitet der Logik des Überlebens der Menschheit. Für Amery gilt: »[...] entweder das Industriesystem bricht vor dem Ökosystem – oder das Ökosystem bricht vor dem Industriesystem zusammen.«[5]

An dieser Stelle darf ich bereits eine erste Gemeinsamkeit mit unserer Auffassung festhalten: Auch die Initiative Ökosozialismus unterscheidet sich von traditionelleren sozialistischen Strömungen gerade darin, dass sie über die sozialistische Organisation der Ökonomie hinaus nicht nur den Umbau, sondern den konsequenten Rückbau unserer Industriegesellschaft für nötig hält. Im Gegensatz zu Amerys etwas pauschalen Statements haben wir dazu detaillierte Argumente geliefert, die hier noch zur Sprache kommen werden. Amerys Kritik am Anthropozentrismus hat aus unserer Sicht ebenfalls ihre Berechtigung, wenn auch nicht in der apodiktischen Weise, in der Amery sie vorträgt. Der Anspruch, den Lebensraum anderer Spezies zu achten und deren Bedürfnissen Rechnung zu tragen, muss einer Anthropozentrik nicht widersprechen, die auf dem qualitativen Unterschied beharrt, der uns Menschen auszeichnet und der uns erst zu jenem »verantworteten« Umgang mit der übrigen Natur befähigt, der heute nottut. Und wenn Amery von der »Logik des Überlebens der Menschheit« spricht, dann ist dies unübersehbar ein anthropozentrisches Argument. Jedenfalls halten wir einen solchen »aufgeklärten Anthropozentrismus« für eine ausreichende Basis der gemeinsamen Verständigung auf das ökologisch Notwendige und müssen deshalb in unserem Zusammenhang diese philosophische Auseinandersetzung nicht weiterführen.

Anfang der 1980er-Jahre taucht der Begriff »Ökosozialismus« in Zusammenhängen auf, die weniger von spezifisch ökologischen Erwägungen motiviert zu sein scheinen als vielmehr vom Bedürfnis, einen »demokratischen« Sozialismus von autoritären staatssozialistischen Modellen abzugrenzen.[6] Als genuine Elemente einer sozialistischen Neuorientierung werden hier benannt: eine Neubestimmung des Verhältnisses von Staat und Gesellschaft, Basisinitiativen für ein herrschaftsfreies Leben und Arbeiten, Liberalität im Hinblick auf individuelle Lebensentwürfe, feministische Patriarchatskritik und so weiter. In diesem Zusammenhang versucht man auch, dem Bericht des Club of Rome, *Die Grenzen des Wachstums*,[7] Rechnung zu tragen, und fordert die Einbeziehung einer wachstumskritischen, ökologischen Dimension in die Wirtschaftsdemokratie[8] – mehr aber auch nicht. Die Bezeichnung »Ökosozialismus« scheint hier eher dem Bedürfnis nach Abgrenzung vom Staatssozialismus als der ernsthaften Reflexion der ökologischen Folgen unseres Wirtschaftens geschuldet zu sein. Wesentlich deutlicher am neu erwachten ökologischen Bewusstsein orientiert ist allerdings der recht einflussreiche Beitrag des Futurologen Ossip Flechtheim, den viele als den »Vater des ökosozialistischen Ansatzes« bezeichnen. In einem längeren Artikel in der *Frankfurter Rundschau* vom 20. September 1980 unter dem Titel »Der Ökosozialismus und die Hoffnung auf den neuen Menschen«[9] legt er sein Programm dar. Ein Synonym für »Ökosozialismus« ist für ihn »Humansozialismus«, den er scharf abgrenzt von jeder Form von autoritärem Kollektivismus. Sozialismus in seinem Sinne ist aber recht verwässert zu einem »dritten Weg«, der jede über eine bloße Rahmenplanung hinausgehende staatliche Lenkung der Wirtschaft ablehnt und lediglich eine Politik der Vollbeschäftigung, die Beschränkung des Erbrechts und eine Begrenzung des privaten Profitstrebens einklagt. Im Gegensatz zu den Vätern des Sozialismus, Marx und Engels, sei jedoch heute nicht mehr mit einer unbegrenzt zur Verfügung stehenden »Fülle der Natur« zu rechnen. Das verbiete die Einsicht in die Grenzen des wirtschaftlichen und demografischen Wachstums. Es müsse vielmehr um eine Bedarfsdeckungswirtschaft gehen, die »in wichtigen Punkten stabil und stellenweise sogar stationär« sein wird. Flechtheim setzt seine Hoffnung darüber hinaus auf eine ökologisch rationalere und humane Technik, deutet aber andererseits immerhin auch an, dass die neue Gesellschaft »in manchem an vorindustrielle Verhaltensweisen und Werte anknüpfen« könnte. Im Gegensatz zu den Zukunftsvisionen der sozialistischen Gründerväter spricht er von einem Sozialismus, »der freilich in vielem durchaus frugaler zu sein hätte«.[10]

All das klingt noch wenig nach einem stringenten neuen Konzept. Es lässt vielmehr die Verunsicherung und Nachdenklichkeit erkennen, die Dennis Meadows' Buch *Die Grenzen des Wachstums* ausgelöst haben. Immerhin: Im Gegensatz zur heftigen Polemik von links wie rechts, die sich weigerte, das Faktum der Begrenztheit unserer natürlichen Ressourcen zur Kenntnis zu nehmen, ist hier die intellektuelle Redlichkeit am Werk, der Situation wirklich Rechnung tragen zu wollen. Aus heutiger Sicht ist freilich festzuhalten, dass die Dramatik der Situation noch gar nicht im Blick war. Der Klimawandel etwa war damals nur einer kleinen Schar von Experten bewusst und noch weit von der heutigen öffentlichen Aufmerksamkeit entfernt. Natürlich sind, gemessen daran, auch die konkreten Forderungen von damals höchst unzulänglich. Die Diskussion um den Sozialismus allgemein wurde noch im Kontext der Systemkonfrontation im Kalten Krieg geführt, und die einzig wirkmächtige ökologische Basisbewegung war die Anti-AKW-Bewegung, die sehr bald über ihr ursprüngliches Anliegen hinaus zur Sammelbewegung von staatsskeptischen Kräften aller Art wurde.

Als einflussreich für die Debatten innerhalb der Linken erwies sich auch der aus Wien stammende und später in Paris lebende André Gorz. Auch er steht zunächst unter dem Eindruck des Berichts des Club of Rome, *Die Grenzen des Wachstums*. Die Weiterverfolgung des Zieles »materielles Wachstum« würde in eine Sackgasse münden. Deshalb plädierte Gorz für Recycling, langlebige Güter, Reparatur. Unter dem Eindruck der erheblichen Zunahme der Arbeitsproduktivität in den 1970er-Jahren aber knüpfte er seine Hoffnung auf eine emanzipierte Gesellschaft nicht länger an politische Prozesse, sondern immer stärker an die Entwicklung des technischen Produktionsapparats, projizierte die Produktivitätsentwicklung in die Zukunft, rechnete fantastisch anmutende Potenziale dieser Entwicklung hoch und erwartete von der »mikroelektronischen Revolution« die Befreiung des Menschen. Ein Bruchteil der verfügbaren Arbeitskraft würde nun reichen, um den Gesamtbedarf der Bevölkerung zu decken und damit das »Reich der Freiheit« im Gegensatz zum »Reich der Notwendigkeit« erheblich zu erweitern. Doch diese technische Revolution, die alles Vergangene in den Schatten stelle, führe nicht nur zur Abnahme der Gesamtmasse des fixen Kapitals und zur radikalen Abnahme der nötigen Arbeitskraft, sondern gleichermaßen zur Ersparnis von Ressourcen und Energie! Gorz blendet hier völlig aus, dass eine höhere Energie- und Ressourcenintensität gerade die notwendige Kehrseite der Automation und Fertigung mithilfe von Industrierobotern ist und dass ein gesteigerter Gesamtverbrauch von Energie zwangsläufig daraus folgt. Allein schon ein PC erfordert einen Materialverbrauch von fünfzehn bis neunzehn Tonnen! Industrieroboter und andere automatische Maschinen verbrauchen im Betrieb wesentlich mehr Energie als Prozesse mit stärkerer manueller Beteiligung. Gorz' Einschätzung der Potenziale der mikroelektronischen Revolution trug auch wesentlich dazu bei, die Debatte um ein bedingungsloses Grundeinkommen neu zu beflügeln, das uns später noch ausführlicher beschäftigen wird (S. 124 ff.).[11]

In Deutschland verdankt der Begriff »Ökosozialismus« seine relative Bekanntheit – zu Unrecht, wie ich meine – der Tatsache, dass er einer bestimmten Strömung innerhalb der 1979 gegründeten Partei Die Grünen als Selbstbezeichnung diente. Die der Hamburger grün-alternativen Liste (GAL) zugehörenden Hauptprotagonisten dieser Strömung waren Rainer Trampert (zeitweise einer der Sprecher der Bundespartei) und Thomas Ebermann (zeitweise Bundestagsabgeordneter). Allerdings entsprach dieser Selbstbezeichnung keinerlei originäres Konzept von Ökosozialismus. Das Präfix »Öko-« diente offenbar nur dazu, eine grundsätzlich antikapitalistische Position innerhalb einer Partei zu legitimieren, deren ökologische Orientierung konstitutiver Bestandteil ihres Selbstverständnisses war.[12]

Auf internationaler Ebene ist sicherlich die Vierte (trotzkistische) Internationale heute eine der bedeutenderen Formationen, die ihrem Selbstverständnis nach ökosozialistisch ist. Im Jahr 2003 hat sie auf ihrem Kongress den eindeutig ökosozialistischen Text *Ökologie und sozialistische Revolution* verabschiedet. Vorausgegangen war dem ein im Jahr 2001 vom amerikanischen Philosophen Joel Kovel und vom brasilianischen Philosophen Michael Löwy verfasstes *Ökosozialistisches Manifest,* das im Jahr 2007 zur Grundlage des Internationalen Ökosozialistischen Netzwerks werden sollte. Daraus ging wiederum die *Internatio-*

nale Ökosozialistische Erklärung von Belém aus dem Jahr 2008 zur Erderwärmung hervor. Auch das in Deutschland beheimatete Netzwerk Ökosozialismus, dem unsere Initiative Ökosozialismus angehört, hat die Erklärung von Belém als Grundkonsens gewählt.[13]

Der entscheidende Vordenker in diesem Zusammenhang ist ohne Zweifel der in Brasilien geborene und bis zu seiner Emeritierung in Paris lehrende Philosoph Michael Löwy. Er kritisiert zunächst die Unzulänglichkeit rein kultur- und konsumkritischer Ansätze, wie sie zum Beispiel heute in der Degrowth-Bewegung zu finden sind, aber auch die Grenzen reiner Technikkritik. Dagegen beharrt er darauf, dass der kapitalistische Zwang zum Wachstum, der aus dem Konkurrenzverhältnis von Einzelkapitalien resultiert und eine Kapitalakkumulation auf immer höherer Stufenleiter erfordert, die entscheidende Triebkraft der ökologischen Zerstörung ist. Allerdings unterzieht er auch die eigene, marxistische Tradition einer gründlichen Revision. Gefordert sei heute eine umfassende Kritik der Auffassung, dass erst die höchstmögliche Entwicklung der Produktivkräfte eine sozialistische Gesellschaft ermögliche, wie dies Marx und Engels im *Manifest der Kommunistischen Partei* vertreten haben (vgl. dazu weiter unten, S. 193 ff.). Ein radikaler Bruch mit der Ideologie des linearen Fortschritts mit dem technologischen und ökonomischen Paradigma der modernen Industriezivilisation sei gefordert. Löwy verweist in diesem Zusammenhang ausdrücklich auf die grundsätzliche Infragestellung der Fortschrittsidee durch den Philosophen Walter Benjamin. Ziel der gesellschaftlichen Kontrolle über die Produktionsmittel ist nicht länger die »Beherrschung der Natur«, sondern vielmehr die bewusste Gestaltung des Verhältnisses von Mensch und Natur im Sinne der Lebensförderung und -erhaltung. Das kollektive Eigentum an Produktionsmitteln und eine demo-kratische Planung der Produktionsziele, der Investitionen und der technologischen Struktur der Produktivkräfte seien unabdingbar.

Löwy verabschiedet sich damit konsequent von allen produktivistischen Varianten des Sozialismus aus dem vorigen Jahrhundert. Allerdings ist seine Position – aus unserer Sicht – auch mit entscheidenden Schwächen und Fehleinschätzungen behaftet, die nach meinem Eindruck vor allem auf die mangelnde Auseinandersetzung mit dem empirischen Befund, etwa mit Potenzialen erneuerbarer Energien oder der Dimension der erforderlichen Reduktionen, zurückzuführen sind. Ein erstes analytisches Defizit sehe ich aber zunächst in Löwys Einschätzung der Rolle der (organisierten) Arbeiterbewegung und der Gewerkschaften. Er bezeichnet sie nach wie vor als »eine grundlegende Kraft für jede radikale Systemveränderung und für die Entstehung einer neuen sozialistischen und ökologischen Gesellschaft«[14]. Eine solche Einschätzung hat wohl eher emotionale Wurzeln, als dass sie empirisch oder analytisch zu erhärten wäre. Löwys »Klassenstandpunkt« übersieht hier, dass es heute, da sich die Widersprüchlichkeit des Kapitalismus nicht mehr vornehmlich in der Verelendung der Industriearbeiter niederschlägt, sondern im brutalen Ausschluss großer Bevölkerungsmassen im globalen Süden einerseits und in einer rasanten Zerstörung unserer natürlichen Lebensgrundlagen andererseits, keinen objektiven (!) Zusammenfall der Interessen mehr gibt, wie ihn etwa Karl Marx noch voraussetzen konnte, um die besondere Rolle des Industrieproletariats zu begründen (vgl. dazu weiter unten, S. 199f.). Die unmittelbaren (!) eigenen Interessen der abhängig Beschäftigten in den Industrieländern decken sich keinesfalls mit dem, was heute eine

Transformation der Gesellschaft so dringend nötig macht: dem Interesse an der Erhaltung unserer elementaren natürlichen Lebensvoraussetzungen. In den entscheidenden gesellschaftlichen Auseinandersetzungen im Ringen um unsere ökologische Zukunft steht ein Großteil der organisierten Arbeitnehmerschaft denn auch faktisch auf der anderen Seite. Dies wäre nüchtern zur Kenntnis zu nehmen und analytisch aufzuarbeiten, anstatt in Arbeiterbewegungsnostalgie zu schwelgen.

Löwy erspart sich die Auseinandersetzung mit den Details der notwendigen Reduktionen des Energie- und Ressourcenverbrauchs und gelangt so zu verharmlosenden Einschätzungen des bevorstehenden radikalen Bruchs. Die Lösung liege nicht in einer allgemeinen »Begrenzung« des Konsums, erforderlich sei lediglich eine Einschränkung des Luxus, der Verschwendung, unnützer und schädlicher Produkte. Löwy unterschlägt damit völlig, dass auch die Konsumgewohnheiten breiter Bevölkerungsmassen in den reichen Industrieländern, wie regelmäßige Urlaubsflüge oder der selbstverständliche Besitz eines Autos, mit den Zielen der Nachhaltigkeit völlig unvereinbar sind. Privatautos zählt er zu den legitimen Bedürfnissen, er erspart sich die Auseinandersetzung im Detail und versteigt sich stattdessen zu entlarvender Polemik: »Es gibt keineswegs die Notwendigkeit – wie es einige puritanische und asketische ÖkologInnen zu glauben scheinen –, das Lebensniveau der europäischen oder nordamerikanischen Bevölkerungen in grundsätzlichem Sinne abzusenken.«[15] Erstaunlich genug, dass bekennende Antiimperialisten, wenn es ums Eingemachte geht, zu glühenden Verfechtern unserer imperialen Lebensweise werden und das System der weltweiten ökologischen Ausplünderung ausblenden, das dieses »Lebensniveau« erst ermöglicht. So mutieren revolutionäre

Marxisten plötzlich zu Verteidigern des *american way of life*.

Löwy unterstellt auch recht pauschal, ohne auch nur irgendwo eine detaillierte Analyse zu leisten, dass die konsequente Entwicklung erneuerbarer Energien lediglich an der mangelnden kapitalistischen Rentabilität gescheitert sei. Ebenso wie die Verfechter eines »grünen Kapitalismus« scheint er also stillschweigend davon auszugehen, dass ökologische Nachhaltigkeit rein technisch zu bewältigen wäre. Wozu aber dann noch Sozialismus? Könnte nicht gerade ein »aufgeklärter Kapitalismus« selbst die nötigen Veränderungen herbeiführen, wenn die brachliegenden Potenziale erneuerbarer Energien so Erfolg versprechend wären? Dass die mangelnde Rentabilität möglicherweise auch mit der wesentlich geringeren energetischen Dichte alternativer Energiequellen zu tun haben könnte – diese Frage stellt er erst gar nicht.

Ökosozialismus – Unsere Positionen in Grundzügen

Gegenstand dieses Buches ist jene Auffassung von »Ökosozialismus«, wie sie die im Jahr 2004 gegründete Initiative Ökosozialismus vertritt. Als loser Zusammenschluss, dem sich in Deutschland, der Schweiz und Österreich einige Hundert Menschen zugehörig fühlen, versucht die Initiative Ökosozialismus, die politischen Auseinandersetzungen mitzubestimmen, ihre inhaltlichen Positionen publik zu machen und in die Debatten relevanter sozialer Bewegungen, Organisationen und Parteien mit einzuspeisen. Gründungsmitglied und Haupttheoretiker unseres Ansatzes ist der aus Indien stammende, in Deutschland lebende Aktivist und Autor Saral Sarkar. Er hat die Grundzüge seiner Überlegungen bereits vor mehr als zwei Jahrzehnten in einem Standardwerk[16] dargestellt, das trotz der Zeitbedingtheit so mancher darin geführter Auseinandersetzungen und trotz der Tatsache, dass die Diskussion so mancher technischer Entwicklungen darin überholt ist, nach wie vor unsere Grundüberzeugungen widerspiegelt. Allerdings haben wir in der lebendigen Auseinandersetzung mit ökologisch engagierten Menschen und in unserer aktiven Teilnahme an der politischen Auseinandersetzung unsere Positionen immer wieder nuanciert und präzisiert. Eine Skizze unserer Auffassung sei als Orientierung für die Leserinnen und Leser hier thesenartig vorangestellt. Das im Folgenden in Grundrissen Dargestellte wird im Lauf dieses Buches näher erörtert und diskutiert, vor allem aber wird es in Auseinandersetzung mit anderen Auffassungen ein schärferes Profil gewinnen.

1. Die ökologische Krise unterscheidet sich qualitativ von allen bisherigen Krisensituationen der Weltgeschichte: Zum ersten Mal in der Geschichte der Menschheit ist es wahrscheinlich geworden, dass sich die Gattung Mensch innerhalb weniger Dekaden, also innerhalb eines für uns biografisch relevanten Zeitraums, selbst auslöscht. Das alles wird zum Negativvorzeichen aller Politik- und Lebensbereiche, schmälert den Spielraum der Gestaltung der Gesellschaft insgesamt und wird deshalb zur Hauptursache vielfältiger anderer Krisen und innergesellschaftlicher sowie zwischenstaatlicher Gewalt. Unter solchen Umständen wäre auch die Erhaltung eines Minimums an demokratischen Strukturen nicht mehr möglich. Das heißt: Die Prioritätensetzung innerhalb unserer politischen Agenda ist nicht beliebig. Mit der unmittelbaren Gefährdung der na-

türlichen Lebensgrundlagen der Menschheit steht schlicht alles auf dem Spiel. Hier hat sich zu bewähren, wer überhaupt den Anspruch erhebt, in der politischen Auseinandersetzung ernst genommen zu werden. Alle Politikvorschläge sind am Maßstab zu messen, ob sie zu dieser fundamentalen Herausforderung etwas beitragen und ihr nicht irgendeinen, sondern den zentralen Stellenwert einräumen.

2. Die dringlichste soziale Frage weltweit ist die ökologische Frage! Gerade angesichts der wieder zunehmenden Tendenzen »linker« Strömungen, die soziale Frage nationalchauvinistisch zu verkürzen und ihren Blick lediglich auf die relativ ärmeren Bevölkerungsschichten in den reichen Industrieländern zu richten, ist darauf zu insistieren, dass Solidarität nur universal gedacht werden kann, dass deren Maßstab die Opfer jenes Scheinwohlstands sein müssen, an dem bei uns alle, wenn auch in recht unterschiedlichem Maß, partizipieren.

Das sich weltweit durchsetzende kapitalistische und großindustrialistische Wirtschafts- und Lebensmodell, die »imperiale Lebensweise« (Ulrich Brand), hat einen doppelten Zerstörungsprozess beschleunigt: den Prozess der Vernichtung unserer natürlichen Lebensgrundlagen und gleichzeitig den Prozess des Ausschlusses immer größerer Teile der Menschheit von den ökonomischen und sozialen Lebensvoraussetzungen. Beide Prozesse verstärken sich gegenseitig.

Die Existenzmöglichkeiten des Großteils der Menschheit heute und die der kommenden Generationen hängen auf mehrfache Weise eng zusammen: a) Die Hauptursache der Naturzerstörung einerseits und der weltweiten Prozesse der Verelendung beziehungsweise des ökonomisch-sozialen Ausschlusses andererseits ist dieselbe: das mittlerweile weltweit durchgesetzte, dem Zwang zum Wachstum unterliegende kapitalistische Wirtschaftssystem, zurzeit noch dazu in der Zuspitzung des neoliberalen Paradigmas. b) Unvermeidliche Überlebensstrategien von arm Gemachten ziehen oft zwangsläufig Naturzerstörung nach sich. c) Die wachsende Kluft zwischen Arm und Reich im Weltmaßstab drückt sich unmittelbar und am augenfälligsten in einem extrem asymmetrischen Verhältnis der Naturnutzung aus: Das reiche Fünftel der Weltbevölkerung ist verantwortlich für mehr als 80 Prozent des Verbrauchs von Energie und nicht erneuerbaren Ressourcen sowie für mehr als 80 Prozent des Schadstoffeintrags in die Biosphäre. d) Die Folgelasten des Naturverbrauchs in den reichen Industrieländern und der Veränderung des Weltklimas werden zum Großteil den arm gemachten Bevölkerungsmehrheiten im globalen Süden aufgebürdet. Eine Studie des Fraunhofer Instituts ging bereits im Jahr 1992 davon aus, dass, wenn nicht einschneidende Weichenstellungen vorgenommen werden, aufgrund der Verschiebung der Vegetationszonen bis zum Jahr 2030 mit 900 Millionen bis 1,8 Milliarden zusätzlicher Hungertoter zu rechnen ist – mit einer absoluten, nicht verteilungsbedingten Hungerkatastrophe also von bis dahin nicht gekanntem Ausmaß als direkter Folge der Klimaveränderungen.[17] Nicht dazu gezählt sind dabei die Opfer der klimabedingten starken Ausbreitung von Krankheiten wie etwa Malaria oder die Opfer von Katastrophen wie Überflutungen, Wirbelstürmen und so weiter. Bereits heute haben die Verelendungsprozesse im globalen Süden neben ökonomischen und politischen Herrschaftsverhältnissen auch ökologische Zerstörung als unmittelbare Ursache. Seit Mitte der 1970er-Jahre etwa ist die Niederschlagsmenge in der Sahelzone (Afrika südlich der Sahara) aufgrund der Erderwärmung um rund 40 Prozent zurückgegangen. Die Verwüstung großer Teile Mittelamerikas durch den Hurrikan Mitch Ende der 1990er-Jahre und die Verstärkung des Klimaphänomens El Niño, das unter anderem Dürrekatastrophen in Südostasien auslöste, stehen vermutlich in direktem Zusammenhang mit der Erderwärmung und geben einen Vorgeschmack auf das, was den Menschen dieser Regionen droht. Von den Medien bei uns kaum kommentiert wurde, dass im Jahr 2019 die zweitgrößte Stadt Moçambiques (Beira), mit einer halben Million Einwohnern, durch eine vom Klimawandel bedingte Wetterkatastrophe fast völlig zerstört wurde. Hinzu kommt: In vielen Regionen bildet der Klimawandel den Hintergrund bewaffneter Konflikte. In Bezug auf den Südsudan sprachen viele Analytiker vom ersten Klimakrieg, und auch der schreckliche Bürgerkrieg in Syrien wurde durch eine anhaltende, klimabedingte Dürreperiode ausgelöst. Die sich ändernden klimatischen Verhältnisse werden zunehmend zur Fluchtursache. In den sogenannten MENA-Ländern (den Ländern, die sich vom Mittleren Osten bis über Nordafrika erstrecken) ist damit zu rechnen, dass aufgrund der hohen Temperaturen bereits in wenigen Jahrzehnten keine für den Menschen ertragbaren Lebensbedingungen mehr herrschen – allein schon deshalb, weil die Temperaturregulation des menschlichen Körpers angesichts der immer länger andauernden Hitzeperioden versagt. Der Klimaforscher des Mainzer Max-Planck-Instituts, Jos Lelieveld, zieht daraus den Schluss »Der Klimawandel wird die Lebensumstände im Nahen Osten und in Nordafrika weiter deutlich verschlechtern. Lang andauernde Hitzewellen und Sandstürme werden viele Gebiete unbewohnbar machen, was sicher zum Migrationsdruck beitragen wird.«[18] Es sei daran erinnert, dass in der betroffenen Region derzeit 550 Millionen Menschen leben. Ein länger anhaltendes Überschreiten der »Kühlgrenztemperatur«[19] wird, wenn der Erderwärmung nicht Einhalt geboten wird, im Lauf unseres Jahrhunderts das Überleben auf einem großen Teil der Landmasse des Planeten unmöglich machen. Das betrifft etwa die Amazonas-Region, Indien, große Teile Afrikas, Australien und den gesamten Südwesten der USA.[20] James Lovelock, einer der führenden Experten für Atmosphärenchemie weltweit, gab gegenüber dem IPCC (Intergovernmental Panel on Climate Change) zu Protokoll, dass eine Erderwärmung um mehr als 2 Grad Celsius über dem vorindustriellen Niveau dazu führen könnte, dass ein Großteil der Landmasse Savanne und Wüste würde, ein Großteil der Ozeane kein Leben mehr bergen und ein Massensterben mehr als 80 Prozent der Weltbevölkerung dahinraffen könnte.[21]

Kein Zweifel also: Weltweit gesehen, ist die dringendste soziale Frage die ökologische Frage!

Der zentrale Begriff, der der Bilanzierung des Naturverbrauchs zugrunde gelegt werden kann, ist der des Umweltraumes. Er kann als jener Handlungsspielraum definiert werden, die Natur innerhalb der Grenzen ihrer eigenen Regenerierbarkeit zu nutzen, wobei wir gleichzeitig weltweit jedem Menschen das gleiche Maß an Naturnutzung zugestehen. Der Niederländer Hans Opschoor hat dieses Konzept ursprünglich entwickelt, und die von BUND und Misereor in Auftrag gegebene Studie *Zukunftsfähiges Deutschland* vom Wuppertal Institut für Klima, Umwelt, Energie hat es in der Weise weiterentwickelt, dass der Aspekt der weltweiten Gerechtigkeit besonders akzentuiert wird. Vier Kriterien definieren demnach den Umweltraum: ökologische Tragfähigkeit, Regenerationsfähigkeit, Verfügbarkeit von Ressourcen und weltweite Chancengleichheit, das heißt gleiche Nutzungsrechte für jeden Menschen, ob in den Niederlanden oder in Burkina Faso. Das Kriterium der globalen Gerechtigkeit ist hier also bereits in die Methode der Bilanzierung integriert. Insofern meine ich, dass dieses Konzept – völlig unabhängig davon, was etwa das Wuppertal Institut an politischen Konsequenzen zieht – von Linken unbedingt zu rezipieren ist.[22]

Die ökologische Wende ist also unmittelbar eine Frage der sozialen Gerechtigkeit. Unser Produktions- und Konsumtionsniveau ist nicht universalisierbar. Allein im bevölkerungsreichsten deutschen Bundesland Nordrhein-Westfalen sind mehr PKWs zugelassen als in Schwarzafrika, und wir gehören zu jenen lediglich 5 Prozent der Erdbevölkerung, die sich den Luxus des Fliegens (der Flugverkehr trägt ganz erheblich zu den Klimaveränderungen bei) leisten. Dazu kommen unmittelbare Folgeprobleme unserer Produktion und unseres Konsums, die wir den Bevölkerungsmehrheiten des globalen Südens aufbürden. Erwähnt seien hier nur die Folgen des Bergbaus zur Gewinnung von Bodenschätzen, wie etwa im Niger (Uran), im Kongo (z. B. Kolumbit und Tantalit: »Koltan«), in Brasilien (Bauxit, Eisenerz), und der Bodenerosion einer exportorientierten Landwirtschaft.

Wenn wir diesen globalen Horizont nicht ausblenden wollen, kommen wir um die Einsicht nicht herum: Mit unserer ökologisch nicht tragfähigen Lebens- und Produktionsweise beteiligen wir uns weltweit an einem chauvinistischen Selektionsprozess, der andere unmittelbar ihrer Lebenschancen beraubt. Die ökologische Wende muss deshalb für Linke, die für sich die Leitvorstellung »sozialer Gerechtigkeit« beanspruchen, Priorität haben.

3. Der entscheidende Motor der ökologischen Zerstörung ist der kapitalistische Wachstumszwang. Aufgrund des Konkurrenzmechanismus zwischen Einzelkapitalien

unterliegt der Kapitalismus insgesamt einem in ihm selbst verankerten Zwang zum Wachstum. Um auf dem Markt zu überleben, ist das Einzelkapital gezwungen, einen möglichst großen Teil des Gewinns in kapitalintensivere Produktion zu investieren. Ein beschleunigter Kapitalkonzentrationsprozess, eine Aufwärtsspirale der Anhäufung von Kapital auf immer höherer Stufe und weltweite Expansion sind die zwangsläufigen Folgen. Der Zwang zur Kapitalakkumulation führt auch zu einer Veränderung der »organischen Zusammensetzung« (Karl Marx) des Kapitals. Das heißt, aufgrund der natürlichen Begrenzung der zur Verfügung stehenden menschlichen Arbeitskraft, die für das Wachstum eine natürliche Schranke darstellen würde, bedarf die Kapitalakkumulation eines immer höheren Anteils an – energieintensiverer – Maschinerie und technischer Ausstattung. Die kapitalintensivere Produktion und der entsprechende Konsum beschleunigen den Verbrauch von Energie und Rohstoffen.

Eine Wirtschaftsweise unter dem objektiven Zwang zur Profitanhäufung und Kapitalverwertung ist von sich aus unfähig, der Abhängigkeit der Menschen von den natürlichen Lebenszusammenhängen Rechnung zu tragen, weil sie die natürlichen Ressourcen in prinzipiell grenzenlos vermehrbaren Geldwerten ausdrücken und damit deren Endlichkeit ignorieren muss. Der kapitalistische Zwang zum Wachstum macht dieses zum Selbstzweck. Daraus ergeben sich unmittelbar jene Imperative, die uns als »Sachzwänge« begegnen: Expansion um jeden Preis, Senkung der Kosten der Produktionsfaktoren (wozu die menschliche Arbeitskraft ebenso gehört wie die Natur), technische Innovation (auch um den Preis unbeherrschbarer Risiken), Erzeugung künstlicher Bedürfnisse und eine Produktion »auf Verschleiß« (»geplante Obsoleszenz«).

Auch politische Zähmungsversuche wie die sogenannte soziale Marktwirtschaft lösen diesen Grundwiderspruch nicht auf, im Gegenteil: Sie sind darauf angelegt, wirtschaftliches Wachstum (im Sinne des Wachstums des Bruttoinlandsprodukts) dauerhaft sicherzustellen, zu institutionalisieren. So heißt es bei einem der »Klassiker« der sozialen Marktwirtschaft: »Der Wettbewerb muss primär als eine Form, möglichst ungehindert den technischen und ökonomischen Fortschritt zu realisieren, begriffen werden. Seine Rechtfertigung ist daher die stete Produktionssteigerung. Eine Politik der sozialen Marktwirtschaft verlangt eine bewusste Politik wirtschaftlichen Wachstums.«[23]

Die heutige Suche nach einer stabilen Postwachstumsökonomie, die angesichts der Grenzen des Wachstums unausweichlich geworden ist, kommt an der Einsicht nicht vorbei, dass der entscheidende Wachstumstreiber die Kapitalverwertung als Selbstzweck ist. Unter dem Eindruck des ersten Berichts des Club of Rome (1972), der erstmals nachdrücklich auf die Begrenztheit der natürlichen Ressourcen hingewiesen hat, hat der evangelische Theologe Helmut Gollwitzer deshalb auch zutreffend formuliert: »Wird heute, angesichts objektiv sichtbar werdender ›Grenzen des Wachstums‹, eine wirtschaftliche Wachstumsbeschränkung gefordert, so muss gesehen werden, dass dies eine das kapitalistische System aufhebende Forderung ist.«[24]

4. Die Geschichte des Kapitalismus war immer schon die Geschichte seiner Krisen. Es liegt in seiner selbstwidersprüchlichen Natur, dass er aus sich heraus Krisen gebiert und seine eigenen Verwertungsbedingungen untergräbt. Der Kapitalismus hat sich bislang immer als flexibel genug erwiesen, dass diese Krisen – ungeachtet des hohen Preises, den Mensch und Natur zu zahlen hatten – nicht in

seinen Untergang führten. Nun aber steht der Kapitalismus weltweit zum ersten Mal vor einer unüberwindlichen Schranke, die ihm »von außen« gesetzt ist, die geologisch-physikalischer Natur und deshalb endgültig ist: die Erschöpfung der nicht erneuerbaren Ressourcen sowie der ökologischen Tragfähigkeit der Erde. Aus dieser »Zangengriffkrise« kann er nicht entrinnen.

5. Die letzte Ursache der aktuellen Finanz-, Schulden- und Wirtschaftskrise ist eben dieses ans Ende gekommene Wachstum. Das Finanzsystem insgesamt ruht auf der Grundlage von steter Wachstumserwartung auf. Sobald sichtbar wird, dass diese Wachstumserwartung nicht mehr erfüllt werden kann, gerät es notgedrungen ins Wanken. Die herkömmlichen Krisentheorien (marxistischer, schumpeterianischer oder keynesianistischer Provenienz) reichen zur Erklärung nicht mehr aus, und auch ihre Rezepte greifen nicht mehr.[25] Wer zum Beispiel als Alternative zur herrschenden Austeritätspolitik die gegenwärtige Verschuldungskrise durch keynesianistische Konjunkturbelebung bewältigen will, der übersieht die objektiven Grenzen des Wachstums, der übersieht, dass es keine brachliegenden Wachstumspotenziale mehr gibt, die mobilisiert werden könnten. Damit lehnen wir die in den Gewerkschaften, in den sozialdemokratischen Parteien, aber auch in der globalisierungskritischen Bewegung Attac immer noch sehr populären keynesianistischen Rezepte entschieden als untauglich ab. Sie sind Scheinalternativen, die in einer Sackgasse münden (vgl. dazu auch weiter unten, S. 117 ff.).

6. Vor allem mit dem Schlagwort »Green New Deal« wird heute die Ideologie verbreitet, das kapitalistische Wachstum könne mit anderen technischen Mitteln weitergeführt werden wie bisher. Es wird suggeriert, es gebe eine »Entkoppelung« von Wirtschafswachstum und Res-

sourcen- beziehungsweise Energieverbrauch in genügend hohem Maße durch den Einsatz erneuerbarer Energien und Effizienztechnologien. Das ist eine der gefährlichsten Illusionen eines »Ökokapitalismus«. Effizienzpotenziale sind begrenzt und unterliegen dem Gesetz des abnehmenden Ertragszuwachses, das heißt: Je mehr Effizienzpotenziale bereits erschlossen wurden, umso aufwendiger und schwieriger wird es, weitere Potenziale auszuschöpfen. Das Potenzial erneuerbarer Energien ist ebenfalls nicht unerschöpflich. Die Energiedichte, die mit den – gerade wegbrechenden – fossilen Energiequellen gegeben ist, kann nicht annähernd erreicht werden. Das heißt, uns wird bei allem notwendigen Einsatz »grüner Technik« unterm Strich erheblich weniger Nettoenergie zur Verfügung stehen als heute. Diese Ideologie eines »grünen« Wachstums mit anderen technischen Mitteln ist deshalb so gefährlich, weil sie daran hindert, die eigentliche politische Frage überhaupt erst zu stellen, nämlich die, wie wir auf einer wesentlich schmaleren materiellen Basis eine solidarische Gesellschaft aufbauen können. Für uns ist die Entlarvung dieser Ideologie deshalb zentral. Deshalb ist ihr auch in diesem Buch breiter Raum gewidmet (S. 177 ff.).

7. Nicht nur der globale Kapitalismus, der ja auf stetig wachsende Kapitalakkumulation auf immer höherer Stufenleiter und auf eine weltweit funktionierende stark ausdifferenzierte Arbeitsteilung angewiesen ist, sondern auch die Industriegesellschaft insgesamt steht zur Disposition! Die Industriegesellschaft ist, menschheitsgeschichtlich betrachtet, eine nicht verallgemeinerbare Singularität, eine Ausnahmesituation einer kurzen Zeitspanne von etwa dreihundert Jahren und immer nur für den kleineren Teil der Menschheit, die nur auf der Grundlage der massiven Ausbeutung fossiler Energieträger – erst Kohle, dann Erd-

öl – möglich ist. Sie kann nicht in die Zukunft extrapoliert werden. Künftige, nachhaltige Gesellschaften werden mit einer wesentlich bescheideneren Ressourcenbasis auskommen. Motorisierter Massenindividualverkehr oder die Selbstverständlichkeit von Fernflügen in der Häufigkeit von heute werden dann nicht mehr möglich sein. Mit erneuerbaren Energien kann man weniger Hochöfen befeuern, weniger Zement herstellen, weniger Aluminium produzieren ... Politisch stehen wir vor der Alternative, diesen unausweichlichen Deindustrialisierungsprozess »naturwüchsig« über uns hereinbrechen zu lassen und dabei alle sozialen Verwerfungen in Kauf zu nehmen, mit denen er verbunden ist, oder den Rückzug bewusst zu gestalten, rechtzeitig einen Prozess der industriellen Abrüstung einzuleiten. Wir sind uns dessen bewusst, dass wir mit dieser industrialismuskritischen Position derzeit auch quer liegen zum Großteil der orthodoxen linken gesellschaftlichen Kräfte und selbstverständlich zu den Gewerkschaften und dass dies auch der wesentliche Dissenspunkt gegenüber anderen »ökosozialistischen« Ansätzen ist, auch solchen, mit denen wir selbst im Netzwerk Ökosozialismus solidarisch zusammenarbeiten.

8. Ein wesentlicher Unterschied zwischen einem marxistischen Sozialismusverständnis und dem der Initiative Ökosozialismus ist: Während Marx und Engels die historische Rolle des Kapitals in der möglichst hohen Entfaltung der Produktivkräfte sahen, auf deren Grundlage erst der Aufbau einer sozialistischen (bzw. kommunistischen) Gesellschaft möglich ist, sagt die Initiative Ökosozialismus: Umgekehrt wird ein Schuh draus. Eine sozialistische (solidarische, egalitäre) Gesellschaft ist unabhängig von einem bestimmten Grad der Produktivkraftentwicklung, ja, Letztere kann dafür sogar hinderlich sein. Um unser eigenes

Sozialismusverständnis zu verdeutlichen und es von einer orthodox-marxistischen Auffassung abzusetzen, habe ich in dieses Buch ein eigenes Kapitel zu Karl Marx selbst aufgenommen (S. 184 ff.).

9. Die Wirtschaft wird in Zukunft nicht nur nicht mehr wachsen, sondern zwangsläufig schrumpfen! Politisch stehen wir vor der Aufgabe, diesen Schrumpfungsprozess gerecht und solidarisch zu gestalten. Die Wirtschaft wird schrumpfen müssen, bis sie einen Zustand des stabilen Gleichgewichts erreicht hat *(steady state)*. Ein solcher Schrumpfungsprozess ist aber nicht mehr im Rahmen kapitalistischer Verhältnisse zu bewerkstelligen. Schulökonomisch kommt er ja einer tiefen Depression gleich, das heißt: Es wird Kapital in großem Stil vernichtet, ganze Industriebranchen stehen vor dem Untergang, und sinkende Profitraten werden private Investitionen verhindern. Eine schrumpfende Wirtschaft steht im Widerspruch zum Wachstumsimperativ des Kapitalismus selbst. Das heißt, der notwendige industrielle Abrüstungsprozess kann nur noch jenseits des Kapitalismus – und vermutlich auch gegen seinen Widerstand – organisiert werden.

Unter den Bedingungen knapper Ressourcen greifen marktwirtschaftliche Mechanismen nicht mehr. Marktwirtschaft funktioniert – wenn überhaupt – nur unter der Voraussetzung, dass alle Marktteilnehmer flexibel auf die Signale des Marktes reagieren können. Knappe Ressourcen bedeuten aber, dass wir es mit »Verkäufermärkten« zu tun haben. Es besteht dann die Gefahr schwerwiegender »Fehlallokationen«, das heißt: Knappe Ressourcen fließen nicht dahin, wo wir sie als Gesellschaft als lebenswichtig und wünschenswert empfinden, sondern dahin, wo immer noch genügend Kaufkraft vorhanden ist. Unter Knappheitsbedingungen kann der Markt auch kein Minimum an sozialer Gerechtigkeit mehr garantieren. Das heißt: Anstelle der Marktmechanismen brauchen wir bewusste Planung, Mengenregulierungen, Quotenvergaben, Preiskontrollen und so weiter.

10. In einer ersten Phase – der Schrumpfungsphase – wird der Staat als starker Akteur unvermeidlich sein. Das ist natürlich keine Idealvorstellung. Planung sollte möglichst dezentral, mit einem Maximum an Partizipation der Betroffenen und mit einem hohen Maß an Autarkie lokaler Gemeinschaften erfolgen. Nicht zuletzt deshalb sind Bottom-up-Ansätze im Sinne der solidarischen Ökonomie zentral. Doch in der Schrumpfungsphase, in der ganze Industriebranchen (z. B. der Bergbau) wegbrechen, in der Schlüsselindustrien auf einen Bruchteil ihrer einstigen Größe reduziert werden müssen (in Deutschland etwa die Autoindustrie) und in der ohne entsprechende politische Steuerung große Massen von Arbeitslosen vor dem sozialen Nichts stehen, bedarf es eines demokratisch legitimierten Akteurs, der über die Möglichkeiten verfügt, einen solchen Prozess zu steuern. Unabhängig von der grundsätzlichen Auffassung des Verhältnisses von Staat und Gesellschaft (das an dieser Stelle nicht diskutiert werden soll) bleibt doch die Frage: Welches andere Subjekt stünde denn zur Verfügung, um in dieser Situation intervenieren und steuern zu können? Wir sind uns dessen bewusst, dass wir uns hier dem scharfen Widerspruch eines breiten, äußerst staatsskeptischen linken Spektrums aussetzen, und hoffen, zu einer sachlicheren, nüchterneren Diskussion beitragen zu können.

11. Eine ökosozialistische Ökonomie wird sich auszeichnen durch eine starke Konzentration auf den lokalen und regionalen Bereich, durch eine starke Einschränkung des Fernhandels, durch eine höhere Arbeitsintensität (die

heutige hohe Arbeitsproduktivität ist zum Großteil nur die Kehrseite einer hohen Energieintensität), durch ein geringeres Maß an Arbeitsteilung und ein hohes Maß an Selbstversorgung. Der hohe Grad an Autarkie lokaler Gemeinschaften ist auch ein Garant für stärkere Partizipation, für eine Ausgestaltung demokratischer Strukturen, die ein Höchstmaß an Teilhabe garantieren. Dennoch sind übergeordnete (im Übrigen nicht nur ökonomische!) Strukturen unverzichtbar.

Die notwendige Regionalisierung der Ökonomie ist auch der eigentliche Grund unserer Globalisierungskritik. Ein Großteil der Globalisierungskritiker meint offensichtlich, dass die meisten Übel lediglich von einer schlechten Politik herrührten, die von den großen Konzernen diktiert wird. Aus dieser verkürzten Analyse folgen dann auch die falschen Konzepte und Lösungsvorschläge. Ein Grundfehler ist die Vernachlässigung der Frage nach der natürlichen Ressourcenbasis einer Wirtschaft und der Fähigkeit der Natur, Schadstoffe zu absorbieren. Viele meinen dagegen, wenn die Dominanz der großen Konzerne und einer neoliberalen Politik überwunden werden könne, dann wäre es möglich, weltweit Wohlstand für alle zu schaffen. Im Gegensatz dazu schreibt das International Forum on Globalization: »Die Globalisierung wirkt sich inhärent destruktiv auf die natürliche Umwelt aus, weil sie erfordert, dass Produkte Tausende Kilometer um die Erde herumreisen, was unvorstellbare Umweltkosten verursacht: ein noch nie da gewesenes Ausmaß von Verschmutzung der Ozeane und der Atmosphäre durch Transport, erhöhten Energieverbrauch und Abgase aus Verbrennung von fossilen Brennstoffen (was die Klimaveränderung fördert). Dazu kommen erhöhter Verbrauch von Verpackungsmaterialien, verheerende Weiterentwicklung von Infrastrukturen – neue

Straßen, Häfen, Flughäfen, Pipelines, Stromnetze usw., die oft in bisher unberührten Gebieten gebaut werden.«[26]

Diese prinzipielle Gegnerschaft gegenüber der wirtschaftlichen Globalisierung ist eine notwendige Folge der Anerkennung der Grenzen des Wachstums. Denn die fortschreitende Globalisierung führt tendenziell zu stärkerem Wirtschaftswachstum, und weiteres Wirtschaftswachstum braucht weitere Globalisierung. Dieselben Gründe motivieren auch unsere ablehnende Haltung gegenüber länderübergreifenden Wirtschaftsräumen, Freihandelszonen und Binnenmärkten wie der – erklärtermaßen als notwendige Antwort auf die Globalisierung geschaffenen – Europäischen Union. Die Schaffung eines großen Binnenmarktes mit freiem Warenverkehr entsprach lediglich dem Erfordernis der Kapitalakkumulation auf höherer Stufenleiter, der Beschleunigung der Kapitalkonzentration, der Beseitigung »demokratischer« Hindernisse und deren Ersetzung durch, wenn überhaupt, nur sehr indirekt demokratisch legitimierte technokratische Instanzen. Selbst unter der Voraussetzung einer nachholenden Demokratisierung erschwert bereits die schiere Größe dieses multinationalen Staatenverbundes demokratische Partizipation und eine ökologisch zwingend notwendige Regionalisierung der Wirtschaftsräume im Sinne der Ressourcenschonung.

12. Vor dem Hintergrund dieser Zukunftsperspektive käme es nun darauf an, konkrete Exitstrategien zu entwickeln, das heißt zu schauen, welche politischen Schritte eine solidarische industrielle Abrüstung einleiten könnten. Wir sind darauf angewiesen, möglichst rasch die Emission der Treibhausgase erheblich zu reduzieren. Das heißt: Wir müssen innerhalb der bestehenden ökonomischen Verhältnisse mit den jetzt schon zur Verfügung stehenden Mitteln

(vor allem der Ordnungspolitik) entscheidende Weichenstellungen vornehmen, um uns überhaupt noch den Spielraum politischer Gestaltung zu erhalten. Andernfalls laufen wir Gefahr, in eine nicht mehr kontrollierbare Dynamik hineinzugeraten, vor allem aufgrund der sich selbst verstärkenden Effekte des Klimawandels, und bestenfalls noch Katastrophen verwalten zu können. Die unverzichtbaren kurzfristigen Maßnahmen werden primär darauf abzielen, den absoluten Verbrauch an Energie und anderen Ressourcen mithilfe von Geboten und Verboten abzusenken. Es ist mit dem Tabu zu brechen, dass der absolute Verbrauch nicht infrage gestellt werden darf. Fast ausnahmslos alle Energiewendeszenarien, die kursieren, stellen von vornherein nur die Frage, in welchen Zeiträumen wie viel an fossiler Energie substituiert werden kann. Das Verbrauchsniveau selbst wird dabei einfach als gegeben hingenommen. Wir hingegen halten es für unverzichtbar, zuallererst zu fragen, worauf wir unmittelbar verzichten können und müssen, was wir schlicht nicht mehr produzieren dürfen und durch welche politischen Maßnahmen kapitalistischer Leerlauf und Verschleiß zu stoppen sind.

13. Wir halten es auch für notwendig, das unter »Linken« herrschende Tabu zu brechen und das Bevölkerungswachstum weltweit zu thematisieren. Dieses Thema ist emotional so aufgeladen, dass es sehr schwer ist, es nüchtern und sachlich zu erörtern. Das hat natürlich seine guten Gründe: Seit den Tagen von Thomas Malthus wird das Problem äußerst zynisch im Sinne einer »Selektion von Überflüssigen« erörtert. Davon distanzieren wir uns selbstverständlich ausdrücklich. Das Bevölkerungswachstum ist auf den Ressourcenverbrauch, auf den jeweiligen ökologischen Fußabdruck, zu beziehen, und an diesem Maßstab gemessen, sind gerade die reichen Industrienationen »überbevöl-

kert«. Es bleibt jedoch festzuhalten, dass die Erde nicht beliebig viele Menschen nachhaltig ernähren kann. Entsprechende Modellrechnungen, die nachweisen wollen, dass auch die Grundbedürfnisse von wesentlich mehr als zehn Milliarden Menschen gedeckt werden können und die das Problem auf ein bloßes Verteilungsproblem reduzieren, gehen von falschen Voraussetzungen aus, etwa von der derzeitigen intensiven landwirtschaftlichen Nutzung des Bodens, die selbstverständlich nicht nachhaltig ist. Die Zunahme der Weltgetreideproduktion zwischen 1950 und 1984 um etwa 3 Prozent jährlich ist unmittelbar auf den massiven Einsatz von chemischem Dünger, Pestiziden und so weiter zurückzuführen. Nach Angaben der FAO verringerte sich dieser Zuwachs seit 1984 auf weniger als ein Prozent, was jedoch die Verfügbarkeit pro Kopf um 11 Prozent senkte. Die negativen Auswirkungen der intensiven Landbewirtschaftung sind nun aber hinlänglich bekannt. Schätzungen der Friends of the Earth in den Niederlanden zufolge werden die gegenwärtigen Produktionsmethoden zu einer Abnahme der potenziell bestellbaren Landfläche um annähernd 16 Millionen Hektar pro Jahr führen. Zu den Bodenverlusten durch Erosion, Versalzung und so weiter kommen heute noch die bereits spürbaren Folgen der Erderwärmung hinzu. Die Erfüllung allein der Grundbedürfnisse von mehr als zehn Milliarden Menschen überfordert in jedem Fall die natürlichen Kapazitäten der Erde. In diesem Sinne wandte sich der amerikanische Biologieprofessor Paul R. Ehrlich an die Adresse der Linken: »Was immer eure Sache ist, es ist eine verlorene Sache, wenn wir die Bevölkerungszahl nicht kontrollieren.«[27] Wir halten es deshalb auch für unabdingbar, sämtliche Möglichkeiten zu prüfen, wie auf nichtrepressive Weise das Bevölkerungswachstum eingedämmt werden kann.

14. »Linke« Politikvorschläge (zum Beispiel ein »bedingungsloses Grundeinkommen«) sind daraufhin zu befragen, ob sie mit dem »Exit« aus dem kapitalistischen Industrialismus kompatibel sind, ob sie dazu geeignet sind, uns aus seiner Logik herauszuführen, oder ob sie diese nicht sogar noch affirmieren und festigen. (Dies wird in diesem Buch wenigstens exemplarisch geleistet.) Im Sinne einer »revolutionären Reformpolitik« (Rosa Luxemburg) muss jeder Politikvorschlag daran gemessen oder beurteilt werden, ob er dazu beitragen kann, das bestehende System in die Enge zu treiben und die Spielräume für seine Überwindung zu erweitern.

Das hier knapp Skizzierte will ich im Folgenden näher ausführen und begründen. Ich bin mir dabei dessen bewusst, dass viele wichtige Aspekte gar nicht oder nur sehr unzulänglich behandelt werden können. Das betrifft etwa Vorschläge für die Neugestaltung internationaler Beziehungen oder den notwendigen Umbau des Geld- und Finanzsystems. Vielfach können nicht mehr als Leitplanken gezogen werden. Diese Unzulänglichkeiten sind aber nicht allein auf die Grenzen des Autors und all derer zurückzuführen, auf die er sich bezieht, sondern sie liegen teilweise in der Natur der Sache. Die Aufgabe der gesellschaftlichen Transformation wird Sache einer politischen Bewegung sein, die in ihrem Verlauf nicht antizipiert werden kann. Es wäre vermessen, irgendeinen »Masterplan« anbieten zu wollen. Was aber auf jeden Fall hier geleistet werden soll, ist die notwendige Basisorientierung für eine politische Bewegung hin zu einer ökologisch nachhaltigen und solidarischen Gesellschaft.

DAS MÄRCHEN VOM »GRÜNEN WACHSTUM«

»Mit immer mehr Effizienz sägen wir an dem Ast, auf dem wir sitzen.«

FRANZ HINKELAMMERT

Die Welt im »Zangengriff«

Die Bedrohungsszenarien sind inzwischen hinlänglich bekannt und vielfach veröffentlicht. Ich muss sie deshalb hier nicht im Detail erörtern. Die Computersimulationen werden immer genauer, der wissenschaftliche Beirat der Vereinten Nationen für Klimafragen (Intergovernmental Panel on Climate Change, IPCC) liefert ständig verbesserte Prognosen, die leider keinen Anlass zur Entwarnung geben, im Gegenteil: Die prognostizierten Entwicklungen treten in der Regel schneller ein, als ursprünglich angenommen. Die großen Rückversicherungsgesellschaften, also die Versicherer der Versicherungen, sind in ihrem wirtschaftlichen Interesse unmittelbar von zunehmenden Katastrophen aufgrund der Erderwärmung betroffen und geben deshalb regelmäßig entsprechende Studien in Auftrag. Nach Angaben der Münchener Rückversicherung haben sich etwa die Naturkatastrophen, die durch die Erderwärmung wesentlich mitbedingt sind, seit den 1960er-Jahren verfünffacht. Inzwischen gibt es für die Ernsthaftigkeit der Bedrohung einen unverdächtigen Zeugen: das Pentagon selbst! Unter dem Titel »Yodas apokalyptische Visionen« hat *Spiegel online* über eine Klimastudie des Pentagon berichtet.[1] Die Hauptsorge der Wissenschaftler ist, dass der Klimawandel die Welt innerhalb kürzester Zeit destabilisieren könnte.

Länder mit labilen Regierungen wie Pakistan könnten versucht sein, ihr Nukleararsenal einzusetzen, um sich Nahrung oder Rohstoffe zu erkämpfen. Die Welt könnte in Anarchie versinken – und das nicht erst in tausend Jahren, sondern innerhalb der nächsten drei Dekaden.

Allerdings ist es wichtig, stets im Blick zu behalten: Der Klimawandel ist nur ein Aspekt – wenn auch einer der dramatischsten – einer umfassenden Biosphärenkrise. Der rasante Verlust an fruchtbarem landwirtschaftlich nutzbarem Boden, das Abnehmen der Humusschicht der Erde, die zunehmende Desertifizierung, das heißt Ausbreitung der Wüsten, der Verlust der Artenvielfalt, den uns der Bericht des Weltbiodiversitätsrats jüngst drastisch vor Augen führte,[2] und damit einhergehend die zunehmende Instabilität der Ökosysteme, die Abnahme der Fischbestände und damit Nahrungsmittelressourcen in den Ozeanen, die zunehmende Entwaldung – all das ist Teil des fortschreitenden Wegbrechens unserer natürlichen Lebensgrundlagen.

Die ständige Heraufbeschwörung der tatsächlich apokalyptisch anmutenden Szenarien ist nicht sehr hilfreich und hat eher eine lähmende Wirkung. Entscheidend allerdings scheint es mir zu sein, die Dimension der Herausforderung, die zu bewältigen ist, genau in den Blick zu nehmen, um einen klaren Maßstab zu gewinnen, an dem sich politische Lösungsvorschläge zu messen haben. Unredlich wäre es, sich die Zivilisationskrise der Menschheit so lange kleinzurechnen, bis unsere bescheidenen Reformansätze ihr gegenüber als ausreichend erscheinen. Deshalb ist es wichtig festzuhalten, welche Ziele auf keinen Fall unterschritten werden dürfen.

Beschränken wir uns zunächst der Einfachheit halber auf den Klimawandel: International hat man sich darauf verständigt (Pariser Abkommen 2015), dass die Erderwärmung auf deutlich unter 2 Grad Celsius im Vergleich zum vorindustriellen Niveau beschränkt werden muss, um den Klimawandel noch in einigermaßen kontrollierbaren Grenzen zu halten. Anzustreben seien 1,5 Grad Celsius. Aus den Berichten des Weltklimarates, aber auch aus entsprechenden Analysen von Wissenschaftlern des Potsdam-Instituts für Klimafolgenforschung[3] lässt sich herleiten, dass bis zum Jahr 2050 vom wichtigsten Treibhausgas, nämlich Kohlendioxid, noch ein Budget von etwa 500 Gigatonnen (500 Milliarden Tonnen) verbleibt, das emittiert werden darf. Wenn man nun dieses Budget nach der Maßgabe auf die Weltbevölkerung verteilt, dass jedem Menschen auf der Erde dasselbe Maß an Naturnutzung zusteht (Umweltraum-Konzept von Hans Opschoor), dann bedeutet das etwa für die Bundesrepublik Deutschland mit einem Anteil an der Weltbevölkerung von 1,2 Prozent und einem derzeitigen jährlichen CO_2-Ausstoß von etwa 800 Millionen Tonnen, dass die Kohlendioxidemissionen sofort und dauerhaft auf deutlich weniger als ein Viertel zu reduzieren wären! Ähnliches gilt für die meisten europäischen Industrieländer (für die USA stellt sich diese Situation aufgrund des wesentlich höheren Emissionsniveaus pro Kopf noch verschärft dar). Die selbst gesetzten Klimaziele etwa der Europäischen Union, aber auch der meisten einzelnen Länder sind von dieser Zielvorgabe weit entfernt. Sie können also nicht unseren Maßstab bilden. Dies gilt es bei der Beurteilung politischer Maßnahmen und Strategien stets im Auge zu behalten.

Um einen Anstieg der globalen durchschnittlichen Temperatur um über zwei Grad Celsius zu verhindern, muss die Kohlendioxidkonzentration in der Atmosphäre auf maximal 400 ppm *(parts per million)* und das Kohlendioxidäquivalent aller Treibhausgase (zum Beispiel Methan), zusammengenommen, auf maximal 490 ppm stabilisiert werden. Zumindest der erste Wert ist aber bereits erreicht! Das heißt, dass wir neben der raschen und drastischen Reduzierung des Ausstoßes von Treibhausgasen darauf angewiesen sind, bereits freigesetzte Mengen zu binden und die Kapazität von Kohlendioxidsenken zu vergrößern. Wiederaufforstung im großen Stil, die Neubewässerung von trockengelegten Sumpfgebieten, Neuschaffung von Terra preta und so weiter sind Maßnahmen, die beherzt in Angriff genommen werden müssen. Zu bedenken ist dabei, dass dies Flächen in Anspruch nimmt, die dann anderweitig nicht mehr zur Verfügung stehen. Mit äußerster Skepsis ist allerdings das *geo-engineering* zu betrachten, das heißt die Beeinflussung des Klimas beziehungsweise bestimmter Klimafaktoren durch großtechnische Eingriffe wie etwa den Eintrag von Schwefelpartikeln in die Atmosphäre, das Anbringen riesiger das Sonnenlicht reflektierender Flächen aller Art oder die »Düngung der Ozeane« durch Eisenspäne. Diese Methoden wären, in die Tat umgesetzt, völlig unverantwortliche Großexperimente mit höchst ungewissem Ausgang und werfen zudem äußerst delikate geopolitische Fragen auf. Auch CCS (*carbon capture and sequestration* = CO_2-Abscheidung und -Speicherung) mit unterschiedlichen chemischen Verfahren ist nicht der Königsweg. Abgesehen davon, dass die entsprechenden Verfahren sich noch in frühen Entwicklungsstadien befinden, sind sie nur sinnvoll anwendbar an großen Kohlendioxidquellen (Kraftwerken). Sie erhöhen zudem zunächst den Energiebedarf erheblich, vor allem aber ist die Frage der sicheren Endlagerung des Kohlendioxids in großem Stil völlig ungelöst. Den künftigen Generationen könnte hier, ähnlich wie im Fall der Atomenergie, ein nicht zu verantwortendes Risiko aufgebürdet werden.[4]

Die noch vorhandenen fossilen Bodenschätze binden schätzungsweise etwa 15 000 Gigatonnen Kohlendioxid. Das heißt: Ausgehend vom Gesamtbudget an Kohlendioxid, das wir maximal noch emittieren dürfen, müssen etwa 70 Prozent der Kohle, 30 Prozent des Erdgases und 30 Prozent des noch vorhandenen Erdöls im Boden bleiben, um das Weltklima innerhalb kontrollierbarer Grenzen stabil zu halten! Das Ende des fossilen Zeitalters ist inzwischen endgültig eingeläutet.

Allerdings: Diese »normative Knappheit« der fossilen Ressourcen, das heißt die Tatsache, dass sie schlicht nicht mehr verbrannt werden dürfen, wird begleitet von einer immer stärker spürbaren faktischen Knappheit! Wenn auch der Prozess der allmählichen Erschöpfung dieser nicht erneuerbaren fossilen Energiequellen nicht schnell genug voranschreitet, dass sich damit das Problem der Erderwärmung quasi von selbst lösen würde, und unser politisches Handeln deshalb nicht ersetzen kann, so schränken sich unsere Handlungsspielräume dadurch zunehmend ein. Zu bedenken ist auch: Andernorts, nämlich im globalen Süden, ist die Knappheit der fossilen Ressourcen längst im Alltag spürbar. Der Blick der reichen Industrieländer, die über genügend Kaufkraft verfügen, um sich die knapper werdenden Ressourcen in überproportionalem Maß anzueignen, ist in dieser Hinsicht getrübt.

Die kapitalistische Weltwirtschaft hängt immer noch zu mehr als 80 Prozent von nicht erneuerbaren Energiequellen ab. Sie deckt, Angaben der Internationalen Energieagentur zufolge, ihren Primärenergiebedarf zu 35 Prozent aus Erdöl, zu 25 Prozent aus Kohle, zu etwa 20 Prozent aus Erdgas und zu etwa 6 Prozent aus Atomenergie. Gerade Erdöl ist für das internationale Transportsystem und damit für den global integrierten Kapitalismus mit seiner etablierten internationalen Arbeitsteilung essenziell. Der »Peak« der Erdölförderung, zumindest was die konventionellen Ölfelder betrifft, ist inzwischen erreicht.[5] Darüber kann auch der nun bereits einige Jahre anhaltende Fracking-Boom in den USA nicht hinwegtäuschen, im Gegenteil: Im Grunde ist dieser verzweifelte Versuch, mit großem finanziellem und energetischem Aufwand und unter In-kaufnahme von großen Umweltschäden im Gestein abge-lagertes Öl und Gas herauszusprengen, die Bestätigung da-für, dass diese Ressource nun zur Neige geht. Bei der Erschließung unkonventioneller Quellen, etwa der kanadi-schen Ölsande, ist es fraglich, wie hoch der Nettoenergie-output noch ist, wenn man den energetischen Aufwand der Erschließung, der Aufbereitung, des Transports und so weiter in die Bilanz miteinbezieht – von den verheerenden Umweltschäden ganz zu schweigen.

Welch gravierende Auswirkungen die zunehmend spür-bare Knappheit von Erdöl auf die Ökonomie haben kann, darüber belehrt uns eine sicherheitspolitische Studie der deutschen Bundeswehr: »Der Peak Oil kann dramatische Konsequenzen für die Weltwirtschaft haben. Das Ausmaß dieser Konsequenzen wird sich – nicht nur, aber eben auch – durch einen Rückgang des Wachstums der Weltwirt-schaft messen lassen. [...] Ein ökonomischer Tipping Point besteht dort, wo – zum Beispiel infolge des Peaks – die Weltwirtschaft auf unbestimmte Zeit schrumpft. In diesem Fall wäre eine Kettenreaktion die Folge, die das Wirt-schaftssystem destabilisiert [...]. Mittelfristig bricht das globale Wirtschaftssystem und jede marktwirtschaftlich organisierte Volkswirtschaft zusammen [...]. Eine auf un-bestimmte Zeit schrumpfende Wirtschaftsleistung stellt einen höchst instabilen Zustand dar, der unumgänglich in einem Systemkollaps endet. Die Sicherheitsrisiken einer solchen Entwicklung sind nicht abzuschätzen [...].«[6]

Auch die anderen wesentlichen fossilen Energiequellen (Erdgas, Kohle) gehen schneller zur Neige, als man noch vor einigen Jahren annehmen durfte. Die Energy Watch Group Germany geht etwa davon aus, dass bis zum Jahr 2050 nur noch ein Drittel der heute jährlich geförderten

Erdölmenge zur Verfügung stehen wird. Bei Erdgas sei ab 2035 eine längere Phase der Stagnation des Fördervolumens zu erwarten, bis dann im Jahr 2045 die Fördermenge rapide abnimmt. Und selbst bei Kohle sei ab dem Jahr 2035 mit einem steilen Abfall der Förderung zu rechnen. Das Fördermaximum aller fossilen Energieträger zusammengenommen wird für das Jahr 2025 prognostiziert.[7]

Die Situation, in der wir uns befinden, kann man zutreffend als eine »Zangengriffkrise« bezeichnen:[8] Wir sind gleichsam gefangen zwischen der drohenden Gefahr der Klimakatastrophe einerseits und der immer deutlicher spürbar werdenden Erschöpfung der fossilen Energiequellen und anderer wichtiger Ressourcen wie mineralischer Rohstoffe andererseits. Wenn man die beiden Seiten des Dilemmas nicht gleichzeitig im Auge behält, dann wird man sich zwangsläufig in eine Sackgasse verlaufen und »Lösungen« anstreben, die an dieser Situation völlig vorbeigehen. Paradigmatisch dafür sind zwei prominente Studien, deren grundsätzliche Schwäche darin liegt, dass sie jeweils eine Seite des Dilemmas aus den Augen verloren haben: Der *Hirsch-Report,* den Robert Hirsch im Auftrag des US-Energieministeriums erstellt hat, stellt eine Peak-Oil-Strategie dar, die den Klimawandel völlig ausblendet. Die Lösungsvorschläge konzentrieren sich darauf, das fossile Zeitalter möglichst lange zu strecken beziehungsweise die auf fossiler Energie basierende Infrastruktur möglichst lange aufrechtzuerhalten, zum Beispiel durch Treibstoffgewinnung aus Kohleverflüssigung.[9] Anders der prominentere *Stern-Report,* von Nicholas Stern im Auftrag der britischen Regierung erstellt. Seine Modelle zur Finanzierung von Maßnahmen, um den Klimawandel einzudämmen, unterstellen ein Wirtschaftswachstum, das nur auf der Basis einer weiteren uneingeschränkten Verfügbarkeit von fossiler Energie möglich ist.[10] Beide Studien sind auf einem (dem jeweils anderen) Auge blind, ihre Lösungsvorschläge daher unrealistisch und unbrauchbar.

Die Erschöpfung mineralischer Rohstoffe, die teilweise für unsere Infrastruktur, unsere technische Ausrüstung und unseren Lebensstil schier unverzichtbar sind, verschärft die Situation erheblich. Während Metalle wie etwa Eisen oder Bauxit in dieser Hinsicht unproblematisch sind, weil sie in ausreichender Menge und leicht abbaubar in der Erdkruste vorhanden sind, ist die Lage hinsichtlich anderer Metalle äußerst prekär. Die künftige Knappheit macht sich teilweise bereits bemerkbar. Daten des US Geological Survey[11] zeigen, dass zum Beispiel für Kupfer, Zink, Platin, Kadmium, Zinn, Chrom, Molybdän und Nickel der »Peak«, also der Förderhöhepunkt, ab dem die Förderung dann kontinuierlich abnimmt, in den nächsten drei bis vier Jahrzehnten erreicht sein wird. Die Knappheit betrifft Metalle, die kaum aus unserer Infrastruktur wegzudenken sind, wie etwa Kupfer, das wegen seiner hohen Leitfähigkeit in der Verteilung von Strom und Daten, aber auch im Baubereich Anwendung findet. Sie betrifft aber auch Metalle und sogenannte seltene Erden, die gerade für die Umstellung auf erneuerbare Energien wesentlich sind und teilweise als nicht substituierbar gelten (Kadmium und Neodym im Bereich der Solar- und Windenergie, Lithium für Batterien, Platin für Brennstoffzellen).

In diesem Zusammenhang ist auch zu bedenken, dass es Grenzen des Recyclings gibt. Metalle werden oft so dissipativ verwendet (z. B. Zink in Lacken), dass kein Recycling möglich ist. In vielen anderen Fällen ist ein Recycling zwar grundsätzlich möglich, wäre aber mit einem zu großen Energie- und Rohstoffverbrauch verbunden, um noch wirtschaftlich sinnvoll zu sein. Den Autoren eines Berichts an den Club of Rome zufolge gingen seinerzeit im Schnitt 70 Prozent der jährlichen Metallproduktion nach einmaligem Gebrauch verloren. Von den 3 Prozent, die recycelt werden, sind demnach nach zehn »Lebenszyklen« nur noch 0,1 Prozent im Einsatz.[12] Trotz des relativen Alters dieses Berichts dürfte sich an der Situation grundsätzlich wenig geändert haben. Der heute viel höhere Einsatz von Verbundstoffen (etwa in der Automobilproduktion) verschärft das Problem noch. Täuschen lassen darf man sich auf keinen Fall von offiziell angegebenen Recyclingquoten (etwa beim Plastikmüll), die sich lediglich auf die Messung des Inputs einer Anlage beziehen und keinen Aufschluss über die tatsächliche stoffliche Wiederverwertung geben. Natürlich kann die Recyclingrate durch technische Entwicklung und steigende Preise verbessert werden, aber Recycling kann das Problem nur aufschieben, nicht lösen.

Ökokapitalistische Illusionen

Der Mythos der Informations- und Dienstleistungsgesellschaft

In den Kernländern der kapitalistischen Weltwirtschaft machen sogenannte Dienstleistungen zwei Drittel des Bruttoinlandsprodukts aus. In den frühen 1980er-Jahren wurde bereits darauf hingewiesen, dass in den USA 60 Prozent der Beschäftigten in der einen oder anderen Form nur Information verarbeiten.[13] Solche Statistiken sollten beweisen, dass nachhaltiges Wachstum möglich ist, da es in hinreichendem Maße vom Ressourcenverbrauch abgekoppelt werden könne. Der Kapitalismus werde auf diese Weise zunehmend »entmaterialisiert«, was eine fortgesetzte Kapital-

akkumulation ohne gleichzeitigen Anstieg des Rohstoffverbrauchs ermögliche. Wir sollten jedoch die Tatsache
nicht übersehen, dass die alten energie- und rohstoff-
intensiven Wirtschaftszweige von den entwickelten Industrieländern in Entwicklungs- oder osteuropäische Länder
verlegt werden. Die hoch entwickelten industriellen Öko-
nomien wachsen derweil stärker durch Sektoren wie Banken, Versicherungen, Datenverarbeitung, Forschung und
Entwicklung, Verkauf und Lizenzvergabe von Patenten.
Aber das ist ein Nullsummenspiel. Ihre Bilanz – nämlich
das Verhältnis von Energie- und Rohstoffinput zum BIP –
kann dadurch zwar besser aussehen, aber die Bilanz der
Weltwirtschaft bleibt unverändert. Einige Dienstleistungen wie etwa Transport und Telekommunikation sind lediglich Erweiterungen von Rohstoff verarbeitenden Sektoren und sehr kapitalintensiv. Andere Dienstleistungen
wiederum wie etwa das Finanz- und Versicherungswe-
sen sind »nicht produktive Sektoren«, produzieren also für
sich genommen keinen Mehrwert. Die Einkommen werden
durch Umverteilung aus anderen Sektoren erzielt. Sie können also gar kein Maßstab für Dematerialisierung sein. Öffentliche Dienstleistungen wie etwa das Gesundheits- und
Bildungswesen generieren keine Profite. Ein großer Bereich von Dienstleistungen wie etwa Werbung, Unterneh-
mensberatung, die Unterhaltungsindustrie, der Tourismus,
Hotels oder Restaurants wirft zwar Profit für die Investo-
ren ab, ist aber auf eine materielle Infrastruktur wie Ge-
bäude, Büroausstattung und Energieversorgung angewiesen, und der Konsum der in diesen Sektoren Beschäftigten
ist gleichfalls mit Material- und Energieverbrauch verbunden. Für eine Einheit Bedürfnisbefriedigung (z.B. Durst
löschen) verbraucht ein Daten verarbeitender US-Bürger
um ein Vielfaches mehr an Ressourcen (Coca-Cola in Do-

sen) als der durchschnittliche Inder (ein Glas Leitungswasser). Der Dienstleistungssektor ist also entweder eine Erweiterung der Material verbrauchenden Sektoren oder hängt von ihnen ab. Die Ausweitung des Dienstleistungssektors kann nicht ohne die Ausweitung der Material verarbeitenden Sektoren erfolgen. Darüber hinaus ist die sogenannte Entmaterialisierung in den kapitalistischen Kernländern die Kehrseite der Produktionsverlagerung in die Peripherie beziehungsweise Semiperipherie, das heißt ein Indiz für die Umverteilung des Mehrwerts von der Peripherie und Semiperipherie ins kapitalistische Zentrum. Dies hat bereits der Brundtland-Bericht klar erkannt: »Auch die industriell am meisten fortgeschrittenen Wirtschaften brauchen nach wie vor eine kontinuierliche Versorgung mit Grundfertigwaren. Ob diese im Inland hergestellt oder importiert werden: Ihre Produktion wird weiterhin große Mengen an Rohstoffen und Energie erfordern.«[14]

Als eine Strategie der Dematerialisierung wird oftmals die Fortentwicklung bestimmter produzierender Unternehmen zu Dienstleistern betrachtet. So etwa propagiert Ernst Ulrich von Weizsäcker die »Tertiarisierung der Industrie« und führt etliche sehr eingängige Beispiele dafür an, dass sich Produzenten bestimmter Produkte (Fotokopierer, Autos, bestimmte Chemikalien …) dadurch zu Dienstleistern entwickeln, dass sie diese Produkte vermieten statt verkaufen, was zu einem erheblichen Rückgang des Ressourcenverbrauchs führe. So sehr seine Beispiele für sich genommen auch überzeugen: Aus dem wirtschaftlichen Erfolg dieser Dienstleistungsunternehmen die Schlussfolgerung zu ziehen, dass die gesamte Ökonomie durch diese Strategie der Ressourceneinsparung prosperieren würde, ist unzulässig. Die Ressourceneinsparung ist unweigerlich mit einem Rückgang der Produktion in den vorgelagerten Bereichen verbunden. Das Versprechen also, Wirtschaftswachstum bei geringerem Ressourcenverbrauch aufrechtzuerhalten, lässt sich auf diese Weise nicht einlösen.[15]

Niko Paech macht auf einige paradoxe Effekte einer Strategie der Dematerialisierung durch neue Nutzungssysteme und Dienstleistungen aufmerksam: Den Vorteilen einer effizienteren Nutzung steht die Schaffung einer zusätzlichen Infrastruktur für den Service- oder Access-Markt gegenüber. Zudem kommt es vielfach zu Crowding-out-Effekten, das heißt, die gesteigerte Inanspruchnahme der nun angebotenen Dienstleistungen führt zum Ausrangieren von Geräten vor Ablauf der Nutzungsdauer und damit zum Ressourcenverschleiß. Auch führen Dienstleistungsangebote, die Eigentum ersetzen, in vielen Fällen zu einer wachsenden Nachfrage und Inanspruchnahme dieser Dienstleistungen (etwa im Falle von Carsharing als Alternative zum Kauf eines Autos). Bei genauerer Betrachtung, so Paech, sei die Service-Ökonomie vielfach gar keine Dematerialisierung, sondern lediglich eine Veränderung der Verfügungsrechte.[16]

Mythos Effizienzrevolution

Die Energie- beziehungsweise Rohstoffeffizienz setzt das Bruttoinlandsprodukt ins Verhältnis zum Energie- beziehungsweise Rohstoffinput. Bestsellerautoren wie etwa Amory Lovins und im deutschsprachigen Raum vor allem Ernst Ulrich von Weizsäcker stellten uns Effizienzsteigerungen um das Vierfache in Aussicht, die es uns ermöglichen sollten, bei entsprechend geringerem Naturverbrauch unser Wohlstandsniveau aufrechtzuerhalten.[17] Einer kritischen Überprüfung halten diese populistischen Versprechungen allerdings nicht stand. Durchaus beeindruckende und suggestive Einzelbeispiele können nicht darüber hinwegtäuschen, dass eine Gesamtbilanzierung ausbleibt. Ted Trainer weist darauf hin, dass selbst diese Einzelbeispiele lediglich 50 Prozent an Verbrauchsreduktionen plausibel erscheinen lassen.[18] Dass bei diesen Publikationen der empirische Befund recht großzügig vernachlässigt wird, ist schlicht dem Grunddogma geschuldet, das auf keinen Fall infrage gestellt werden darf: dass nämlich der Bevölkerung in den reichen Industrieländern keinesfalls die Wahrheit zugemutet werden darf, dass unser Wohlstand unter der Maßgabe eines nachhaltigen Wirtschaftens nicht aufrechtzuerhalten ist. In dankenswerter Offenheit spricht dies Ernst Ulrich von Weizsäcker aus: »Europäern, Amerikanern und Japanern zu empfehlen, sich in Sack und Asche zu kleiden und auf Wohlstand und Fortschritt zu verzichten, ist eine zum Scheitern verurteilte Strategie. Also sollte die neue Wirtschaftsweise den Charakter eines ›neuen Wohlstandsmodells‹ haben, um politisch durchsetzbar zu sein.«[19] Die Wahrheit wird also hier dem Opportunismus der politischen Durchsetzungsfähigkeit geopfert, dem Tabu, dass an unserem Lebensstil auf keinen Fall gerüttelt werden darf.

Grundsätzlich gilt: Verbesserungen der Energieeffizienz sind nicht unbegrenzt. Sie unterliegen dem Gesetz des abnehmenden Ertragszuwachses. Das heißt: Je mehr Effizienzpotenzial bereits ausgeschöpft wurde, umso schwieriger wird es, weitere Potenziale zu erschließen. Diese Gesetzmäßigkeit kann auch empirisch nachvollzogen werden: In Industrieländern wie Deutschland oder Japan kann man beobachten, dass nach beeindruckenden Steigerungen der Energieeffizienz ab Mitte der 1970er-Jahre (um etwa 1,3 Prozent jährlich) nun keine weiteren nennenswerten Effizienzerfolge mehr erzielt werden konnten. Ein guter Teil der Effizienzsteigerungen ist dabei schlicht auf eine verbesserte Treibstoffqualität zurückzuführen – ein Faktor also, auf den wir zukünftig ohnehin nicht mehr bauen können. In Deutschland und in der Eurozone insgesamt ist seit etwa dem Jahr 2000 eine Stagnation zu beobachten, in Japan sogar schon seit Beginn der 1990er-Jahre. Für Deutschland gibt das Statistische Bundesamt für den Zeitraum von 1990 bis 2008 eine Effizienzsteigerung von insgesamt 40 Prozent an (das entspricht etwa einem Faktor 1,4), wobei hier der Sondereffekt der Abwicklung der recht ineffizienten industriellen Infrastruktur der DDR bereits mit eingerechnet ist. Chinas Energieeffizienz verbesserte sich in den 1980er- und 1990er-Jahren in hohem Tempo, doch seit 2002 ist wieder ein Rückgang zu verzeichnen.[20]

Die umfassendste globale Studie zur Energie- und Ressourceneffizienz ist wohl die von Lightfoot und Green.[21] Obwohl die beiden Autoren von recht optimistischen Annahmen ausgehen, schätzen sie das weltweite Effizienzpotenzial vom Bezugsjahr 1990 aus gerechnet bis zum Ende unseres Jahrhunderts (also bis 2100!) weltweit auf 250 bis 330 Prozent. Dabei ist zu bedenken, dass diese globale Studie alle Weltregionen mit einschließt, also auch den größeren Teil des Planeten, auf dem noch wenige Effizienzpotenziale erschlossen sind. Daraus darf man keine Rückschlüsse auf die reichen Industrieländer mit ihrem bislang schon erreichten Niveau ziehen.[22]

Die Verbesserung der Energie- und Ressourcenproduktivität wird aber in Zukunft noch deutlicheren Restriktionen unterliegen: Erneuerbare Energien spielen eine zunehmend bedeutende Rolle bei der Energieversorgung weltweit. Sie weisen aber insgesamt eine deutlich geringere Energiedichte und damit einen wesentlich geringeren Nettoertrag auf als die noch zur Verfügung stehenden fossilen Quellen. Auch Prozesse wie die Umwandlung von Elektrizität in Wasserstoff und andere Speichertechniken sind mit hohen Energieverlusten verbunden. So liegt es nahe, dass sich mit zunehmendem Einsatz erneuerbarer Energien die Energieeffizienz eher verschlechtert.

Nimmt man die Ressourcen insgesamt, also etwa auch die mineralischen Rohstoffe oder die Erträge in der Landwirtschaft, in den Blick, so fällt die Prognose noch pessimistischer aus. Der bereits erwähnte Brundtland-Bericht (S. 51) meint, »einige günstige Trends« feststellen zu können, die angeblich beweisen, dass »künftige Strukturen land- und forstwirtschaftlicher Entwicklung, des Energieverbrauchs, der Industrialisierung und menschlicher Siedlung [...] weit weniger materialintensiv werden [...] und daher leistungsfähiger für Wirtschaft und Umwelt« sind.[23] Im achten Kapitel werden unter der Überschrift »Industrie: Mit weniger Aufwand mehr produzieren« zur Untermauerung dieser Behauptung Daten aus der Periode zwischen den 1960er- und 1980er-Jahren angeführt. Andere Forscher und Forscherinnen stellen, ausgehend von den makroökonomischen Daten, eine gegenteilige Entwicklung fest. F. E. Trainer etwa führt vergleichende Daten aus der Nachkriegszeit bis Ende der 1970er-Jahre an, um zu belegen, dass der technologiebedingte Ertrag in der Form von Ressourcenproduktivität im Allgemeinen sinkt.[24] So stiegen zum Beispiel zwischen 1963 und 1977 die jährlichen Investitionen in die US-amerikanische Bergbauindustrie (inflationsbereinigt) um 130 Prozent, aber in Tonnage gemessen, stieg die Produktion nur um 38 Prozent an.[25] Dennis Meadows bestätigte dies 2003 in einem Interview: »Dem Energie- und Rohstoffverbrauch setzt die Umwelt nun einmal Grenzen. [...] Wir brauchen heute mehr Energie und Kapital, um sie zu entdecken.«[26] In der industrialisierten Landwirtschaft werden immer mehr Düngemittel und nicht erneuerbare Energie benötigt, um die gleiche Menge an Getreide zu produzieren. 1950 erbrachte der Einsatz einer zusätzlichen Tonne Dünger durchschnittlich 14,8 zusätzliche Tonnen Getreide, doch 1980 lag dieser zusätzliche Getreideertrag bei nur 5,8 Tonnen.[27]

Auch die Erschließung mineralischer Rohstoffe wird immer energieaufwendiger. Saral Sarkar hat dies bereits als einen wesentlichen Faktor für den ökonomischen Niedergang der Sowjetunion herausgestellt.[28] Um die wirtschaftlichen Schwierigkeiten der ehemaligen Sowjetunion zu erklären, schrieb Abel Aganbegjan, der damalige führende Wirtschaftsberater Gorbatschows, 1988 Folgendes: »In der Periode von 1971 bis 1975 stieg das Abbauvolumen in der Bergbauindustrie um 25 Prozent, in der Periode 1981 und 1985 aber nur um 8 Prozent. Dieser Rückgang in der Wachstumsrate hing in erster Linie mit der Verschlechterung der geologischen und ökonomischen Bedingungen des Bergbaus zusammen. Mit ihrer groß angelegten Bergbauindustrie [...] erschöpft die Sowjetunion rapide die zugänglichsten ihrer Naturressourcen. Um das Abbauvolumen zu erhalten, ist es notwendig, tiefer zu schürfen, neue Lagerstätten zu entdecken und zu weniger günstigen Flözen zu ziehen [...], Transportverbindungen zu bauen, neue Städte aus dem Boden zu stampfen, neue Territorien zu erschließen und Menschen dahin zu locken.«[29]

In dieser Hinsicht jedenfalls – und vermutlich nicht nur in dieser Hinsicht! – hat der Zusammenbruch der Sowjetunion den Zusammenbruch der weltweiten kapitalistischen Ökonomie lediglich vorweggenommen, denn die aufwendigere Erschließbarkeit, der geringere Metallgehalt von Erzen oder die schwierigere und mit erheblichem Energieaufwand verbundene Ausbeutung von zur Neige gehenden Ölquellen gelten allgemein und sind in die Berechnungen der Ressourcenproduktivität mit einzubeziehen.

Eigentlich reicht, um dies einzusehen, der gesunde Menschenverstand aus. Ohne Zweifel steigert bereits die Beendigung der Verschwendung die Ressourcenproduktivität. Und auch durch gelegentliche geniale Erfindungen und Innovationen kann sie in einigen technologischen Bereichen erhöht werden. Aber alle Technologien erreichen irgendwann ihr Optimum. Danach beginnt das Gesetz vom abnehmenden Ertragszuwachs zu greifen. Ein paar isolierte Erfolge können über die Gesamtsituation leicht hinwegtäuschen. Ein Auto braucht heute weniger Benzin pro Kilometer als vor etwa fünfzehn Jahren. Aber die US-amerikanische Ölindustrie muss mehr Energie und Material einsetzen, um in Alaska Öl zu gewinnen und es zu den Verbrauchern zu transportieren, als es für das Öl aus Pennsylvania erforderlich war. Im Ergebnis verschlechtert sich das Input-Output-Verhältnis bei Energie.

Hinzu kommt, dass im Verbrauch sparsamere Autos bereits in der Herstellung wesentlich mehr Energie verbrauchen: Der VW-Konzern etwa hat ein Auto entwickelt, das nur drei Liter Benzin auf hundert Kilometer verbraucht. Sein geringeres Gewicht verdankt es dem Einsatz von Aluminium und Magnesium. Um diese Leichtmetalle zu produzieren, müssen viel mehr Energie und Rohstoffe verbraucht werden als bei der Stahlproduktion. »Alle stieren nur auf den Spritverbrauch und merken gar nicht, wie sie das gigantische Rohstoffkarussell noch schneller drehen lassen [...]. Das funktioniert einfach nicht.«[30]

Unter den Bedingungen einer kapitalistischen Wirtschaft und ihrer in sie eingeschriebenen Gesetze ist überdies zu bedenken: Jede Errungenschaft hinsichtlich Effizienzsteigerung wird bald vom unaufhaltsamen Prozess der Kapitalakkumulation wieder kompensiert, ja überkompensiert. Dieser sogenannte Rebound-Effekt gilt natürlich auch für die Konsumseite, das heißt: Einsparungen aufgrund von höherer Effizienz, etwa aufgrund von niedrigerem Spritverbrauch, werden durch Mehrkonsum, in diesem Fall mehr Fahrleistung, wieder wettgemacht.

Fred Luks hat mit einer einfachen Rechnung die Hoffnungen auf eine Effizienzrevolution ad absurdum geführt: Wenn der Ressourcenverbrauch in den Industrienationen bis 2050 um einen Faktor 10 sinken soll (was weitgehend Konsens ist) und wenn man gleichzeitig ein bescheidenes, für die Aufrechterhaltung unseres ökonomischen Systems als notwendig erachtetes Wirtschaftswachstum von 2 Prozent jährlich unterstellt, dann müsste die Ressourcenproduktivität (also die Menge an Gütern und Dienstleistungen pro Einheit einer bestimmten eingesetzten Ressource) um den Faktor 27 wachsen! Ein Wirtschaftswachstum von 3 Prozent setzt bereits eine 43-fache Energie- und Ressourceneffizienz voraus. Selbst bei einem sehr bescheidenen Wachstum von nur einem Prozent wäre der Faktor 15 nötig.[31] Das ist natürlich meilenweit entfernt von den Faktorrechnungen, die Ernst Ulrich von Weizsäcker glaubhaft zu machen versucht und dabei die intellektuelle Redlichkeit einem Pragmatismus der politischen Durchsetzbarkeit opfert.

Sackgasse Atomenergie

Der Anteil der Atomenergie an der weltweiten Energieversorgung ist insgesamt gering und im Schwinden begriffen.
Sie liefert noch etwa 6 Prozent der Primärenergie. Allein
der Ressourcenaufwand, der nötig wäre, um diesen Anteil
so signifikant zu erhöhen, dass die allmählich versiegen-
den fossilen Quellen ersetzt werden könnten, und die Po-
tenzierung der Sicherheitsrisiken zeigen, wie absurd dieser Weg wäre. Die erheblichen Sicherheitsprobleme und
das bis heute nicht gelöste Problem der Endlagerung des
nuklearen Abfalls müssen hier nicht weiter erörtert werden. Der benötigte Rohstoff, nämlich Uran in Form der beiden Isotope U-235 und U-238, ist eine nicht erneuerbare
Ressource. Die heute gängigen Reaktoren benutzen U-235,
das lediglich 0,7 Prozent der natürlichen Uranvorkommen
ausmacht. Beim derzeitigen jährlichen Verbrauch prognos-
tizierte die Energy Watch Group, dass die bekannten Reserven Ende der 2030er-Jahre aufgebraucht sind, und selbst
für die Ressourcen, also die geschätzten möglichen Vorkommen darüber hinaus, ist das Ende in den 2070er-Jah-
ren erreicht.[32] Würde man die Stromerzeugung allein auf
Atomkraft stützen, so würden die Uranvorräte innerhalb
von zehn Jahren aufgebraucht sein. Allein aufgrund der benötigten Zeit für den Bau neuer Reaktoren fällt diese Option zur Schließung der Energielücke aus. In einigen Ländern unternahm man Versuche mit der Technologie des
»schnellen Brüters« (USA, Großbritannien, Frankreich, Japan, Russland; in Deutschland hat man sich noch im Ver-
suchsstadium davon verabschiedet, und der französische
Reaktor Superphénix, der weltweit größte dieser Art, war
während der zehn Jahre seines Bestehens nicht einmal ein
ganzes Jahr in Betrieb), bei der durch die Kombination der

Isotope U-235 und U-238 Plutonium erzeugt wird. Diese Technik ist aber mit weitaus größeren Sicherheitsproblemen verbunden. Plutonium gehört zu den giftigsten bekannten Substanzen überhaupt. Die Kühlsubstanz, flüssiges Natrium, explodiert in Kontakt mit Luft oder Wasser.

Auch die Kernfusion, das heißt die Imitation des Verbrennungsvorgangs im Inneren unserer Sonne, hat sich – von der furchtbaren Destruktivtechnologie der Wasserstoffbombe einmal abgesehen – im Lauf der Jahrzehnte als Illusion erwiesen. Für die Energiegewinnung müsste die Kernverschmelzung kontrolliert erfolgen. Sie bedarf einer Initialtemperatur von 200 Millionen Grad Celsius, der kein bekanntes Material auf Erden standhält. Die nötige Beschränkung der Fusion würde mehr Energie erfordern, als der Reaktor erzeugen könnte. Die Reaktion konnte bis heute lediglich für Bruchteile von Sekunden aufrechterhalten werden.[33]

Erneuerbare Energien: unerschöpflich?

Vonseiten einflussreicher ökologischer Vordenker und Organisationen wird oftmals der Eindruck erweckt, erneuerbare Ressourcen seien prinzipiell in so reichem Maß verfügbar, dass alle derzeitigen Konsumbedürfnisse der gesamten Menschheit leicht erfüllt werden könnten. Hermann Scheer, der inzwischen verstorbene Präsident des Verbandes »Eurosolar« und prominenter Verfechter einer »solaren Weltwirtschaft«, schreibt: »Unvorstellbare Zeiträume sind es also, in denen die Sonne Menschen, Tieren und Pflanzen ihre Energie spenden wird. Und das in derart verschwenderischer Weise, dass sie die üppigsten Energiebedürfnisse sogar einer sich noch drastisch vermehrenden Menschen-, Tier- und Pflanzenwelt befriedigen könnte.«[34]

Scheer und mit ihm viele Solar-Enthusiasten leiten diese Hoffnung von der Tatsache ab, dass die Sonne die Erde jeden Tag mit 15000-mal mehr Energie versorgt, als die Weltbevölkerung derzeit kommerziell verbraucht. (Unter dem Begriff »Solarenergie« werden dabei alle Energiequellen mit Ausnahme der fossilen und nuklearen zusammengefasst: die Energie des Sonnenlichts, Windenergie, Energie des fließenden Wassers, Energie aus Biomasse.) Warum aber haben wir es dann noch nicht geschafft, alle Probleme der Menschheit zu lösen? Immerhin wurde Stromgewinnung durch die Photovoltaiktechnik bereits 1954 erfunden, Biomassenenergie wird seit undenklichen Zeiten verwendet, Windenergie seit einigen Tausend Jahren und die Energie des fließenden Wassers seit vielen Jahrhunderten …

Für die Umwandlung von Sonnen-, Wind- oder Biomassenenergie in Strom ist eine industrielle Ausrüstung erforderlich, die in Herstellung und Gebrauch nicht erneuerbare Ressourcen verbraucht. Der Sonnenschein ist an sich zwar eine reiche Quelle an Energie, aber es geht letztlich darum, diese Energie, die uns in Form diffus einfallender Strahlung erreicht, in den gewünschten Formen an gewünschten Orten verfügbar zu machen, nämlich als Strom und flüssigen Kraft- und Brennstoff in den bewohnten Regionen der Erde. Dies wirft die Frage nach einer seriösen Bilanzierung von Input und Output auf und konfrontiert uns bald mit der eigentlich recht banalen Einsicht: Erneuerbare Energien sind selbstverständlich alternativlos, wir haben keine andere Wahl, als auf sie zu setzen, aber: Erneuerbar bedeutet eben nicht unbegrenzt! Das soll im Folgenden näher beleuchtet werden.

Die Diskussion um erneuerbare Energien, also Wind- und Sonnenenergie, Biomasse, Wasserkraft, Gezeitenenergie, Geothermie usw.,[35] wird bei uns meistens von vornherein auf die Erzeugung von Elektrizität beschränkt. Diese macht aber gegenwärtig nur einen relativ geringen Teil unserer Endenergie aus, der Energie also, die wir konsumieren. Weltweit werden lediglich 16 Prozent der Energie in Form von elektrischem Strom verbraucht, in Deutschland zum Beispiel sind es etwa 20 Prozent. Das heißt: Wenn in Deutschland im Jahr 2018 etwas mehr als 40 Prozent des Stroms aus erneuerbaren Quellen stammten, dann entspricht das lediglich etwas mehr als 8 Prozent des Gesamtenergieverbrauchs! Nicht berücksichtigt sind, nimmt man allein die Elektrizität in den Blick, vor allem Transport und Verkehr, Raumwärme, Prozessenergie. Diese Engführung in der Diskussion gilt es stets im Auge zu behalten, um die Potenziale erneuerbarer Energien realistisch einzuschätzen.

Viele Energiewendeszenarien haben zudem ihre Schwäche darin, dass sie den Blick auf ein Teilproblem – meist die Elektrizitätsversorgung – fokussieren und dabei andere Probleme ausblenden, den Gesamtzusammenhang nicht herstellen. So steht zum Beispiel der Teil an Biomasse, der etwa in Form von Holzpellets hauptsächlich für die Raumwärme benötigt werden wird, nicht im gleichen Umfang für die Stromerzeugung zur Verfügung. Unterschätzt wird auch die Bedeutung des Verbrauchs landwirtschaftlicher Fläche zur Energiegewinnung: In Zukunft werden wir die Lebensmittelversorgung auf der Grundlage eigener landwirtschaftlicher Nutzflächen sicherstellen müssen und diese nicht mehr nach Übersee auslagern können (etwa durch Import landwirtschaftlicher Produkte oder Futtermittel für unsere Tierhaltung). Und die Landwirtschaft wird, aus ökologischen Gründen und weil das Erdöl zur Neige geht, flächenextensiver und nicht mehr so intensiv wie heute sein. Zu all dem kommt noch hinzu, dass die Auswirkungen des Klimawandels unsere Handlungsspielräume einschränken. In Südwesteuropa, aber auch etwa in Brandenburg wird viel landwirtschaftliche Nutzfläche verloren gehen. Der Anbau von Energiepflanzen steht heute schon, auch in Deutschland, in spürbarer Konkurrenz zur Nahrungsmittelproduktion. Zur energetischen Verwertung steht deshalb vor allem die sekundäre und tertiäre Biomasse, also Grün- und anderer biologischer Abfall, Klärschlamm und so weiter, zur Verfügung. Energiewendeszenarien sind also nur dann glaubwürdig und brauchbar, wenn sie nicht Einzelprobleme herausgreifen und dabei alles andere ausblenden, sondern zusammenhängend denken.

Wer die Situation unvoreingenommen betrachtet, wird sich folgenden grundsätzlichen Problemen stellen müssen:

1. Das Potenzial erneuerbarer Energien ist grundsätzlich beschränkt. Erneuerbar heißt eben nicht unerschöpflich. Die hauptsächlichen erneuerbaren Energiequellen weisen eine wesentlich geringere Energiedichte auf als fossile Quellen (die ja letztlich auch Sonnenenergie sind, allerdings über Hunderte von Millionen Jahren akkumuliert).

2. Neben der knapper werdenden Energie aus fossilen Quellen haben wir es gleichzeitig auch mit einer Verknappung von Rohstoffen zu tun, die dem Ausbau der technischen Voraussetzungen und der nötigen Infrastruktur für erneuerbare Energien zusätzliche Schranken setzt.

3. Das uns zur Verfügung stehende Zeitfenster ist schmal. Es ist fraglich, ob wir angesichts der knapper werdenden Zeit, in der die Kohle- Gas- und Ölvorräte immer

schneller zur Neige gehen, die theoretisch vorhandenen Potenziale wirklich umsetzen können. Die Umstellung auf erneuerbare Energien mitsamt der Produktion der Anlagen und der entsprechenden Infrastruktur verbraucht selbst wiederum viel Energie und Ressourcen, die auf fossiler Basis eventuell nicht mehr zur Verfügung stehen. »Im Extremfall würde man damit beginnen, auf breiter Front erneuerbare Systeme zu installieren, nur um auf halbem Wege zu erkennen, dass die erschöpflichen Ressourcen, die man für die Fertigstellung braucht, nicht reichen.«[36]

Die erneuerbaren Energien werden in ihren Möglichkeiten oftmals so hoch veranschlagt, dass es doch sehr erstaunt, warum sie sich nicht längst schon durchgesetzt haben. Die präsentierten Rechnungen erweisen sich jedoch bei näherer Betrachtung vielfach als höchst unseriös. In die Energiebilanz meistens nicht miteinbezogen werden die Produktionsvoraussetzungen und die erforderliche Infrastruktur insgesamt. Wer eine Energiebilanz ehrlich erstellen will, der muss – wie in jeder betriebswirtschaftlichen Kostenrechnung auch – den gesamten Prozess der Herstellung der entsprechenden Anlagen anteilsmäßig miteinbeziehen. Das heißt etwa für Strom aus Photovoltaikmodulen: Man müsste bei der Herstellung der Fabriken für die Produktion der Bagger anfangen, die den Sand zur Siliziumherstellung fördern, und so weiter. Ebenso müssen die Instandhaltung, die Wartung und die gesamte Infrastruktur zur Integration in die Stromnetze in die Rechnung miteinbezogen werden. In diesem Zusammenhang wurde in der Fachliteratur der Ausdruck *emergy* für *embodied energy* geprägt. Einer der wenigen, die so bilanzieren, ist Howard T. Odum.[37] Mit Recht klagte die Anti-Atom-Bewegung in ihrer Auseinandersetzung mit den Atomkraftwerksbetreibern eine solch ehrliche Bilanz ein, die den Gesamtprozess vom Uranabbau bis zur Entsorgung und zum Abbau der Anlagen, und nicht nur den laufenden Betrieb umfasst. Damit entlarvte man das Argument, Atomstrom sei der Ausweg aus der Klimakatastrophe. Allerdings müsste man dann auch die intellektuelle Redlichkeit besitzen, diese Rechnung ebenso für die »Erneuerbaren« aufzumachen.

Der Ökonom Nicholas Georgescu-Roegen wies bereits in den 1970er-Jahren auf den grundsätzlichen Unterschied zwischen machbaren und lebensfähigen Energien hin.[38] »Lebensfähig« sind nur jene Energiequellen, die sich selbst reproduzieren können. Das heißt, Photovoltaik wäre in dem Maße lebensfähig, als die Produktionsbasis mit all ihren Komponenten und deren zyklischer Erneuerung selbst wieder mit Photovoltaikstrom hergestellt werden könnte. Zurzeit werden die Anlagen zur Gewinnung von erneuerbarer Energie noch mithilfe der fossilen Energie hergestellt. Erneuerbare Energien partizipieren also heute an der noch in genügendem Maß vorhandenen fossilen Basis. Ihre »Lebensfähigkeit« im oben genannten Sinne mussten sie noch nicht unter Beweis stellen. Solange Photovoltaik, Windenergie und andere Formen erneuerbarer Energien nur einen relativ geringen Teil des weltweiten Energieverbrauchs decken, sind sie auf die noch bestehende fossile Energiebasis angewiesen. Sie sind bisher mit der fossilen Energie quasi »mitgewachsen«. Wir stehen nun vor der Herausforderung, unsere gesamte Infrastruktur von fossiler auf erneuerbare Energie umzustellen, was auch den Verbrauch einer großen Menge erschöpflicher Ressourcen mit einschließt. Ob und in welchem Maß sich die erneuerbaren Energien, dann auf sich gestellt, selbst tragen können, wird sich zeigen.

Die Windenergie scheint insgesamt unter den erneuerbaren Energiequellen die aussichtsreichste zu sein und eine zweifelsfrei positive Energiebilanz aufzuweisen. Die entsprechenden Berechnungen weichen allerdings erheblich voneinander ab und veranschlagen den ERoEI (*energy returned on energy invested,* das heißt Energiegewinn im Verhältnis zur eingesetzten Energie) allesamt positiv mit etwas mehr als 2 bis 50. Das heißt, innerhalb eines Lebenszyklus einer Anlage gewinnt man das Zwei- bis Fünfzigfache an eingesetzter Energie. Die Leistungsfähigkeit der Anlagen konnte im Lauf der letzten Jahrzehnte erheblich gesteigert werden. Windräder mit einer Leistung von 3,5 Megawatt sind heute Standard, ja selbst eine Leistung von 5 Megawatt ist keine Seltenheit mehr, wenn dies auch eine erhebliche technische und logistische Herausforderung darstellt. Die Berechnung der Energierücklaufzeiten hängt im Falle der Windenergie allerdings stark davon ab, welche Kapazitätsauslastung man zugrunde legt. Die Variabilität, das heißt die Abhängigkeit von wechselnden Windverhältnissen, hat zur Folge, dass etwa in Deutschland die Durchschnittskapazitätsauslastung den optimistischsten Angaben zufolge bei nicht mehr als 22 Prozent liegt. Das Gesamtpotenzial der Windenergie aber ist allein schon deshalb beschränkt, weil es nicht beliebig viele geeignete Standorte gibt. Dabei ist davon auszugehen, dass beim Ausbau der Windenergie zuerst die günstigsten Standorte berücksichtigt wurden und neue Standorte daher tendenziell schlechter sind und knapper werden. Es bedarf durchschnittlicher Windgeschwindigkeiten von annähernd sechs Metern pro Sekunde. Gregor Czisch ging in einer Studie aus dem Jahr 2004 davon aus, dass man in Deutschland mittels Onshore-Windenergie etwa 17 Prozent des damaligen Stromverbrauchs hätte decken können. Diese Zahl ist heute möglicherweise etwas nach oben zu korrigieren, und zwar aufgrund der Tatsache, dass es leistungsstärkere Windräder gibt, und der Möglichkeit eines entsprechenden »Repowering«, also der Ersetzung alter Windräder durch neue. Aber am grundlegenden Befund ändert dies wenig: Der Erhöhung des Potenzials durch leistungsstärkere Windräder steht die gegenläufige Tendenz gegenüber, dass man auf schlechtere Standorte zurückgreifen muss. Darüber hinaus ist zu bedenken: Seit Gregor Czisch seine Studie vorgelegt hat, hat sich der Stromverbrauch absolut erhöht, sodass sich in Relation dazu das Potenzial der Onshore-Windenergie kaum verändert haben dürfte. Eine Studie für die EU aus dem Jahr 1994 veranschlagt das Onshore-Potenzial auf 23 Prozent des Gesamtstromverbrauchs (350 TWh), eine dänische Studie (2003), die sich auf Europa bezieht, rechnet ein Onshore-Potenzial von 25 Prozent hoch, und die optimistischsten Annahmen schätzen es auf nahezu 30 Prozent. Gregor Czisch plädiert aufgrund dieses Befundes für eine heute utopische Ausweitung der Offshore-Anlagen auf bis zu 55 Meter Meerestiefe (heute nutzt man Wassertiefen bis zu 30 Meter, in der Regel 10 bis 30 Kilometer von der Küste entfernt) und auf Verbundnetze, die ein Drittel der weltweiten Landmasse umfassen (Sibirien, Kasachstan, Marokko ...)! Die großen Verbundnetze sollten die jahreszeitlich bedingte, höchst unterschiedliche Verfügbarkeit von Windenergie ausgleichen. Selbst in Dänemark gibt es im Jahr etwa fünfzig Tage lang Flaute und damit kaum Produktion von Windenergie, und in Deutschland beträgt die Auslastung der installierten Windenergieanlagen über mehrere Monate hinweg nur etwa 5 Prozent. Große Verbundnetze gehen natürlich auch mit erheblich mehr Ressourcenverbrauch und einem höheren Wartungsaufwand einher. Bei großen Verbundnetzen, die dafür sorgen sollen, dass weit entfernte Standorte einander optimal ergänzen, ist zu bedenken, dass dies den Aufbau von insgesamt wesentlich mehr Kapazitäten erfordert. Hinzu kommen Verluste durch die langen Übertragungswege.[39]

Zu bedenken ist die Problematik des Rohstoffverbrauchs. Immerhin sind für eine durchschnittliche Windanlage etwa 150 Tonnen Stahl erforderlich. Auch die Knappheit von seltenen Metallen ist zu berücksichtigen. Für die Generatoren von Windkraftanlagen ist hier insbesondere Neodym von Bedeutung. In Bezug auf die Windenergie gibt James Howard Kunstler insgesamt für die Zukunft zu bedenken: »Wie schaffen wir die seltenen Erze, Chrom, Titan, von den wenigen Stätten ihres Vorkommens zu den Produktionsstätten, wo die Metalllegierungen hergestellt werden, um Windturbinen zu erzeugen? Und was benutzen wir, um die Hochöfen zu betreiben?«[40]

Angesichts der unsteten Verfügbarkeit von Windenergie stellt sich auch das Problem der Speichertechniken. Die bisher bekannten beziehungsweise derzeit erprobten Speichertechniken sind allesamt nicht unproblematisch. Pumpspeicherkraftwerke mit einem sehr hohen Wirkungsgrad (60 bis 70 Prozent)[41] gehen mit einem enormen Landschaftsverbrauch einher, die geeigneten Standorte dafür sind beschränkt. Für Druckluftspeicherkraftwerke – ohnehin nur für die kurzfristige Speicherung von wenigen Tagen geeignet – fehlen vielfach die Voraussetzungen, weshalb bislang nur wenige existieren. Ihr Wirkungsgrad beträgt bislang weniger als 50 Prozent, könnte allerdings theoretisch erhöht werden, wenn man die bei der Kompression freigesetzte Wärme zwischenspeichert und in der Entspannungsphase wieder zuführt (adiabate Druckluftspeicher). Die Speicherung mittels Wasserstoff weist bislang einen bescheidenen Wirkungsgrad von etwa 20 Prozent auf. Auch die Erzeugung von Windgas, das heißt die Produktion von Wasserstoff mittels Elektrolyse mithilfe von überschüssigem Windstrom und Anreicherung durch CO_2 zu Methan, ist mit Verlusten von mindestens 30 Prozent verbunden. Allerdings ist hier zu bedenken, dass das bereits bestehende Gasnetz genutzt werden kann, also keine zusätzlichen Infrastrukturkosten anfallen. Dies lässt diese Möglichkeit als sinnvoll erscheinen. Allerdings: Will man aus Windgas wieder Strom gewinnen, indem man eine Gasturbine antreibt, so bleibt nur noch ein Drittel der ursprünglichen Energie übrig.[42]

Redox-Flow-Batterien (auf der Basis von Vanadium bzw. Lignin) weisen anfänglich eine sehr hohe Effizienz, nämlich 87 Prozent, auf, die aber mit jedem neuen Ladezyklus sinkt. Das Hauptproblem ist der immense Platzverbrauch aufgrund der sehr geringen Energiedichte.

Die Problematik des immer schmaler werdenden Zeitfensters lässt sich ebenfalls anhand der Windenergie gut verdeutlichen. Die hochgerechneten theoretischen Potenziale sind teilweise beeindruckend. In den USA etwa gehen optimistische Schätzungen davon aus, dass man mittels Windenergie etwa die Hälfte des Gesamtstromverbrauchs decken könnte. Doch auch wenn dies zutrifft: Es klafft eine große Lücke zwischen diesem theoretischen Potenzial und dem Status quo. Weltweit werden bislang etwa 2 Prozent der Elektrizität mittels Windenergie erzeugt. Ein entsprechender rascher Ausbau würde eine beträchtliche Umschichtung ökonomischer Ressourcen in einer relativ kurzen Zeit und unter hohem Energieaufwand bedeuten – einem Energieaufwand unter dem Vorzeichen der immer schneller wegbrechenden fossilen Basis: Richard Heinberg meint daher: »Betrachtet man nun aber diese Energieinvestition, die man für den Bau all der Windturbinen und andere für den Übergang auf erneuerbare Energien notwendige Infrastrukturmaßnahmen braucht, und bedenkt, dass gleichzeitig das Erdöl immer knapper wird, erkennt man, dass dann keine überschüssige Energie mehr zur Verfügung stünde, um den bisherigen Bedarf der Wirtschaft weiterhin decken zu können.«[43]

Windenergie als die aussichtsreichste erneuerbare Energiequelle wird mit Sicherheit erheblich zur Deckung des Strombedarfs beitragen, besonders in Ländern und Regionen mit Küstengebieten wie Indien, China, Kalifornien, aber auch den Niederlanden, Dänemark und Großbritannien. Allerdings zeigen die beschränkten Potenziale gerade dieser chancenreichsten erneuerbaren Energiequelle, dass die erneuerbaren Energien insgesamt die fossilen Quellen bei Weitem nicht werden substituieren können.

Photovoltaik, also die Stromerzeugung auf Grundlage des photovoltaischen Effekts aus einstrahlendem Sonnenlicht mittels Modulen auf der Basis von Silizium, ist die energieintensivste, die mit den meisten Stoffströmen verbundene und unter Umweltgesichtspunkten schädlichste Form zur Gewinnung von erneuerbarer Energie. Die Herstellung selbst der einfachsten Halbleiterzellen muss unter exakt kontrollierten Bedingungen wie Hochvakuum und Temperaturen zwischen 400 und 1400 Grad Celsius erfolgen. Die Angaben über die Energierücklaufzeiten (das heißt über die Betriebszeit, die erforderlich ist, bis die Anlage die Energie hereinspielt, die ihre eigene Produktion verbraucht hat, bis sie also Nettoenergie abwirft) variieren erheblich zwischen den verschiedenen Autoren. Richard Heinberg stellt dazu eher skeptisch fest: »Sicherlich können konventionelle Siliziumzellen bisher im Vergleich zu der für ihre Herstellung nötigen Energie nur einen geringen späteren Ertrag aufweisen, obwohl die Anhänger dieser Technologie auch hier standhaft mit günstigen Zahlen werben (im Allgemeinen berücksichtigen sie bei ihren Berechnungen nicht die für den Transport und die Herstellung der Produktionsanlagen aufgewandte Energie).«[44] Dabei sind folgende Faktoren zu bedenken: Meist wird ein Wirkungsgrad unter Laborbedingungen zugrunde gelegt, der mit 20 bis 25 Prozent angegeben wird. Doch bei unter realen Bedingungen installierten Modulen sinkt die Effektivität durch Staub- und Dunstablagerungen, Alterungsprozesse, nicht immer optimale Ausrichtung und so weiter auf nur etwa 13 Prozent! Auch die Außentemperatur spielt eine Rolle: Optimal sind 25 Grad Celsius, steigt die Temperatur aber auf 40 Grad Celsius an, so sinkt die Effizienz bereits um 5 Prozent. Auch die unterstellte Lebensdauer der Module von bis zu dreißig Jahren wird faktisch weit unterschritten. In ihrer sehr gründlichen Metastudie (das heißt der Auswertung von anderen Studien und Daten) konnten Ferroni und Hopkirk die tatsächlich erreichte Lebensdauer seit Beginn der Anwendung der Photovoltaiktechnik bis 2016 zugrunde legen und kamen zum Schluss: »Man könnte sagen, dass der durchschnittliche Lebenszyklus eher bei siebzehn als bei dreißig Jahren liegt.«[45] Und selbstverständlich ist ein entscheidender Faktor die durchschnittliche Zahl der jährlichen Sonnenstunden in einer Region. Viele Bilanzen legen schlicht eine Zahl von 1500 bis 1800 Sonnenstunden im Jahr zugrunde, was wohl auf Regionen wie Nordafrika oder Andalusien zutreffen mag, keineswegs aber auf die Schweiz oder Deutschland! Ferroni und Hopkirk untersuchen, unter anderem auf der Grundlage von Daten des schweizerischen Bundesamtes für Energie, die Energieausbeute unter den Bedingungen der Sonneneinstrahlung in der Schweiz. Sie errechnen eine Energieausbeute der bestehenden Anlagen von etwas mehr als

80 Kilowattstunden pro Quadratmeter installierter Module, für die neueste Generation schließen sie auf einen energetischen Ertrag von 106 Kilowattstunden pro Quadratmeter. Bei einer unterstellten Lebenszeit von 25 Jahren ergibt das unter Berücksichtigung jährlicher Verluste von etwa einem Prozent durch den Alterungsprozess eine Ausbeute von etwa 2200 Kilowattstunden. Wenn man dieser Energieausbeute den Energieaufwand für die Produktion der Anlagen, für die Netzintegration und die Verteilung gegenüberstellt (wobei sich Ferroni und Hopkirk auf die weiter oben dargestellte Bilanzierung von Howard T. Odum beziehen), so ergibt sich die Schlussfolgerung, dass Photovoltaik in Regionen wie der Schweiz oder dem Norden Deutschlands keine positive Energiebilanz aufweist, das heißt nach Abzug des energetischen Inputs keine Nettoenergie abwirft: »Das Ergebnis einer strengen Kalkulation des ›erweiterten ERoEI‹ für Regionen mit mäßiger Sonneneinstrahlung wie der Schweiz oder Deutschland erweist sich als sehr signifikant. Es deutet darauf hin, dass, zumindest beim derzeitigen Stand der Entwicklung, die Photovoltaiktechnik keine Energiequelle sein kann, sondern einen Nettoenergieverlust bedeutet.«[46] Die Autoren weisen überdies mit Nachdruck auf den erheblichen Materialverbrauch für Photovoltaik hin und errechnen, dass dieser pro Kilowattstunde 64-mal höher ist als etwa der eines Atomreaktors.[47]

Auch Ted Trainer gelangt auf der Grundlage seiner Untersuchung selbst für Zentralaustralien zu recht pessimistischen Schlussfolgerungen und zeigt, dass der Beitrag der Photovoltaik selbst in einer der sonnigsten Regionen der Welt beschränkt ist und der Ergänzung durch andere erneuerbare Energiequellen sowie der Möglichkeit der Speicherung sehr großer Mengen an Strom bedarf. Unter den für Solarstrom so günstigen Bedingungen, wie sie Zentralaustralien aufweist, geht Trainer davon aus, dass eine Photovoltaikanlage erst nach einem Viertel ihrer Lebenszeit Nettoenergie abwirft.[48]

Annette Schlemm[49] gibt für Photovoltaikstrom auf der Basis von monokristallinem Silizium eine Energierücklaufzeit von 4,6 Jahren an, bei polykristallinem Silizium geht sie von 3,2 Jahren aus. Dazu ist noch jeweils ein Jahr für die übrigen Komponenten (etwa Aluminium-Aufständerung o. Ä.) dazuzurechnen. Aufgrund des hohen Energieaufwandes plädiert Schlemm dafür, dass sich die Großproduktion von Modulen auf Standorte wie etwa Norwegen konzentriert, wo aufgrund der natürlichen Gegebenheiten besonders viel Energie aus erneuerbaren Quellen verfügbar ist. Allerdings legt Schlemm – wie die meisten – der Energiebilanzierung durchschnittlich 1800 Sonnenstunden im Jahr zugrunde und meint: »Die angegebenen Werte entsprechen i. A. den optimalen Einsatzorten im südlichen Europa, für Mitteleuropa sind diese Werte höher.« Redlicherweise hätte sie anmerken müssen, dass diese Werte für Mitteleuropa mindestens verdoppelt werden müssen! In Deutschland betrug zum Beispiel im Jahr 2010 die Anzahl der Sonnenstunden nicht einmal 800! Schlemm lehnt auch das Konzept der *emergy* als unsinnig ab, mit der unsachlichen, polemischen Bemerkung, man müsse dann konsequenterweise »bis zum Urknall« zurückrechnen. Doch selbst auf der Grundlage ihrer auf diese Weise schöngerechneten Annahmen zieht sie den Schluss, dass der Umstieg auf erneuerbare Energiequellen notgedrungen das Ende unserer Wachstumsgesellschaft nach sich ziehen wird.

Auch die neueren Techniken etwa von Dünnschichtsolarzellen auf der Basis von nichtkristallinem (amorphem) Silizium, Kadmiumtellurid, Kupfer-Indium-Diselenid oder lichtempfindlichen Farbpigmenten usw. helfen nicht viel weiter. Bei einem Wirkungsgrad von maximal 7 Prozent wird ihnen wohl nur ein Nischendasein beschieden sein. Hinzu kommt, dass viele in der Photovoltaikindustrie verwendeten Stoffe toxisch, krebserregend oder leicht entzündlich sind, dass etliche der benutzten Rohstoffe sehr begrenzt sind (zum Beispiel Indium, Germanium, Tellur, Selen) und dass die Umweltbilanz äußerst ungünstig ausfällt. »Ausgerechnet bei den Dünnschichtmodulen werden die stärksten Treibhausgase eingesetzt.«[50] Kritisch sind hier unter anderem bei der Reinigung eingesetzte giftige und klimaschädliche Substanzen wie Fluor.

Für Mittel- und Nordeuropa ist nicht zuletzt zu bedenken, dass die Potenziale von Wind- und Photovoltaikstrom nicht einfach addiert werden können. Sie stehen aufgrund der Wetterverhältnisse in der Regel nur alternativ zur Verfügung.

Aufgrund dieser und anderer Beschränkungen setzen viele in Bezug auf die Nutzung der Sonne als Energiequelle auf solarthermische Anlagen in großem Stil in besonders sonnenreichen Regionen wie etwa dem nördlichen Afrika. Von den verschiedenen Techniken der solarthermischen Energiegewinnung scheint die Parabolrinnentechnik neben Solartürmen die derzeit aussichtsreichste zu sein. Die von der Sonne gelieferte und mittels Parabolspiegeln konzentrierte Hitze wird dazu genutzt, Turbinen zur Erzeugung von elektrischem Strom anzutreiben. Ein Vorteil dieser Technik ist die bessere Speicherfähigkeit der Wärme. Die Hochspannungs-Gleichstromübertragungstechnik (HGÜ) hält auch die Leitungsverluste bei der Stromübertragung über große Distanzen in Grenzen. Es existieren dazu unterschiedliche Angaben, die sich im Bereich von etwa 3 bis 6 Prozent pro 1000 Kilometer (hauptsächlich Konverterverluste) bewegen.

In den letzten Jahren wurde bei uns insbesondere das von einem Konsortium großer transnationaler Konzerne in der Sahara geplante und inzwischen gescheiterte Desertec-Projekt diskutiert. Franz Garnreiter[51] hat – neben vielen anderen Kritikpunkten – im Zusammenhang mit diesem Großprojekt auf die gigantische »Materialschlacht« verwiesen, die solarthermische Anlagen dieses Typs (Parabolrinnentechnik) voraussetzen: Eine solarthermische Anlage, die von der Kapazität her einem konventionellen Großkraftwerk vergleichbar wäre (das bedeutet die Produktion von 8 Terawattstunden pro Jahr), braucht mehr als 25 Quadratkilometer (das sind 250000 Tonnen!) Hightech-Spiegelglas (silberbeschichtet) und über 400 Kilometer Absorberröhren. Das Desertec-Projekt in der Sahara war aber um den Faktor 90 größer geplant, das heißt, diese Zahlen sind mit 90 zu multiplizieren. Dazu kommen Stahlpylonen zur Aufständerung und die Leitungskapazitäten für die Hochspannungs-Gleichstromübertragung. Von diesem gigantischen Materialaufwand erhoffte man sich schließlich bis zum Jahr 2050 einen Beitrag zur Stromerzeugung der EU von lediglich 15 Prozent.

Ted Trainer veranschlagt aufgrund dieses Materialeinsatzes die Kapitalkosten einer solarthermischen Anlage (bezogen auf die gelieferte Strommenge) als mehr als siebenmal so hoch wie die eines Kohlekraftwerks mitsamt dem entsprechenden Brennmaterial. Diese Kapitalkosten spiegeln natürlich die entsprechenden Ressourcen- und Energiekosten wider. Das Hauptproblem stellt für Trainer aber das Speicherproblem bei solarthermischer Stromerzeugung in Wüstengebieten dar: Die kurzfristige (48 Stunden) Speicherung mittels Salzlake ist zwar unproblematisch und nur mit geringen Verlusten verbunden, doch die Überbrückung von längeren sonnenarmen Perioden im

Winter ist auf diese Weise nicht möglich. Das heißt: Auch die aus solarthermischen Anlagen gewonnene Elektrizität ist wie Wind- und Photovoltaikstrom einer erheblichen Variabilität unterworfen. Es bestehe, so Trainer, kein Zweifel daran, dass solarthermische Kraftwerke in den heißesten Regionen im Sommer einen bedeutenden Beitrag zur Elektrizitätserzeugung leisten würden, doch im Winter seien sie selbst an den besten Standorten nicht sehr effektiv und würden nicht mehr als 20 Prozent ihrer Leistung im Sommer erbringen. Und er schließt aus alledem: »Es liegt deshalb nicht auf der Hand, dass solarthermische Anlagen in Nordafrika einen bedeutenderen Beitrag über das gesamte Jahr zur europäischen Elektrizitätsversorgung zu akzeptablen Kosten leisten können.«[52]

Die Energiewendeszenarien, die von unterschiedlichen Umweltorganisationen in den letzten Jahren herausgegeben wurden,[53] leiden darunter, dass sie unter sehr eingeschränktem Blickwinkel entworfen wurden. Sie beschränken sich zumeist auf die Elektrizität und blenden jeden anderen Energieverbrauch aus. Das bedeutet aber: Ressourcen, die möglicherweise an anderer Stelle gebraucht würden (etwa für die Bereitstellung der Raumwärme), werden ohne Weiteres miteinbezogen, die mit dem entsprechenden Flächenverbrauch verbundenen Probleme (etwa die Konkurrenz zwischen landwirtschaftlich zu nutzender Fläche, die gerade bei der gewünschten Agrarwende wesentlich größer sein muss als heute, und der Fläche für Energiepflanzen) und zusätzlicher Stromverbrauch in anderen Sektoren, in denen heute fossile Energie verbraucht wird, werden in der Regel nicht oder nur ungenügend berücksichtigt. Ferner ist der Blickwinkel meist national verengt. In Deutschland werden zum Beispiel in die Berechnungen gern die Stromexportüberschüsse mit veranschlagt.

Ausgeblendet wird dabei, dass der dann wegfallende exportierte Strom anderswo und anderweitig fehlt und ersetzt werden muss. Das Speicherproblem wird oftmals mit dem Hinweis auf hohe Speicherkapazitäten in bestimmten europäischen Ländern, allen voran Norwegen (das aufgrund der geografischen Gegebenheiten über eine sehr hohe Kapazität an Pumpspeicherkraftwerken verfügt), erledigt. Dabei wird wiederum in einer national verengten Sichtweise die Frage ausgeblendet, wie sich die Situation darstellt, wenn auch andere Länder verstärkt auf diese Möglichkeit zurückgreifen wollen. Was etwa, wenn auch Frankreich aus der Atomkraft aussteigen will und auf dieselben Speichermöglichkeiten setzt? Die in die Berechnungen aufgenommenen Potenziale an erneuerbaren Energien (zum Beispiel die Standorte für die postulierten Windenergieanlagen) werden meist nicht konkret nachgewiesen.

Vor allem aber ist bereits die Ausgangsfragestellung sehr eingeschränkt: Es wird vom derzeitigen Stromverbrauch ausgegangen (der in den meisten europäischen Ländern tendenziell übrigens wächst, nicht zuletzt aufgrund der Digitalisierung) und gefragt, welche aus Atomkraftwerken oder fossilen Quellen stammenden Strommengen man in welchen Zeiträumen durch Erneuerbare substituieren kann. Ein Tabu ist die Frage nach den Möglichkeiten der absoluten Senkung des Verbrauchs! Angesichts der beschränkten Potenziale erneuerbarer Energiequellen, aber auch angesichts der Notwendigkeit, sehr rasch deutliche Emissionsreduktionen realisieren zu müssen, ist eine Überwindung dieses Tabus unbedingt erforderlich.

Selbst wenn es möglich sein sollte – was auf der Grundlage des obigen Befunds zu Recht bezweifelt werden darf –, dass das derzeitige Verbrauchsniveau an Elektrizität in den reichen Industrieländern dauerhaft aus erneuerbaren Quellen bestritten werden kann, dann wären lediglich 20 Prozent unseres Problems gelöst. Ein besonders problematischer Sektor ist die Organisation unserer Mobilität, sind Verkehr und Transport. Gleichzeitig stellt das Transportsystem einen entscheidenden Schwachpunkt des aktuellen, global integrierten Kapitalismus mit seiner sehr ausdifferenzierten weltweiten Arbeitsteilung dar, der ja auf hohe und billige Transportkapazitäten angewiesen ist.

Weltweit betrachtet, machen flüssiger und gasförmiger Treibstoff etwa 43 beziehungsweise 16 Prozent des Endenergieverbrauchs aus. Für einen Großteil dieses Verbrauchs ist derzeit keine Möglichkeit der Substitution in Sicht. Biomasse ist die einzige Quelle erneuerbarer Energie, aus der direkt flüssiger oder gasförmiger Treibstoff (in Form von Ethanol aus sehr zuckerhaltigen Pflanzen oder von Biodiesel aus Ölpflanzen wie Raps) erzeugt werden kann. Doch die Produktion von Biomasse in großem Maßstab ist ökologisch (meist auch sozial) verheerend und nicht nachhaltig. Sie erfordert große Mengen an Kunstdünger, Herbiziden, Pestiziden und Wasser. Der intensive Anbau von Energiepflanzen fördert die Bodenerosion. Das Agrobusiness hat in großem Stil Wälder abgeholzt und Feuchtgebiete entwässert, um Flächen für den Ackerbau zu gewinnen, was unter anderem die Erderwärmung noch beschleunigt. Die hohen Verluste an fruchtbarem Ackerland durch Bodenerosion, die Ausdehnung der Wüsten und so weiter sind jedem auch nur oberflächlich Informierten bekannt. Selbstverständlich steht die Erzeugung von Biomasse in unmittelbarer Konkurrenz zur Ernährung der Weltbevölkerung. Der gegenwärtige weltweite Boom beim Anbau von Plantagen für pflanzliche Treibstoffe bedeutet letztlich, dass weltweit gesehen 800 Millionen Autobesitzer (mit entsprechend mehr Kaufkraft) gegen die Milliarden Menschen konkurrieren, die heute unter der Armutsgrenze leben.

Selbst das *Wall Street Journal* eignet sich in Bezug auf die Produktion von Biotreibstoffen inzwischen die Sichtweise kritischer Ökologen an und schreibt unter Berufung auf David Pimentel: »Die Ausweitung der Produktion von Mais für Biokraftstoffe würde die Wasserressourcen erschöpfen und den Boden durch den Gebrauch von Kunstdüngern und anderen Chemikalien verschmutzen. Das würde auch den Verbrauch von großen Mengen konventioneller Energie erfordern – für die Landwirtschaftsmaschinerie und für die Anlagen zur Konversion von Mais zu Ethanol. Dieser Preis könnte den Vorteil aus der Produktion des weniger umweltverschmutzenden Kraftstoffs zunichtemachen.«[54] Nicht berücksichtigt ist dabei, dass auch die Herstellung von Düngemitteln und anderen Agrarchemikalien den Verbrauch einer großen Menge von fossilen Brennstoffen und anderen nicht erneuerbaren Ressourcen erfordert. Das macht es höchst zweifelhaft, ob daraus wirklich ein Nettoenergiegewinn resultiert. Schon in früheren Studien wurde der ERoEI von Ethanol aus Mais auf nur 1,3 beziehungsweise 1,1 berechnet, der von Palmöl auf lediglich 1,06. Das heißt: Die gewonnene Energie überstieg die ursprünglich eingesetzte Energie nur äußerst geringfügig.[55]

Das Potenzial der Treibstoffproduktion aus Biomasse ist klar begrenzt aufgrund des weltweit zur Verfügung stehenden fruchtbaren Bodens. Um etwa den derzeitigen Treibstoffverbrauch Österreichs aus Biomasse zu gewinnen, benötigte man das Viereinhalbfache der zurzeit für den Ackerbau insgesamt genutzten Fläche (oder 70 Prozent der Gesamtfläche Österreichs).[56] Im Hinblick auf die globale Situation rechnet Ted Trainer vor: Wenn man das gesamte Ackerland der Welt (1,5 Milliarden Hektar, allerdings bei abnehmender Tendenz) zur Produktion von Biomasse zur Treibstoffgewinnung verwenden würde, dann erzielte man daraus etwas mehr als zwei Millionen Tonnen Erdöläquivalent. Doch derzeit beläuft sich der weltweite Gesamtverbrauch von Erdöl und Gas auf etwa 4,7 Millionen Tonnen Erdöläquivalent.[57] Minqi Li formuliert es auf den Punkt: Selbst wenn die Menschheit keine Nahrungsmittel mehr anbauen und die gesamte Fläche bebaubaren Landes der Energieerzeugung widmen würde, entspräche der Ertrag nicht einmal der Hälfte dessen, was heute Erdöl und Erdgas liefern.[58] Die Erweiterung der Anbauflächen ist nicht realistisch und aufgrund der bereits genannten ökologischen Effekte nicht wünschenswert. So kommt auch Ted Trainer zur Schlussfolgerung: »Die eindeutigsten und schärfsten Begrenzungen einer Zukunft auf der Basis erneuerbarer Energien haben mit der Versorgung mit flüssigem und gasförmigem Treibstoff zu tun. [...] Biomasse kann nicht mehr als einen kleinen Bruchteil der derzeitigen weltweiten Nachfrage nach flüssigem Treibstoff liefern, geschweige denn der Nachfrage, die aufgrund des Bevölkerungswachstums, der weltweiten Angleichung von Lebensverhältnissen und des Wirtschaftswachstums erzeugt werden könnte.«[59]

Energie in flüssiger, leicht transportierbarer und gut handhabbarer Form ist unabdingbare Voraussetzung zur Aufrechterhaltung der Mobilität in bisherigem Stil. Wasserstoff galt lange als der ideale Ersatz für flüssigen Treibstoff. Eine wasserstoffgetriebene Brennstoffzelle hat tatsächlich einen Wirkungsgrad von 40 Prozent und übertrifft damit Benzinmotoren deutlich. Die optimistischsten Annahmen gehen sogar von einer Verbesserung des Wirkungsgrads bis auf 60 Prozent aus. Aber Wasserstoff ist keine Energiequelle, sondern ein Speichermedium. Grundsätzlich sind zwei Wege der Wasserstoffproduktion gangbar: die Herstellung aus Kohlenwasserstoffen, heute konkret Methan, oder mittels Elektrolyse aus Wasser, wobei es natürlich grundsätzlich möglich ist, das Elektrolyseverfahren mittels Energie aus erneuerbaren Quellen durchzuführen. Bei beiden Verfahren liegt der Stromverbrauch bei etwa 5 Kilowattstunden pro Kubikmeter, bei der anschließenden Stromerzeugung aus Wasserstoff geht ebenfalls Energie verloren. Für den Fall, dass der Strom aus regenerativen Quellen stammt, wirft Benjamin Dessus die Frage auf, welche Gesamtleistung sich damit überhaupt realisieren lässt, wenn man bedenkt, dass die großtechnische Herstellung von Wasserstoff permanente Energiezufuhr in erheblichen Mengen erfordert.[60] Richard Heinberg stellt in diesem Sinn fest: »Der zweite Hauptsatz der Thermodynamik legt fest, dass Wasserstoff immer ein Nettoverlierer sein wird, da bei jeder Umwandlung ein Teil der nutzbaren Energie verloren geht [...]. Angesichts der von vornherein recht niedrigen Nettoenergie aus erneuerbaren Quellen sowie der Nettoenergieverluste bei der Umwandlung von Strom in Wasserstoff, bei der notwendigen Verflüssigung für den Transport und beim Transport selbst und schließlich bei der Rückwandlung von Wasserstoff in Elektrizität kommt man kaum an der Erkenntnis vorbei, dass die von wohlmeinenden Visionären propagierte ›Wasserstoffwirtschaft‹ notwendigerweise mit weit weniger Energie auskommen muss als die Wirtschaft, die wir bisher gewöhnt sind.«[61]

Hinzu kommen noch die erheblichen Logistik- und Sicherheitsprobleme, für die kaum Lösungen in Sicht sind. Aufgrund des extrem hohen Drucks braucht ein Wasserstoffauto mit Brennstoffzellentechnik einen mit Kohlestofffasern verstärkten Tank. Ein Sicherheitsrisiko sind dabei vor allem die Bleiverbindungsstellen. Wasserstoff ist leicht entflammbar und korrosionsaggressiv. Jeder Tankvorgang würde nicht nur ein erhebliches Sicherheitsrisiko bedeuten, sondern mit zusätzlichem Energieverschleiß verbunden sein. Der relative Energieverbrauch allein für den Transport (in Tanklastwagen mit hohem Kompressionsdruck) im Verhältnis zur transportierten Energie würde Wasserstoff bei fast jeder Entfernung unwirtschaftlich machen.[62] Das Resümee des schon erwähnten Minqi Li lautet: »Aufgrund der chemisch-physikalischen Eigenschaften von Wasserstoff ist eine Wasserstoffwirtschaft in großem Stil undenkbar [...]. Berücksichtigt man die nötigen Umwandlungsprozesse, Verflüssigung, Transport usw., so stehen 10 bis maximal 20 Prozent der aufgewendeten Energie für den Endverbrauch zur Verfügung.«[63] Diese Einschätzung deckt sich im Wesentlichen mit den Berechnungen Trainers, der die verbleibende Endenergie mit 13 bis 18 Prozent der ursprünglich eingesetzten Energie beziffert.[64] Er weist überdies auf das oftmals vernachlässigte Problem der recht kurzen Lebensdauer einer Brennstoffzelle hin.[65] Für die Produktion von Brennstoffzellen benötigt man seltene Rohstoffe wie vor allem Platin, dessen bekannte Reserven sehr begrenzt sind. Der Einsatz von Wasserstoff für die Aufrechterhaltung unseres Maßes an Mobilität ist aus all den angeführten Gründen völlig illusorisch.

Dasselbe gilt auch für den heute vor allem propagierten Einsatz von Elektromotoren für den motorisierten Individualverkehr. Betrachtet man allein die Umsetzung von elektrischer Energie in kinetische, also Bewegungsenergie durch einen Elektromotor, dann ist dieser natürlich höchst effizient. Der Wirkungsgrad beträgt hier bis zu 70 Prozent, wohingegen ein vergleichbarer mit Benzin angetriebener Motor lediglich einen Wirkungsgrad von etwa 20 Prozent aufweist. »Sauber« wäre der Elektroantrieb ohnehin nur unter der Voraussetzung, dass der dafür verwendete Strom aus erneuerbaren Quellen kommt. Angesichts der oben geschilderten begrenzten Potenziale erneuerbarer Quellen für die Stromerzeugung ist es mehr als zweifelhaft, ob die für die Mobilität zusätzlich benötigte Strommenge aus diesen Quellen bereitgestellt werden kann. Vor allem aber ist das Gesamtsystem E-Auto als Massenverkehrsmittel energetisch keineswegs effektiv und ökologisch gar desaströs. Nicht nur der laufende Betrieb eines Fahrzeugs, sondern bereits dessen Produktion verschlingt eine Menge an Ressourcen und Energie. Für einen durchschnittlichen PKW, der mit einem Diesel- oder Benzinmotor ausgestattet ist, veranschlagt man einen Energieverbrauch von mindestens 20000 Kilowattstunden bereits in der Produktion. Für E-Autos ist hier aber tendenziell noch deutlich mehr zu veranschlagen, da das hohe Gewicht des Akkumulators durch stärkeren Einsatz von Leichtbauweise (Kohlefaserverbundstoffe, Aluminium) kompensiert wird, die aber in der Herstellung energieintensiver sind. Etwa 40 Prozent mehr Energie verschlingt ein Elektroauto bereits bei der Produktion. Das heißt: Ein Elektroauto muss mindestens 30000 Kilometer gefahren sein, um seinen aus der Produktion herrührenden ökologischen Nachteil gegenüber einem vergleichbaren Benziner aufzuholen. Allein die Produktion der Lithium-Ionen-Batterie ist energieintensiv und je nach Speicherkapazität für einen Kohlendioxidausstoß von sechs bis siebzehn Tonnen verantwortlich.[66]

Vor allem aber macht der Verbrauch von zum Teil sehr knappen Rohstoffen den Einsatz von Elektroautos als Massenverkehrsmittel völlig illusorisch. Die Angaben über die verfügbaren Reserven (das heißt über die bekannten, mit einem vertretbaren energetischen Aufwand zu erschließenden Vorkommen) des für die Akkumulatoren benötigten Lithiums gehen zwar erstaunlich auseinander. Das Wuppertal Institut beziffert sie auf 13 Millionen Tonnen, der US Geological Survey aus dem Jahr 2006 auf 11 Millionen Tonnen,[67] in den Jahren 2008 bis 2010 wurden Schätzungen veröffentlicht, die von 3,9 Millionen Tonnen bis zum Zehnfachen reichten ... Welcher Schätzung man auch immer vertrauen mag: Für die bisher gängigen Anwendungen in elektronischen Geräten benötigte man Lithium im Grammbereich, für eine Autobatterie hingegen etwa zehn Kilogramm! Die Reserven reichen auf keinen Fall, um die weltweit derzeit etwa eine Milliarde PKWs durch E-Autos zu ersetzen. Hinzu kommt noch der Verbrauch anderer knapper Rohstoffe wie Kobalt (für die Batterie), Neodym und Dysprosium für die Hochleistungsmagnete in den Antrieben und Kupfer in den Antriebswickelungen, auf dessen Knappheit ich weiter oben ebenfalls schon hingewiesen habe.

Hinsichtlich des Klimawandels besonders problematisch ist der stetig wachsende Flugverkehr, weil sich hier besonders bei Flügen oberhalb der Stratosphäre die treibhauswirksamen Effekte potenzieren. Effizienzpotenziale sind hier eher gering einzuschätzen, und ein adäquater Ersatz für das Kerosin ist für einen Einsatz in größerem Stil nicht in Sicht.

Angesichts dieser Situation kamen in jüngster Zeit als Alternative sogenannte E-Fuels in die Diskussion.[68] Das sind flüssige (Power-to-Liquid) oder gasförmige (Power-to-Gas) synthetische Kraftstoffe, die mittels Strom aus Wasser und Kohlendioxid gewonnen werden. Klimaneutral sind sie natürlich nur unter der Voraussetzung, dass der benötigte Strom aus erneuerbaren Quellen kommt. Ihr Vorteil ist, dass die bestehende Infrastruktur (das Tankstellennetz) genutzt werden könnte. Der größte Nachteil aber ist die geringe Energieeffizienz. Im Vergleich zu einer mit Wasserstoff betriebenen Brennstoffzelle müsste die eingesetzte Strommenge doppelt so hoch sein, im Vergleich mit einem mit einer Lithium-Ionen-Batterie ausgestatteten E-Auto sogar fünfmal so hoch! E-Fuels werden deshalb vermutlich hauptsächlich in der – ohnehin stark einzuschränkenden – Luftfahrt beziehungsweise Schifffahrt Verwendung finden, da hier andere alternative Antriebsquellen schwer handhabbar sind.

Es führt kein Weg daran vorbei: Da jede Form von Energie dem physikalischen Gesetz der Entropie unterliegt, da auch scheinbar im Überfluss vorhandene Energie erst mühsam und selbst wieder unter hohem Energieaufwand verfügbar gemacht werden muss, werden wir ein anderes Verhältnis zur Mobilität insgesamt gewinnen müssen. Es entspricht vermutlich nicht menschlichem Maß, innerhalb von 24 Stunden an fast jedem beliebigen Punkt der Erde sein zu können.

Entkoppelung des Wirtschaftswachstums vom Energie- und Ressourcenverbrauch?

Verfechter eines »grünen Wachstums« – zu denen heute in Europa die meisten »grünen« Parteien und die meisten Umweltorganisationen gehören – behaupten hartnäckig, dass sich das für die kapitalistische Ökonomie unabdingbare Wirtschaftswachstum (im Sinne des Wachstums des Bruttoinlandsproduktes) in genügendem Maße vom Energie- und Ressourcenverbrauch entkoppeln ließe, dass wir also mithilfe einer intelligenteren Technik, mithilfe der weitgehenden Substitution fossiler durch erneuerbare Energien, mithilfe von größerer Effizienz weiterhin ausreichend Wachstum generieren könnten, um die kapitalistische Ökonomie stabil zu halten. Man sollte sich zunächst vor Augen führen, welches Maß an Zuwachs sich hinter den jährlichen Wachstumsraten tatsächlich verbirgt. Je höher die Wachstumsrate ist, umso kürzer ist die Zeitspanne, innerhalb deren sich das Ausgangsniveau verdoppelt. Bei einem allgemein für notwendig erachteten Wirtschaftswachstum von 2 Prozent verdoppelt sich die Menge an Gütern und Dienstleistungen innerhalb von 35 Jahren, also etwa einer Generation. Bei 3 Prozent Wachstum verzeichnet man bereits in 23 Jahren doppelt so viel monetär ausdrückbare Güter und Dienstleistungen. Im Lauf von hundert Jahren nimmt diese Menge bei einer Wachstumsrate von 2 Prozent um das Siebenfache, bei 3 Prozent Wachstum um das Neunzehnfache zu. Allein diese Zahlen sollten ausreichen, um die Aufrechterhaltung des BIP-Wachstums mit anderen, ökologisch nachhaltigen Mitteln als Illusion zu entlarven.

Im Hinblick auf Entkoppelung gilt es zunächst, grundsätzlich zwischen relativer und absoluter Entkoppelung zu unterscheiden. Relative Entkoppelung meint, dass der Ressourcen- und Energieverbrauch in geringerem Maße zunimmt als das Bruttoinlandsprodukt. Bei absoluter Entkoppelung sinkt der Material- und Energieverbrauch nicht nur relativ zum BIP-Wachstum, sondern absolut. Temporär und bezogen auf bestimmte Rohstoffe, war tatsächlich eine relative Entkoppelung zu verzeichnen. Seit 1970 lässt sich eine Abnahme der Energieintensität um insgesamt etwa ein Drittel feststellen, und der Roheisenverbrauch blieb von 1974 bis 1999 annähernd konstant. Diese weltweiten Zahlen spiegeln natürlich die regionalen Unterschiede nicht, aber letztlich bleibt die globale Bilanz allein relevant. Die geringere Energieintensität in den reichen Industrieländern ist ja um die Handelsbilanz geschönt, das heißt, die importierten Komponenten und Waren aus energie- und kohlenstoffintensiverer Produktion lassen die Bilanz in den Industrieländern besser erscheinen, als sie tatsächlich ist. Diese relative Entkoppelung war aber ein vorübergehendes Phänomen. Seit 2000 sind die Produktionssteigerungen bei Roheisen so hoch wie nie zuvor.[69] Auch die Kohlenstoffintensität der Ökonomie steigt zumindest seit dem Jahr 2000 wieder an. Der Verbrauch von Eisen, Bauxit, Kupfer, aber auch von Zement, der in der Herstellung äußerst energieintensiv ist, nimmt zum Teil wesentlich stärker zu als das weltweite BIP. Seit 1990 ist der Kohlendioxidausstoß insgesamt um mehr als 40 Prozent angestiegen.

Relative Entkoppelung wäre aber in unserer Situation ohnehin völlig nutzlos. Allein um die nötigen Reduktionsziele bei Treibhausgasen einzuhalten, das heißt, um die Emissionen bis zum Jahr 2050 um 90 Prozent zurückzufahren, wäre eine absolute Entkoppelung in einer Größenordnung nötig, die völlig im Bereich des Unmöglichen anzusiedeln ist, wenn man die weiter oben erörterten Grenzen von Effektivitätssteigerungen und die begrenzten Potenziale von erneuerbaren Energien in Rechnung stellt.

Die Unmöglichkeit von Entkoppelung des Energie- und Ressourcenverbrauchs von weiterem Wirtschaftswachstum lässt sich noch präziser durch die sogenannte Ehrlich-Gleichung (von Paul R. Ehrlich und John Holdren vor nunmehr etwa fünfzig Jahren entwickelt) darstellen:

$$I = P \times A \times T.$$

I steht für *environmental impact,* das heißt Auswirkung auf
die Umwelt, P steht für *population,* also die Bevölkerungsdichte, A meint *affluence,* Wohlstand (gemessen am monetären Einkommen), und T steht für *technic,* das heißt einen
Technikfaktor, der die Energie-, Ressourcen- beziehungsweise Emissionsintensität bezogen auf den wirtschaftlichen Ertrag misst. T ist umso kleiner, je mehr Effektivität
beziehungsweise Energie- und Ressourceneinsparung damit erzielt werden kann. Die Umweltbeeinträchtigung ist
also das Produkt aus Bevölkerungsdichte, Wohlstand gemessen am Einkommen und der Technologieintensität.
Wenn T in dieser Gleichung abnimmt (das heißt, wenn die
Energie- und Ressourceneffizienz steigt), dann wäre relative Entkoppelung gegeben. Der Indikator für absolute Entkoppelung allerdings wäre nur ein Abnehmen von I. Tim
Jackson stellte nun bereits im Jahr 2009 fest: Bei der notwendigen Treibausgasreduktion bis zum Jahr 2050 müsste
die Kohlenstoffintensität der Ökonomie mit einer jährlichen Rate von 4,9 Prozent abnehmen. Berücksichtigt man
dann noch das Bevölkerungswachstum und einen bestimmten Einkommenszuwachs, so heißt das: Die Reduktion des Energie- und Ressourceneinsatzes durch technische Verbesserungen müsste jährlich 7 Prozent betragen,
das heißt in einem fast zehnfachen Tempo verglichen mit
heute stattfinden. Das entspricht bis zum Jahr 2050 aber
einem Faktor von 21!

Hinzuweisen ist noch darauf, dass diese Rechnung vom
derzeit bestehenden globalen Wohlstandsgefälle ausgeht,
also von den weltweit bestehenden höchst ungleichen Lebensverhältnissen. Würde man ein Welteinkommen auf
EU-Niveau zugrunde legen, dann müsste nach Jacksons

Berechnung T eine jährliche Verbesserung von 9 Prozent erfahren![70]

Angesichts der knapper werdenden Energie und angesichts der Tatsache, dass dieser Ausfall durch den Einsatz erneuerbarer Energien, durch mehr Energieeffizienz und so weiter nicht annähernd zu kompensieren ist, haben wir uns der Situation zu stellen, dass wir in naher Zukunft mit erheblich weniger Nettoenergie auskommen müssen. Damit ist aber das kapitalistische Wirtschaftssystem mit seiner Verwertungslogik (Kapitalakkumulation auf immer höherer Stufenleiter) nicht mehr aufrechtzuerhalten. Es setzt eine ausdifferenzierte internationale Arbeitsteilung (mit entsprechenden Transportkapazitäten auf fossiler Basis) ebenso voraus wie eine immer energieintensivere Produktion. Doch nicht nur der Kapitalismus, unsere Industriegesellschaft insgesamt steht zur Disposition. Unsere Aufgabe kann es angesichts dieser Situation nur sein, dem Zusammenbruch möglichst zuvorzukommen und den industriellen Abrüstungsprozess bewusst zu steuern.

Wer die Lebensgrundlagen weltweit sichern will, der muss eine Ökonomie und Kultur des »Genug« anstreben, der muss sich vom parasitären Charakter unseres Scheinwohlstands verabschieden. Um im Bild zu sprechen: Man kann eben nicht gleichzeitig die Abschaffung der Legebatterien einklagen und an Joseph Goebbels' Forderung nach dem Frühstücksei für jeden Deutschen festhalten wollen.

In erfrischendem Gegensatz zum ökologischen Wohlstandschauvinismus eines Ernst Ulrich von Weizsäcker und anderer machte Jeremy Rifkin bereits im Jahr 1989 klar, dass nicht weniger als unsere Industriegesellschaft und die damit verbundenen Lebensgewohnheiten auf dem Spiel stehen: »Diejenigen, die sich [...] von den Illusionen des industriellen Zeitalters nicht lösen können, [...] werden sich dagegen wehren, dass Großstadtleben, industrielle Produktionsweisen und der gesamte Komfort, der den sogenannten ›amerikanischen Traum‹ genährt hat, im Widerspruch zum Solarzeitalter stehen sollen. Ökologen und Wirtschaftswissenschaftler [...] haben jedoch mehr als deutlich gemacht, dass wir uns der historischen Realität nicht länger entziehen dürfen, dass falsche Zukunftserwartungen ein überaus gefährliches Abenteuer bedeuten, vielleicht eine irreversible Katastrophe. Ganz gleich, welchen Weg wir auch einschlagen, der bevorstehende Wendepunkt wird uns Opfer und Verzicht nicht ersparen.«[71]

2

DIE GRENZEN MARKT-KONFORMER STEUERUNGS-INSTRUMENTE

»Klimaschutz ist eine Menschheitsaufgabe, und uns fällt nichts anderes ein als Markt-lösungen.«

ELMAR ALTVATER

Ökosteuern und Zertifikatehandel

Im Folgenden will ich die Möglichkeiten und Grenzen finanzieller Anreize (verschiedener Modelle von Ökosteuern, Zertifikatehandel) näher betrachten. Das Beurteilungskriterium wird hierbei sein müssen, ob diese Instrumente den Ressourcenverbrauch tatsächlich in dem Umfang reduzieren können, wie es aufgrund des Pariser Abkommens nötig ist, und ob sie mit dem notwendigen Schrumpfungsprozess der Ökonomie vereinbar sind.

Zweifelhaft erscheint mir allerdings bereits die Begründung für den Ansatz, Ressourcenverbrauch und Verschmutzung dadurch zu verteuern, dass man durch Steuern, Abgaben und Zertifikate die Preisbildung beeinflusst. Preise, so heißt es, müssten »die ökologische Wahrheit« sagen, bis jetzt externalisierte Kosten müssten internalisiert werden, sodass die Preise eben diese Kosten widerspiegeln. Wie aber kann die Zerstörung unserer natürlichen Lebensgrundlagen weltweit überhaupt sinnvoll quantifiziert werden? Mit welchem Preisschild kann ich ein Menschenleben versehen? Alle Theorien der Preisbildung werden schlicht absurd, wenn es nicht mehr um Waren im herkömmlichen Sinn, um meine subjektive Präferenz als Konsument, sondern um unsere Existenzgrundlagen überhaupt geht. Man sollte deshalb auf die Emphase solcher Begründungen ehrlicherweise verzichten. Darüber hinaus sollte man sich der Problematik bewusst sein, dass etwa die Vergabe von Verschmutzungsrechten natürliche Umweltgüter, die bis dahin für alle frei verfügbar waren, nun zur Ware macht, in den kapitalistischen In-Wert-Setzungs-Prozess miteinbezieht und seiner Verwertungslogik unterwirft. Auf diese Weise kann selbst noch die Zerstörung der Natur zu einem Geschäftsmodell gemacht werden.

Über die Beeinflussung der Preisbildung Naturverbrauch in den Griff zu bekommen, erweist sich bereits deshalb als kaum gangbarer Weg, weil wir es mit einer Vielzahl von Zerstörungsprozessen, mit einer Vielzahl von knappen Ressourcen u. Ä. zu tun haben. Die Beschränkung auf den Kohlendioxidausstoß allein etwa erfasst davon nur einen – wenn auch wichtigen – Ausschnitt und ist weit davon entfernt, die Übernutzung unserer Ressourcen sowie die Überstrapazierung der Tragfähigkeit unserer Ökosysteme insgesamt auch nur annähernd abzubilden. Neben der Verbrennung von fossilen Brennstoffen müssten Flächenversiegelung, Wasserverbrauch, Übernutzung von Böden, eine Vielzahl von nicht erneuerbaren mineralischen Ressourcen, verschiedene Arten schädlicher Emissionen, sämtliche Folgekosten der Förderung, des Recyclings und der Entsorgung oder der in importierten Gütern enthaltene Umweltverbrauch berücksichtigt werden. Die Folge wäre ein wahrer Dschungel an Steuern, Abgaben, Zöllen ... Protagonisten von Ökosteuern plädieren deshalb für die pragmatische Lösung einer Beschränkung der Besteuerung des Umweltverbrauchs auf wenige zentrale Faktoren.

In Deutschland setzen sich einflussreiche Organisationen und Institutionen wie etwa der mitgliederstärkste Umweltverband, der BUND, und das Wuppertal Institut für Ökosteuern als zentrales Instrument des ökologischen Umbaus ein. Sie sollen im Sinne gesellschaftlicher Liberalität ökologisch verträglichere Lebensstile erleichtern. Angelika Zahrnt und Irmi Seidl, zwei wichtige Protagonistinnen des BUND, stellen darüber hinaus Überlegungen an, wie man bestimmte Institutionen und Bereiche unserer Gesellschaft wie etwa das Gesundheits- und das Rentensystem, die sozialen Sicherungssysteme insgesamt, Steuern oder den Staatshaushalt wachstumsunabhängiger gestalten kann. Sie zielen aber nicht auf einen bewussten Rückbau wirtschaftlicher Aktivität ab, vielmehr unterstellen sie stillschweigend die Möglichkeit der Entkoppelung und weichen beharrlich der Frage aus, ob und in welchem Maß diese überhaupt möglich ist.[1]

Erklärtes Ziel der Befürworter einer ökologischen Steuerreform ist es, dass Wohlstand und Wachstum dadurch nicht gefährdet werden dürften. So etwa wirbt Reinhard Loske, ein Mitautor der Studie *Zukunftsfähiges Deutschland,* damit, dass ein Land »durch eine klug dimensionierte ökologische Steuerreform auch ökonomisch, also monetär, reicher werden kann«[2]. Das Deutsche Institut für Wirtschaftsforschung (DIW) kam in einer Studie über die Auswirkungen einer nur national erhobenen ökologischen Energiesteuer zum Schluss, dass der Volkswirtschaft daraus kein Nachteil erwachse, »dass der notwendige Strukturwandel ohne Beeinträchtigung von wirtschaftlichem Wachstum und Wohlfahrt herbeigeführt werden kann«[3]. Wenn jedoch unser oben dargestellter Befund stimmt, dass aufgrund der beschränkten Potenziale zu Steigerungen der Ressourceneffizienz und der Substitution fossiler durch erneuerbare Energiequellen eine insgesamt schmalere Ressourcenbasis zur Verfügung steht und ein Schrumpfungsprozess unvermeidlich ist, dann heißt das: Gemessen an dieser Notwendigkeit sind Ökosteuern nach Auskunft ihrer Protagonisten selbst ökologisch wirkungslos. Sollten sie in einem solchen Ausmaß erhoben werden, dass sie tatsächlich den Verbrauch verringern, dann würden sie zwangsläufig das Wirtschaftswachstum drosseln. Wer meint, durch Ökosteuern den Energie- und Ressourcenverbrauch im Maße des ökologisch Notwendigen reduzieren zu können, der unterstellt, dass dies durch Effizienzsteigerungen ohne Reduzierung des absoluten Verbrauchs möglich ist.

Nach unserer obigen Analyse ist dies jedoch eine völlig falsche Voraussetzung. Man kann eben nicht beides zugleich haben: den erwünschten ökologischen Effekt und weiteres Wirtschaftswachstum sowie den Erhalt unseres »Wohlstands«. Den redlicheren unter den Befürwortern von Ökosteuern als zentralem Lenkungsinstrument ist dies auch bewusst, und sie gestehen es offen ein. So etwa diskutiert Franz Groll ein Konzept von Ressourcensteuern im Sinne eines Nutzungsentgelts für alle Rohstoffe. Die Betriebe bekämen dadurch einen Anreiz, Ressourcen rationaler einzusetzen, neue Verfahren, Materialien und Produkte zu entwickeln, die ihnen dann einen entsprechenden Wettbewerbsvorteil verschaffen würden. Das heißt aber im Klartext: Diese Ressourcensteuer wirkt nur in dem Maße, in dem Effizienzsteigerungen allein durch Einsatz einer besseren Technik und die Freisetzung von »Kreativität« zu erzielen sind. Groll plädiert nun dafür, die Einnahmen aus dieser Besteuerung im Sinne des *tax and share* den Betrieben beziehungsweise den Bürgerinnen und Bürgern insgesamt wieder zurückzugeben. Dies kann entweder in Form der Entlastung der Lohnnebenkosten durch Senkung der Sozialbeiträge oder in Form einer Rückerstattung eines Großteils der Einnahmen an die Einzelnen (»Bürgergeld«) erfolgen, wie es die Schweiz bereits seit 2008 mit ihrer nationalen Lenkungsabgabe auf fossile Brennstoffe praktiziert. Groll diskutiert nun die beiden Varianten und plädiert aufgrund der besseren Effekte im Hinblick auf die soziale Umverteilung für die zweite Möglichkeit. Die positiven Effekte dieser Art von Ressourcensteuer, die Groll auflistet, scheinen mir in mancher Hinsicht widersprüchlich und nicht plausibel zu sein. Das soll aber an dieser Stelle nicht diskutiert werden. Entlarvend ist seine Replik auf den Einwand, dass auf diesem Weg keinesfalls die notwendigen Klimaziele erreicht werden könnten. Bei Groll klingt dies eher wie eine Trotzreaktion: »Die Gegenseite lehnt den ›Green New Deal‹ ab, weil ihr klar ist, dass dieser Weg letztendlich auch nicht zum unabwendbaren Klimaschutzziel mit einem jährlichen Ausstoß von 2 Tonnen CO_2 pro Person führt. Sie fordern deshalb das Ende des wirtschaftlichen Wachstums. Sie stören sich daran, dass die Methode des ›Green New Deal‹ (zunächst) sogar zu wirtschaftlichem Wachstum führen wird. [...] Den fundamentalistischen Wachstumskritikern möchte ich aber sagen, dass wir das 2-Tonnen-Ziel allein durch Suffizienz und wirtschaftliche Schrumpfung auch nicht erreichen.«[4] Die Begründung hierfür bleibt er allerdings schuldig.

Groll schlägt nun als konkrete Umsetzung einer Ressourcensteuer die Einführung eines Energieressourcengeldes (ERG) als Parallelwährung vor: Neben der gängigen Landeswährung (Euro, Schweizer Franken ...) sollen alle Waren ein zweites Preisschild bekommen, das die mit ihrer Produktion verbundenen Energieressourcen sowie den Kohlendioxidausstoß abbildet. Die Waren müssten sowohl in der gültigen Landeswährung als auch zusätzlich in ERG bezahlt werden, wobei die stetige Verknappung des ausgegebenen ERG eine kontinuierliche Ressourcenreduktion bewirken soll. ERG und Landeswährung sollen zudem zu einem bestimmten Kurs miteinander verrechnet werden können. Das habe Groll zufolge einen erwünschten Umverteilungseffekt: Ärmere Bevölkerungsschichten, die aufgrund ihres geringeren Geldvermögens auch das ihnen zugeteilte ERG nicht in vollem Umfang ausgeben können, könnten damit bei reicheren Bevölkerungsschichten durch den Verkauf des ERG zusätzliches Einkommen in der Landeswährung erzielen. Die Frage, was man mit den zusätzlichen Euro beziehungsweise Schweizer Franken dann eigentlich anfängt, wenn man das darüber hinaus benötigte ERG genau hierfür veräußert hat, beantwortet Groll nicht. Letztlich läuft sein Vorschlag darauf hinaus, dass allein das ERG über die Kaufkraft entscheidet und das Geld bedeutungslos wird. Befremdlich finde ich auch, dass mit dem Berechnungsaufwand für das ERG ein bürokratisches Monster in die Welt gesetzt wird, das alles in den Schatten stellt, was man sozialistischen Planungsbürokratien landläufig unterstellt. Ohne in die Detaildiskussion dieses Konzepts hier einzusteigen, möchte ich an diesem Beispiel nur einen Gesichtspunkt nochmals hervorheben: Groll stellt selbst die Frage: »Ist es möglich, dass durch die stetige und zügige Reduzierung des ERG die Wirtschaft abgewürgt wird?« Seine Antwort lautet: »Diese Gefahr besteht, aber nur dann, wenn das ERG schneller reduziert wird, als sich die Wirtschaft auf energiesparende Produkte und Verfahren umstellen kann.«[5] Seine unausgesprochene Hintergrundannahme lautet demnach: Das ERG darf nur in dem Maße verknappt werden, in dem die Unternehmen durch »kreative« Ausschöpfung von Effizienzpotenzialen ihren Ressourcenverbrauch reduzieren können. Groll ist aber immerhin redlich genug zuzugestehen: »Wenn aber die technischen Möglichkeiten der Energie- und Ressourceneinsparung weitgehend ausgeschöpft sind, dann wird es kein wirtschaftliches Wachstum mehr geben.«[6] Konsequenterweise diskutiert er dann die Möglichkeit einer schrumpfenden Wirtschaft, was uns weiter unten noch beschäftigen wird (S. 108 f.).

Die beschränkte Wirksamkeit von Ökosteuern lässt sich auch empirisch nachvollziehen. In Deutschland etwa fand die umfassendste ökologische Steuerreform in den Jahren 1999 bis 2003 unter einer sozialdemokratisch geführten Regierung unter Beteiligung von Bündnis 90/Die Grünen statt. Diesel, Benzin, Heizöl, Gas und Strom wurden mit einer entsprechenden Verbrauchssteuer belastet. Der Kraftstoffverbrauch ging in diesem Zeitraum tatsächlich um 7 Prozent zurück, der Stromverbrauch sank um 0,7 Prozent und der Verbrauch an Raumwärme um 1,1 Prozent. Allerdings wiesen viele Analysten darauf hin, dass diese äußerst bescheidenen Reduktionen auf ganz andere Faktoren zurückzuführen seien, wie etwa auf den gestiegenen Rohölpreis, den hohen Dollarkurs und Effizienzsteigerungen im Fahrzeugbereich. Ökosteuern in den damaligen Größenordnungen (etwa ein Aufschlag auf den Strompreis um 2,05 Cent, auf Erdgas um 0,16 Cent, eine Erhöhung der Kraftstoffpreise um 1 Prozent ...) haben allenfalls eine symbolische Wirkung.[7]

Das damalige Modell offenbart zudem ein spezifisches Dilemma: Mit den Einnahmen aus den Ökosteuern wollte man die Rentenkassen füllen. Das führt aber zum Widerspruch zwischen der erwünschten Lenkungswirkung (Reduktion des Verbrauchs) und der ebenso erwünschten fiskalischen Wirkung (Mehreinnahmen zur Gegenfinanzierung der Rentenkassen): Die Mehreinnahmen, die man zu erzielen hofft, setzen ja einen entsprechenden Verbrauch an den besteuerten Energieressourcen voraus beziehungsweise setzen dessen Reduzierung enge Grenzen!

Wenn Ökosteuern als indirekte Steuern erhoben werden, also als Verbrauchssteuern, die für die Endverbraucher eingepreist sind, dann ergibt sich ein weiteres Dilemma: Sie sind tendenziell sozial ungerecht, weil sie alle unabhängig vom Einkommen gleichermaßen betreffen und nicht etwa, wie die Lohn- und Einkommenssteuern, einer Progression unterworfen sind. Sind die Steuersätze zu niedrig, so bewirken sie nichts, sind sie aber so hoch, dass eine echte Lenkungswirkung von ihnen ausgeht, dann vertiefen sie die soziale Kluft. Gerade für die ärmeren Bevölkerungsschichten, die geringe Spielräume haben, um ihr Konsumverhalten zu ändern, ist dies ein fataler Effekt. Diesem Dilemma zu entgehen, beanspruchen nun die unterschiedlichen Modelle von *tax and share*. Sie gehen vom – zweifellos richtigen – Befund aus, dass der Umweltverbrauch direkt proportional zum Einkommen ansteigt. Wenn man nun die Einnahmen aus den Ökosteuern jedem Bürger und jeder Bürgerin in Form eines für alle gleichen Anteils (»Ökobonus«) zurückerstattet, dann ergibt sich daraus ein Umverteilungseffekt. In diesem Sinne hat etwa die Schweiz eine Lenkungsabgabe auf fossile Brennstoffe eingeführt, deren Einnahmen größtenteils zu einem gleichen Anteil wiederum an alle Bürger ausgeschüttet werden. Scheinbar schlägt man so zwei Fliegen mit einer Klappe: Man reduziert den Umweltverbrauch und sorgt gleichzeitig für eine gerechtere Einkommensverteilung. Doch ein wirklich spürbarer Umverteilungseffekt setzt ja voraus, dass die Einnahmen aus der Steuer nicht drastisch sinken, dass also der Umweltverbrauch nicht allzu sehr zurückgeht. Und der Ökobonus, den ärmere Schichten zunächst aufgrund ihres geringeren Verbrauchs erzielen, der aber auch für die reicheren Schichten den Effekt der Steuer abmildert, steht für Konsumausgaben zur Verfügung, die an anderer Stelle für verstärkten Umweltverbrauch sorgen können. Wenn die Einnahmen aus Ökosteuern den Bürgern an anderer Stelle wieder zurückgegeben werden, egal, ob nun in Form eines »Ökobonus« oder etwa der Reduzierung von Sozialbeiträgen oder Einkommenssteuern, dann entgehen sie dem Dilemma nicht, das Saral Sarkar folgendermaßen beschrieben hat: »Wenn aber beispielsweise die AutobesitzerInnen das Geld, welches sie wegen einer erhöhten Mineralölsteuer an den Staat zahlen mussten, etwa durch eine Herabsetzung der Beiträge für die Sozialversicherung und/oder der Einkommenssteuersätze zurückbekommen, brauchen sie das Autofahren überhaupt nicht einzuschränken. Das genau war der Fall im Jahre 2000 in Deutschland.«[8]

Die an sich dringend gebotene soziale Umverteilung, die übrigens auch für die Akzeptanz der nötigen ökologischen Transformation der Gesellschaft ausschlaggebend sein wird, ist viel zielsicherer auf direktem Wege, durch eine entsprechende Änderung des Steuersystems, durch Einführung von Vermögenssteuern und -abgaben, durch eine entsprechend hohe Erbschaftssteuer und so weiter zu erreichen als auf diesem indirekten Wege. Und dasselbe gilt für das ökologische Umsteuern der Ökonomie: Eine zielgenaue Reduzierung des Ressourcenverbrauchs durch vor allem ordnungspolitische Maßnahmen ist dem Setzen auf die Effekte einer Verteuerung des Ressourcenverbrauchs, die immer erst im Nachhinein festzustellen sind, vorzuziehen.

Ulrich Schachtschneider entwickelt aus dem Gedanken des *tax and share* das Modell eines »ökologischen Grundeinkommens«. Neben der bereits benannten Schwierigkeit, die einen echten Lenkungseffekt als fraglich erscheinen lässt, handelt sich Schachtschneider damit natürlich auch alle mit einem »bedingungslosen Grundeinkommen« an sich verbundenen Widersprüche ein, auf die ich weiter unten noch ausführlicher zu sprechen komme (S. 124 ff.). In seinem Buch gibt er in dankenswerter Offenheit das Motiv für diesen Ansatz preis: die Wahrung der Freiheit der individuellen Lebensstile. Während ordnungspolitische Maßnahmen für ihn – unabhängig davon, wie sie zustande kommen, unabhängig von ihrer demokratischen Legitimation – einen unzulässigen Autoritarismus darstellen, lässt sein Modell dem Einzelnen den individuellen Spielraum dafür, wie er mit der geringeren Menge an Ressourcen, die ihm zur Verfügung stehen, umgeht, welche Konsumwünsche er sich versagt und welche er sich im Gegenzug erfüllt: »Von welchem Standpunkt aus aber kann welcher Lebensstil untersagt bzw. gestattet werden? In welchen auch nur halbwegs demokratischen Verfahren sollte dies geschehen? Aus der Akzeptanz der Pluralität der Lebensstile in der Moderne folgt vielmehr, dass Regeln abstrakter werden müssen. Wenn wir nicht alles im Detail regeln können und wollen, kann dies nur über den Preis von Umweltnutzungen gehen. Nur er ermöglicht den Individuen eine der Moderne angemessene Handlungsfreiheit und kann gleichzeitig eine Grenze seines Gesamt-Umweltverbrauches setzen.«[9] Diese Formulierungen scheinen mir zunächst eine erschreckende Banalisierung des Freiheitsbegriffs zu verraten, der auf den Maßstab der Konsumgewohnheiten der reichen Industrieländer zurechtgestutzt wird. Das Subjekt, das sein Dasein in Freiheit und entsprechender sittlicher Verantwortung entwirft, wird hier auf den eindimensionalen Begriff des Konsumenten und seiner entfremdeten Konsumpräferenzen reduziert. Doch mir scheint hier darüber hinaus ein entscheidender Denkfehler vorzuliegen: Die Voraussetzungen für die Erfüllung unterschiedlicher Konsumwünsche, etwa einer Kreuzfahrt, der Sportfliegerei oder bestimmter Konsumgüter, sind ja nicht einfach »vorhanden«. Sie müssen von der Gesellschaft bereitgestellt werden. Die Individualisierung des Problems durch Schachtschneider führt in die Irre: Am Ende muss doch ein politischer Aushandlungsprozess darüber befinden, für welche Konsumwünsche die Gesellschaft als Ganzes eine entsprechende Infrastruktur schafft, ob sie etwa die knapper werdenden Ressourcen tatsächlich in das An-

legen von Sportflughäfen und in das Bauen von Kreuz-
fahrtschiffen investieren will oder ob sie nicht anderes für
dringlicher hält. Aus der gesellschaftlichen Aufgabe, knappe Ressourcen sinnvoll und gerecht zu verteilen, werden
wir uns nicht unter Berufung auf individuelle Lebensstile
herausstehlen können.

Im Hinblick auf die auf dem Weltmarkt gehandelten
fossilen Energieträger, allen voran das Erdöl, weist der
Osnabrücker Ökonom Mohssen Massarrat in zahlreichen
Veröffentlichungen schon lange auf ein ganz entscheidendes Dilemma hin, wenn man versucht, einseitig an der
Nachfrageseite anzusetzen und durch Instrumente wie
Ökosteuern oder auch Zertifikatehandel den Verbrauch zu
reduzieren. Sollte dies nämlich tatsächlich gelingen, so
können diese Maßnahmen sofort wiederum durch das Sinken der Welthandelspreise unterlaufen werden. Massarrat
verweist darauf, dass essenzielle endliche Rohstoffe nicht
der üblichen Marktlogik folgen und dass im Gegensatz zu
anderen Waren hier extrem langfristige Erwägungen eine
Rolle spielen. Entscheidend ist die sogenannte »Hotelling-
Regel«, die Harold Hotelling bereits im Jahr 1931 formuliert
hat: Wird die Steigerungsrate des Wertes einer Ressource
höher eingeschätzt als die Rendite auf den Finanzmärkten,
dann reduzieren die Anbieter das Angebot tendenziell.
Umgekehrt müssten die Anbieter ein durch Steuer- oder
andere Maßnahmen erreichtes Absinken der Nachfrage auf
dem Weltmarkt aus ihrer Perspektive als Signal für eine
langfristige Enteignung werten! Sie werden darauf mit einer beschleunigten Extraktion dieser Ressource reagieren,
das Angebot dadurch steigern und damit den Preis der Ressource senken. Der die Nachfrage drosselnde Effekt von
Ökosteuern könnte auf diese Weise konterkariert werden.
Es könnte so zu der paradoxen Situation kommen, dass –

vermeintlich »marktkonforme« – Klimaschutzmaßnahmen den Klimawandel beschleunigen.[10]

Diese grundsätzliche Kritik am Versuch der Lenkung durch finanzielle Anreize wie Ökosteuern bedeutet allerdings nicht, dass er in manchen Teilbereichen nicht sinnvoll sein kann, weil zurzeit keine anderen, effektiveren Lenkungsmaßnahmen zur Verfügung stehen. Als genereller Ansatz aber ist dieser Weg untauglich, um die nötige ökologische Transformation zu befördern.

Das prominenteste »marktbasierte Instrument« zur Reduzierung der Treibhausgase ist der auf der Klimavertragsstaatenkonferenz in Kyoto im Jahr 1997 beschlossene Handel mit Verschmutzungsrechten. Auch nachdem die USA die Ratifizierung des Kyoto-Protokolls verweigerten, hielt die EU an der Idee fest und etablierte ab dem Jahr 2005 ihr eigenes System des Kohlendioxid-Zertifikatehandels. Andere Länder, wie etwa die Schweiz, folgten später diesem Vorbild. Ab 2020 soll in China die Energiewirtschaft in den Emissionshandel einbezogen werden. Insgesamt etwa 11 000 Anlagebetreibern wurden im Rahmen des European Union Emissions Trading System (EU ETS) Verschmutzungsrechte zunächst kostenlos zugeteilt. Die Grundidee des Systems ist es, dass ein immer größerer Teil der handelbaren Verschmutzungsrechte versteigert wird, dass die Anlagenbetreiber also zum aktuellen Börsenwert Zertifikate erwerben müssen. Eine kontinuierliche Verknappung *(cap)* soll dann für einen entsprechenden Preisanstieg und somit für einen Anreiz zur Reduktion der Emissionen sorgen. Dass das System bis heute überhaupt nicht im Sinne dieses Zieles funktioniert hat, liegt zunächst an den unzulänglichen politischen Vorgaben. Ab dem Jahr 2007 wollte man ursprünglich festlegen, dass 100 Prozent der Zertifikate ersteigert werden müssen, was vor allem auf

Druck deutscher Konzerne verhindert wurde. 90 Prozent der Emissionsrechte werden weiterhin kostenlos ausgegeben. Nicht zuletzt aufgrund eines anderen in Kyoto eingeführten Instruments, des »Grünen Entwicklungsmechanismus«, wurde die ursprünglich beabsichtigte Wirkung des Zertifikatehandels unterminiert. Unternehmen können nun dadurch zusätzliche Emissionsrechte erwerben, dass sie sehr kostengünstig in Entwicklungsländern Klimaschutzmaßnahmen finanzieren (deren tatsächlicher Klimaeffekt oft höchst umstritten und auch schwer zu kontrollieren bleibt). Nicht zuletzt aufgrund dieser Form von »Ablasshandel« stürzten die Börsenpreise für Verschmutzungszertifikate auf Ramschniveau. Ab 2020 will die EU deshalb die Verknappung der Zertifikate forcieren und jedes Jahr 2,2 Prozent davon vom Markt nehmen. Diese äußerst moderate Verknappung des Angebots an Verschmutzungsrechten steht natürlich in keiner echten Relation zu den notwendigen Reduktionen. Die bundesdeutschen Umweltverbände weisen etwa im Zusammenhang der Debatte um den Ausstieg aus der Kohleverstromung darauf hin, dass nach Untersuchungen von Finanzanalysten von Carbon Tracker der Preis pro Tonne Kohlendioxid zwischen 45 und 55 Euro liegen müsste, um die Kohlekraftwerke auf diese Weise aus dem Markt zu drängen. Unterstellt wird hierbei natürlich wiederum ohne jeden konkreten Nachweis, dass eine entsprechende Substitution durch erneuerbare Energien ohne Weiteres kurzfristig bewerkstelligt werden kann.[11]

Abgesehen davon, dass der Zertifikatehandel in seiner bisherigen Form nichts zum Klimaschutz beigetragen hat, interessiert hier die Frage, ob er bei konsequenter politischer Ausgestaltung, das heißt bei einer ernsthaften Verknappung in genügend hohem Ausmaß, ein wirksames Instrument sein könnte. Ein Mangel dieses Systems besteht allein schon darin, dass nur ein Teil der Emittenten überhaupt in den Zertifikatehandel einbezogen ist (Kraftwerksbetreiber, große Industriebetriebe), dass er sich nur auf die Produktionsprozesse selbst beschränkt und weite Bereiche ausgespart sind, nicht zuletzt der Verkehr. Vor allem aber setzt der Zertifikatehandel die Logik der Profitmaximierung nicht außer Kraft, der einzelne Unternehmen innerhalb der kapitalistischen Ökonomie unterliegen. Er könnte sogar dazu führen, dass sich Kapitalkonzentrationsprozesse beschleunigen, das heißt, dass durch den Aufkauf einer großen Menge von Zertifikaten Konkurrenzunternehmen in die Knie gezwungen werden könnten. Die Wirkweise der Marktkräfte könnte so dafür sorgen, dass sich die Verschmutzungslizenzen in den Händen weniger großer Firmen konzentrieren. Wollte man diesen Effekt vermeiden, dann wäre ein riesiger Apparat von Kontrollen, Überwachungssystemen und Vorschriften nötig. Die Gefahr der Konzentration von Verschmutzungsrechten bestünde bei einem funktionierenden internationalen System noch in verschärfter Form im Verhältnis zu den einzelnen Ländern. Reiche Industrieländer mit hoher Kaufkraft könnten durch das Aufkaufen von Verschmutzungsrechten die globale soziale Kluft erheblich verstärken und sich auf Kosten der ärmeren Länder das Recht auf überproportionale Verschmutzung sichern.

Auf internationaler Ebene hätte eine Verknappung von Emissionsrechten durch den Zertifikatehandel zunächst denselben paradoxen Effekt wie die Reduktion der Nachfrage durch Ökosteuern: Sie würde die Anbieter fossiler Ressourcen zur Steigerung des Angebots veranlassen und damit sinkende Weltmarktpreise bewirken. Profitieren würden davon zunächst alle nicht in den Zertifikatehandel einbezogenen Länder. Eine Option wäre deshalb ein lückenloses System, das alle Verbraucherländer miteinbezieht, ein »Super-Kyoto« gewissermaßen unter der Regie der Vereinten Nationen. Genau in diesem Sinne argumentiert ausgerechnet einer der führenden neoliberalen Ökonomen Deutschlands, Hans-Werner Sinn: »Wenn sich alle Verbraucherländer einer Mengenbeschränkung unterwerfen, dann finden die Ressourcenanbieter für ihr Angebot keine Nachfrage und müssen sich beugen, ob sie es wollen oder nicht.«[12] Bei diesem lückenlosen Nachfragekartell würden die Preise für alle Verbraucherländer aufgrund der Konkurrenz der Ressourcenanbieter sogar sinken. Eine Reduzierung der Emissionen ginge also mit einer erheblichen Preissenkung einher. Nicht ausgehebelt würde allerdings dadurch der bereits zuvor genannte Mechanismus, dass sich die Länder mit größerer Kaufkaft entsprechend mehr Verschmutzungsrechte aneignen können, was zu einem verteilungspolitischen Desaster führen würde. Mohssen Massarrat macht überdies darauf aufmerksam, dass ein solches lückenloses Nachfragekartell nichts anderes als ein imperialistisches Enteignungsregime der Verbraucherstaaten zulasten der Ressourcenanbieter wäre. Deshalb ist es auch illusorisch, dass die Anbieterländer auf UN-Ebene einem solchen System zustimmen würden. Er plädiert deshalb für die Alternative einer globalen Kooperation unter fairer Einbeziehung der fossile Energien exportierenden Länder. Eine politisch definierte Mengenregulierung auf globaler Ebene könnte über festgelegte Zeiträume die Angebotsmenge von Kohlenstoffen (Erdöl, Gas, Kohle) unter den Ressourcenstaaten aufteilen. Diese Regulierung auf der Angebotsseite würde einerseits für Planungssicherheit und Fairness zwischen Anbietern und Verbrauchern sorgen, andererseits ist dieser Ansatz aufgrund seiner Praktikabilität Erfolg versprechend: Die Zahl der Anbieterländer ist recht überschaubar. Etwa zwanzig fossile Ressourcen exportierende Länder und etwa hundert Vermarktungskonzerne wären in ein solches System einzubeziehen. Massarrat will allerdings lediglich die für entsprechende Zeiträume zur Verfügung stehende Gesamtmenge politisch festlegen, alles Weitere aber dann den Marktkräften überlassen.[13] Doch wenn man den Maßstab der klimapolitisch tatsächlich erforderlichen Reduktionen zugrunde legt und die Angebotsverknappung ernsthaft daran orientiert, wenn man sich dessen bewusst ist, dass dieses knapper werdende Angebot bei Weitem nicht durch Effizienzsteigerungen und Substitution durch erneuerbare Energiequellen zu kompensieren ist, dann erscheint es höchst fraglich, ob die Marktmechanismen hier noch für eine optimale Verteilung der knappen Ressourcen sorgen können und ob dies nicht zwangsläufig zu drastischen »Fehlallokationen« führen muss.

Ein schrumpfender Kapitalismus?

Entlarvend genug scheint es mir zu sein, dass etliche der Zweckoptimisten, die von der Möglichkeit einer hinreichenden Entkoppelung des BIP-Wachstums vom Energie- und Ressourcenverbrauch beziehungsweise von schier unbegrenzten Potenzialen erneuerbarer Energien ausgehen, ein Nullwachstum beziehungsweise sogar eine Schrumpfung der Ökonomie zumindest in Erwägung ziehen und – sozusagen »hilfsweise« – dafür argumentieren, dass eine solche im Rahmen der kapitalistischen Ökonomie denkbar wäre. Die redlicheren unter den bürgerlichen Ökonomen lassen aber erhebliche Zweifel daran erkennen, ob eine

Ökonomie, die zumindest nicht mehr wachsen darf, noch unter kapitalistischen Vorzeichen realisierbar ist. Stellvertretend hierfür sei der bereits erwähnte Niederländer Hans Opschoor zitiert: »Die gründlichste Politik zur Verhinderung des Wachstums wäre, die Unsicherheit des (Welt-)Marktes und die Konkurrenz zu reduzieren. Da dies aber den Kern unseres Wirtschaftssystems infrage stellt und da der Glaube an die Existenz von Alternativen zu diesem System rapide abnimmt, kann man nur hoffen, dass die ökologische Krise überwunden werden kann, ohne derartig fundamentale Veränderungen in Betracht ziehen zu müssen.«[14] Eine eitle Hoffnung, meine ich.

Auch der weiter oben (S. 95 ff.) ausführlicher besprochene Franz Groll rechnet schließlich mit der Notwendigkeit von Nullwachstum und Schrumpfung (besonders in Branchen mit hohem Energieverbrauch wie der Automobil- und Luftfahrtindustrie), meint aber, das stelle für die kapitalistische Ökonomie unter der Voraussetzung kein Problem dar, dass sie sich langfristig genug auf geringere Gewinnmargen einstellen kann. Statistisch versucht er das dadurch zu untermauern, dass er nachweisen will, es habe in der Vergangenheit keine klare Korrelation zwischen Wachstumsraten des BIP und der Anzahl der Insolvenzen gegeben. »Nullwachstum« setze voraus, dass alle Einkommensarten, also Löhne, Transferleistungen, Renten, aber auch Kapitalgewinne, konstant blieben. Groll scheint hier den Widerspruch zu einer kapitalistischen Ökonomie, in der die einzelnen Kapitalien gezwungen sind, ihre Profite zu steigern und einen möglichst hohen Anteil der Kapitalrendite zu reinvestieren, um im Wettbewerb zu bestehen, wenigstens zu erahnen, wenn er die Notwendigkeit einer planerischen Intervention in den freien Markt folgendermaßen ins Auge fasst: »Offen ist noch die Frage, wie die

Konstanz des Kapitalertrags überwacht und eingehalten werden kann, denn der Gewinn eines Betriebes kann ja nicht wie ein Gehalt fixiert werden.«[15] Groll gibt damit zu erkennen, dass er den Charakter von Kapitalprofiten und den Zwang zur steigenden Kapitalakkumulation unter Konkurrenzbedingungen letztlich doch verkennt! Der Konkurrenzdruck stellt für ihn lediglich einen von vielen Nebenfaktoren dar, die das Wachstum erzwingen. Zusammenfassend stellt er – wenig überzeugend – fest: »Eine Wirtschaft – auch eine Marktwirtschaft – ohne Wachstum, ja sogar mit einer erwarteten und geplanten Schrumpfung der wirtschaftlichen Aktivitäten, ist möglich, allerdings nicht unter den Bedingungen einer kapitalistischen, freien Marktwirtschaft.«[16] Groll bleibt dann allerdings die konkrete Antwort darauf schuldig, wie und mit welchen Maßnahmen unter den Bedingungen von Schrumpfung in diesen Markt zu intervenieren wäre und ob das Ergebnis dann noch freie Marktwirtschaft heißen könnte. Dass seine Position weniger einer ernsthaften Prüfung der Möglichkeiten, sondern eher dem ideologischen Vorurteil entspringt, »dass nicht sein kann, was nicht sein darf«, gibt er in folgender Formulierung zu erkennen: »Wenn der Ausstieg aus dem Wachstumszwang in einer Marktwirtschaft nicht möglich wäre, dann müssten wir uns ein völlig neues Wirtschaftssystem ausdenken.«[17] Das heißt: Wir müssten uns dann tatsächlich vom Dogma verabschieden, dass der Kapitalismus alternativlos sei.

Herman Daly, ein Schüler von Nicholas Georgescu-Roegen, geht davon aus, dass die Ökonomie unter der Bedingung der Notwendigkeit der Ressourcenreduktion um den Faktor 10 schrumpfen muss,[18] bis sie schließlich einen Zustand des stabilen Gleichgewichts *(steady state)* erreicht. Er will die Grundlagen des privatwirtschaftlichen Kapitalismus weitgehend unangetastet lassen und schlägt lediglich drei Bereiche der politischen Regulierung vor: Übertragbare Gebärlizenzen (sic!) sollen die Bevölkerungszahl stabilisieren, Abbauquoten für bestimmte Rohstoffe sollen festgelegt und schrittweise reduziert werden, und für individuelle Einkommen sollten fixe Ober- und Untergrenzen festgelegt werden. Alles andere soll der freien Entfaltung der Marktkräfte überlassen werden können, denen er zunächst grundsätzlich zutraut, die effizienteste Zuteilung der Quoten sicherzustellen. Auf der Makroebene will er auf diese Weise die nötigen Reduktionen gewährleisten, um gleichzeitig auf unterer Ebene ein Höchstmaß an Flexibilität, Anpassungsfähigkeit und persönlicher Freiheit zulassen zu können. Ein wichtiges Gestaltungsprinzip dieses Modells ist der ermöglichte »Fehlerspielraum« zwischen der tatsächlichen Belastung der Umwelt und deren maximaler Tragfähigkeit. Doch wie weit ist es möglich, einen solchen Spielraum unter den Bedingungen einer schrumpfenden Wirtschaft oder einer Steady-State-Wirtschaft auf niedrigem Niveau zu wahren, die sich im Wesentlichen auf erneuerbare Ressourcen stützen muss? Je weniger Überfluss vorhanden und je knapper die verfügbaren Mittel sind, umso geringer wird dieser Spielraum. Herman Daly selbst gesteht ein: »Je mehr sich das Tatsächliche dem Maximum nähert, desto geringer ist der Fehlerspielraum, und desto rigoroser, feiner abgestimmt und mikroorientierter müssen unsere Kontrollen sein.«[19] Saral Sarkar bringt es auf den Punkt, wenn er dazu bemerkt: »Nun, dann hätte eine freie Marktwirtschaft keine Erfolgschance. Das ist ein Plädoyer für umfassende Planung.«[20] Sarkar zeigt anhand von erhellenden Zitaten von Autoren wie Herman Daly, Ernst Ulrich von Weizsäcker, Reinhard Loske, John B. Cobb oder Andrew McLaughlin auf, wie sehr sie sich in ihrer

Argumentation in Widersprüche verfangen und wie sehr sie zwischen Plädoyers für die kapitalistische Marktwirtschaft und Zugeständnissen von Planungsnotwendigkeiten oszillieren.[21]

Daly und andere behaupten, sowohl in einer schrumpfenden als auch in einer Steady-State-Wirtschaft wären weitere Unternehmensprofite möglich. Wenn wir nun mit Schmidt-Bleek, Loske und anderen von der Notwendigkeit der Ressourcenreduktion um den Faktor 10 (also auf ein Zehntel des heutigen Verbrauchs) ausgehen, dann würde das zunächst im extraktiven Sektor der Ökonomie (Bergbau, Öl- und Gasförderung, Holzwirtschaft usw.) zu einer starken Rezession führen. Dies zöge aber auch unweigerlich eine Kapitalvernichtung (im finanziellen Sinne!) großen Stils in den Wirtschaftszweigen nach sich, die (mineralische) Rohstoffe verarbeiten und fossile Energie verbrauchen. Das in den Maschinen und Produktionsanlagen »gespeicherte« Kapital würde entwertet. Die Profiterwartungen und damit die Investitionsneigung gingen entsprechend zurück, eine lang anhaltende, allgemeine Wirtschaftskrise (die natürlich unweigerlich auch den Dienstleistungssektor betreffen müsste), schulökonomisch gesprochen: eine tiefe Depression, wäre die Folge. Dagegen setzen Daly und andere mit Verweis auf vergangene Krisen auf die Anpassungsfähigkeit der Unternehmen, sofern die Reduktionen nach und nach erfolgen. Es gibt aber einen wesentlichen Unterschied zu früheren Krisensituationen: Sie fanden allesamt im Kontext eines allgemeinen wirtschaftlichen Wachstums statt; auf jede Krisenperiode folgte eine Periode des Aufschwungs. Genau dies aber wird nun, unter den Bedingungen der Schrumpfung beziehungsweise des stabilen Gleichgewichts, nicht mehr der Fall sein. Die Entwertung eines großen Teils des Kapitals, noch bevor es sich amortisieren konnte, und die schwindende Möglichkeit der Reinvestition von Kapital schaffen eine völlig andere Situation. Lediglich unter der Voraussetzung allgemeinen Wachstums führt die kapitalistische Konkurrenz nicht zur Vernichtung von Einzelkapitalien in großem Stil. In einer Steady-State-Wirtschaft geht der Profit des einen Unternehmens zwangsläufig auf Kosten des Konkurrenzunternehmens.

Entscheidend aber ist vor allem: Die Effizienz, die Verteidiger der kapitalistischen Marktwirtschaft gerade dem Markt zubilligen, setzt sogenannte Käufermärkte, also eine gut funktionierende Konkurrenz unter Anbietern, voraus, die bei einer steigenden Nachfrage auch das Angebot entsprechend steigern können. Unter den Bedingungen allgemeiner Schrumpfung aber hätten wir es mit »Verkäufermärkten« zu tun, das heißt, dem allmählich abnehmenden Angebot von Gütern und Dienstleistungen stünde eine vergleichsweise überproportionale Nachfrage gegenüber. Auch wenn die Einkommen im selben Maße schrumpfen, sind ja Ersparnisse und akkumuliertes Kapital aus der Vergangenheit vorhanden. Unter diesen Bedingungen kann der Markt nicht länger für mehr Effizienz sorgen, vielmehr wären Preissteigerungen (Inflation) das Resultat. Lediglich im Bereich Primärenergie und Primärrohstoffe herrschte ein Käufermarkt.

Die Festlegung klarer Reduktionsziele und entsprechender Zeitpläne wäre eine politische Aufgabe. Wenn man den Rest aber dem Markt überlässt, dann ergibt sich Daly zufolge daraus die Gefahr der Konzentration der Abbauquoten in den Händen einiger weniger großer Monopole. Um dies zu vermeiden, will er einen deutlichen Schritt weitergehen. Der Staat hätte in einem bestimmten Rahmen auch für die Zuteilung der Quoten oder der Menge einer bestimmten Ressource an einzelne Unternehmen einer bestimmten Industriebranche zu sorgen und die »legitime Größendegression« festzulegen, um die Macht von Monopolen einzuschränken. Saral Sarkar meint dazu: »Ich bin davon überzeugt, dass diese staatlichen Aktivitäten – Festlegung der Ziele durch die Zentralregierung, Zeitplanung, Festlegung der Abbau- und Emissionsquoten (-lizenzen), Bestimmung ihrer periodischen Reduktionsrate, Rationierung der Quoten und Lizenzen für die Unternehmen, Schutz der nationalen Industrien vor auswärtiger Konkurrenz – in allen Industrieländern zur Erreichung unserer Ziele absolut notwendig sind. Ich frage mich aber, wie viel Marktwirtschaft bei all diesen staatlichen Aktivitäten noch übrigbleiben würde.«[22] In genau demselben Sinne merkt Andrew McLaughlin an: »An welchem Punkt wird die politische Regulierung wirtschaftlicher Entscheidungen das System Kapitalismus in ein fundamental anderes verwandeln? [...] Wenn die gesamte Wirtschaft einer Gesellschaft zu einem großen Monopol würde, könnte der Imperativ des Wachstums vermieden werden. Aber eine solche Gesellschaft wäre nicht länger kapitalistisch.«[23]

Selbst die glühendsten Verfechter der kapitalistischen Marktwirtschaft gestehen ein, dass die Marktmechanismen nur unter bestimmten Rahmenbedingungen für ein Höchstmaß an Effizienz sorgen: Es muss ein genügend großes, vielfältiges und ausdifferenziertes Angebot an Waren bestehen, die Produktivität muss hoch und die Produktion insgesamt ausdifferenziert sein, und die Marktteilnehmer müssen mit genügend großer Flexibilität auf Preissignale reagieren können. Meines Erachtens sind diese Bedingungen selbst in einer kapitalistischen Überflussgesellschaft nicht gegeben, weil bestimmte Grundbedürfnisse des Menschen (Essen, Wohnen usw.) nicht zur Disposition stehen und seine Freiheit als Konsument einschränken. Die entsprechenden neoliberalen Gleichungen, denen zufolge etwa Lohnkosten eine Variable bilden, die im Extremfall nach null tendieren kann, entlarven dies hinlänglich. Umso mehr trifft das natürlich unter den Voraussetzungen allgemeiner Knappheit essenzieller Rohstoffe und Energieressourcen zu. In einer Situation von Knappheit als Ergebnis ökonomischer Schrumpfung würde die Marktlogik für entsprechende Preissteigerungen sorgen, und bestimmte Güter stünden in ausreichender Menge nur den Menschen mit genügend Kaufkraft zur Verfügung. Planung in einer zwangsläufig schrumpfenden Wirtschaft kann deshalb nicht auf halbem Wege stehen bleiben, sofern man nicht schwerwiegende Verwerfungen riskieren will. Bei freiem Walten der Marktkräfte besteht die Gefahr, dass die immer knapper werdenden Rohstoffe und Energieressourcen dahin fließen, wo noch entsprechende Kaufkraft vorhanden ist, dass sie sich in wenigen Händen konzentrieren und folglich an anderer Stelle, an der sie möglicherweise wesentlich dringender gebraucht werden, fehlen. Unter Knappheitsbedingungen kann der Markt nicht mehr für eine annähernd optimale Zuteilung der Ressourcen sorgen. Schwerwiegende sogenannte »Fehlallokationen« wären die unausweichliche Folge. Die geplante Reduktion des Verbrauchs nicht erneuerbarer Ressourcen muss also mit weiteren Planungsschritten – detaillierteren Mengenregulierungen, Rationierungen, Zuteilung von Quoten, Preiskontrollen – einhergehen. Letztlich werden eine wirtschaftliche Gesamtrahmenplanung und eine politische Verständigung darüber, was, wie und wie viel produziert wird, erforderlich sein.

Es lässt sich also aus den aufgezeigten Grenzen marktwirtschaftlicher Instrumente das folgende Fazit ziehen:

Eine nachhaltige, die elementaren Lebensgrundlagen sichernde Wirtschaft darf nicht nur nicht wachsen, sie muss schrumpfen mit dem Ziel, ein verträgliches Niveau des *steady state,* das heißt eines stationären Gleichgewichts, zu erreichen. Natürlich ist dies mit der dem Kapitalismus eingeschriebenen Wachstumslogik nicht mehr zu vereinbaren. Die erforderliche ökonomische Abrüstung kann nur in bewusster Planung erfolgen. Die Rohstoff- und Energieverknappung und das Einhalten ökologischer Mindeststandards führen unweigerlich zum Wegbrechen ganzer Industriebranchen. »Marktkonforme« Steuerungsversuche müssen hier zwangsläufig versagen. Die fiskalische Lenkung der Nachfrage etwa durch Besteuerung kann nur die soziale Kluft verschärfen und dazu führen, dass »unökologisches« Verhalten eben einer reichen Elite vorbehalten bleibt. Der freie Handel mit limitierten Verschmutzungsrechten kann unter kapitalistischen Bedingungen nur zu krassen Fehlallokationen führen. Eine Steuerung des Ressourcenangebots, Mengenregulierungen für Energie und Rohstoffe müssen mit Preiskontrollen und einer Rahmenplanung einhergehen, die Produktion und Verbrauch lenkt. Was, wie und wie viel produziert wird, kann nicht länger dem Chaos partikulärer Profitinteressen überlassen bleiben, sondern muss – auf möglichst demokratische und partizipative Weise – bewusst organisiert werden. Die mit viel medialer Unterstützung geschürten Illusionen in Bezug auf Energieeffizienz und erneuerbare Energien muten wie die hilflosen Abwehrversuche der sich aufdrängenden Konsequenz eines ökologischen Sozialismus an.

3

SACKGASSEN

UND

UMWEGE

*»Methoden des geschichtlichen Fortschritts,
die man in dem Geschichtsbüfett nach Belieben
wie heiße Würstchen oder kalte Würstchen
auswählen kann ...«*

ROSA LUXEMBURG

Öko-Keynesianismus?

Der Keynesianismus, also die Auffassung, durch eine expansive Fiskal- und Geldpolitik, durch Erhöhung der Staatsausgaben und Verbilligung von Krediten Investition und Beschäftigung zu stimulieren und dadurch den Krisentendenzen der kapitalistischen Ökonomie entgegenzuwirken, scheint eine Renaissance zu erleben. Nachdem die einzelnen Nationalstaaten aufgrund der Globalisierung ihre ökonomische Steuerungsfähigkeit insgesamt eingebüßt haben und Keynesianismus in *einem* Land lediglich in Nationen mit einem entsprechend großen Binnenmarkt, wie etwa in den USA, möglich scheint, wurden zunehmend Stimmen laut, die sich für einen Keynesianismus auf globaler Ebene aussprachen, also für eine Kontrolle der Finanzflüsse durch eine entsprechende globale Finanzarchitektur und sogar für eine globale Nachfragelenkung. Einer der prominentesten Befürworter einer keynesianistischen Wirtschaftspolitik ist auf internationaler Bühne der Nobelpreisträger Joseph Stiglitz. Gegenwärtig haben keynesianistische Ansätze trotz aller realen Schwierigkeiten wieder einen großen Rückhalt bei den Gewerkschaften, aber etwa auch beim globalisierungskritischen Netzwerk Attac. Keynesianistische Lösungsvorschläge werden regelmäßig als die Alternative zur angebotsorientierten Austeritätspolitik angepriesen, die das Wachstum durch Kürzungen im Sozialbereich und Anreize für Unternehmen (niedrige Unternehmenssteuern) stimulieren will In Deutschland ist es vor allem die sogenannte Memorandum-Gruppe unter der Federführung Rudolf Hickels, ein Zusammenschluss keynesianistischer Ökonomen, die seit Jahrzehnten jedes Jahr einen alternativen Wirtschaftsbericht veröffentlicht. Neben den üblichen Rezepten, wie zum Beispiel Bekämpfung des Lohndumpings zur Stimulierung der Binnennachfrage, lautet eine der Standardforderungen des jährlichen Memorandums: Erhöhung der Staatsausgaben, durch Investitionen im Umweltbereich, auch unter Inkaufnahme von Defiziten in den öffentlichen Haushalten. Die Sinnhaftigkeit dieser Investitionen kann, sofern sie näher spezifiziert werden, bezweifelt werden. Sie muten oftmals wie eine besser vermittelbare Variante des berühmten Keynes' schen Diktums vom »Löcher graben und Pyramiden bauen« an, beziehen sich auf Defensiv- und kompensatorische Kosten, also auf die Reparatur von Umweltschäden, oder auf die Investitionen in eine neue Energieinfrastruktur, die aber nur dann in entsprechender Höhe dauerhaft ausfallen könnten, wenn man ungünstige Energierücklaufzeiten und entsprechend schneller notwendige Erneuerungszyklen unterstellt. Der Wachstumseffekt wäre also in diesem Fall nur vorübergehender Natur. Die vorgeschlagenen Investitionen betreffen darüber hinaus den Zuwachs an materiellen Bestandsgrößen (Gebrauchs- und Investitionsgüter, Infrastrukturen, Produktionsanlagen), der notwendig ist, um die Ökonomie ökologisch umzurüsten, der aber vielfach nicht mit einem entsprechenden Abbau alter Strukturen verbunden ist. Gerade dann, wenn die Investitionen besonders innovativ sind, wie etwa im Fall von Passivhäusern, bedeuten sie einen additiven Zuwachs und bewirken – darauf macht Niko Paech aufmerksam – einen »materiellen Rebound-Effekt«. Das heißt: Der Ressourceneinspareffekt wird oftmals durch die energetischen Kosten der Installation bestimmter Anlagen und der entsprechenden Infrastruktur überkompensiert.[1] Die alten keynesianistischen Rezepte werden so in Gestalt eines »Öko-Keynesianismus« neu aufgelegt, der jedoch in sich selbst widersprüchlich ist, da er die gewünschten Effekte für Vollbeschäftigung und Wirtschaftswachstum nur unter der Bedingung eines forcierten Ressourcenverbrauchs zeitigt. Die Fragwürdigkeit etlicher Standardargumente der Keynesianer (etwa zur Einschätzung der Inflationsgefahr, zur Behauptung, die ärmeren Schichten hätten eine stärkere Konsumneigung, zu Lohnstückkosten und Produktionsverlagerung) soll an dieser Stelle nicht weiter diskutiert werden.[2] Für unseren Zusammenhang ist entscheidend: Der Keynesianismus ist ein Programm für die Fortsetzung des Wachstumswahns mit anderen Mitteln in den bereits überindustrialisierten Ländern. Der Keynesianer Heiner Flassbeck bestätigt affirmativ in diesem Sinne: »[...] das gesamte marktwirtschaftliche System ist auf Wachstum abgestellt. [...] Bei Nullwachstum im Sinne von Stillstand würde es kollabieren«[3] Und Peter Bofinger, bis 2019 Mitglied im deutschen »Sachverständigenrat zur Begutachtung der gesamtwirtschaftlichen Entwicklung« und der keynesianistische Außenseiter in diesem Gremium der fünf »Wirtschaftsweisen«, plädiert für ein Wirtschaftswachstum in der Höhe von 2 Prozent des BIP (was innerhalb von 35 Jahren einer Verdoppelung der Ausgangsbasis gleichkommt) unter Berufung auf die Hebung des Wohlstands der unteren Schichten: »Will man die Lage der Menschen mit geringen Einkommen verbessern, ohne dabei das Geld von den ›wohlhabenden‹ zu nehmen, bleibt nur die Lösung des Wirtschaftswachstums.« Eine Politik der Umverteilung des privaten Reichtums schließt er also kategorisch aus. Er bestätigt damit indirekt die Auffassung der Initiative Ökosozialismus, dass wir gerade deshalb eine umso radikalere Umverteilung des privaten Reichtums brauchen, weil unsere Wirtschaft nicht mehr wachsen darf, und eben nicht, um durch den Konsum der ärmeren Schichten die Konjunktur anzukurbeln!

Die Grundhaltung des Keynesianismus steht in grundsätzlichem Widerspruch zum Anspruch der Nachhaltigkeit und des ökologischen Gleichgewichts. Das sogenannte »Sparparadoxon«, das Sparsamkeit und Konsumzurückhaltung in entwickelten Industriegesellschaften für Arbeitslosigkeit verantwortlich macht, verträgt sich nicht mit einem schonenden Umgang mit Ressourcen und Verzicht auf überflüssigen Konsum.

Immerhin zeigt Bofinger Nachdenklichkeit, wenn er selbstkritisch die Rückfragen stellt: »Haben wir nicht schon jetzt einen sehr hohen Lebensstandard? Woher sollen denn die zusätzlichen Güter kommen, die zu einer solchen Verdoppelung des Lebensstandards führen würden? Wie wirkt sich ein anhaltendes Wirtschaftswachstum auf die Umwelt aus?« Doch unmittelbar darauf attestiert er den Wachstumsskeptikern »geringe Fantasie«. Er hingegen setzt pauschal auf Forschung und Innovationen, ohne dafür auch nur die geringsten konkreten Anhaltspunkte zu liefern, und behauptet: »Die Entwicklung der letzten Jahrzehnte hat gezeigt, dass die meisten Gesellschaften in dem Maße umweltbewusster geworden sind, in dem sich auch ihr materieller Wohlstand erhöht hat.«[4] Dass eben dieser »Wohlstand« die Ursache der Umweltzerstörung sein könnte, die dann auch stärker ins Bewusstsein rückt, blendet er geflissentlich aus.

Auch die Memorandum-Gruppe wird nicht müde zu erläutern, dass öffentliche Defizite eben nicht zulasten der künftigen Generationen gingen, sondern diese im Gegenteil eine durch staatliche Investitionen gestärkte Grundlage wirtschaftlicher Entwicklung erben würden.[5] Saral Sarkar bemerkt treffend dazu: »Die gesamte Diskussion über die Energieproblematik [...] scheinen die Keynesianer verschlafen zu haben. Die künftigen Generationen

werden leere Ölquellen, unrentabel gewordene Kohleberg-
werke, erodierte Böden, verfallende Häuser, und kurz ge-
sagt, eine verwüstete Biosphäre erben, wenn das Wachstum so weitergeht.«[6] Wenn also meine weiter oben (S. 85 ff.)
begründete These stimmt, dass eine Entkoppelung des
BIP-Wachstums vom Energie- und Ressourcenverbrauch
im notwendigen Maße nicht möglich ist, dann erweist sich
auch der Neokeynesianismus als eine Sackgasse.

Mit den immer virulenter werdenden mehrfachen Grenzen des Wachstums (Ressourcenklemme, Erschöpfung der
Tragfähigkeit der Ökosysteme und auch Sättigung der
Märkte in den reichen Industrieländern) haben sich auch
keynesianistische Rezepte überlebt. So nebenbei sei angemerkt, dass sie sich nur sehr bedingt auf ihren Namensge-
ber berufen können. John Maynard Keynes selbst hat ein
endloses Wachstum für unmöglich gehalten, und seine
Auffassung, dass materielle Gebrauchsgüter möglichst in
den »Heimatländern« erzeugt werden sollten, steht in dia-
metralem Widerspruch zur heutigen Globalisierung, damit
aber auch zum heutigen Niveau des Industrialismus, das
rein materiell ohne die sehr ausdifferenzierte internationale Arbeitsteilung gar nicht möglich ist. Die Produktion
von Autos, Computern, Smartphones und so weiter erfordert eine große Menge von Rohstoffen und Zwischenpro-
dukten, die ein global integriertes System voraussetzen.
Die Globalisierung ist aber letztlich der Wachstumsdyna-
mik des Kapitalismus geschuldet, der Kapitalakkumulation
auf immer höherer Stufenleiter erzwingt. Die Gesamtmasse des Kapitals kann aber ab einer gewissen Größe nur
dann optimal verwertet werden, wenn die engen Grenzen
von Nationalstaaten überwunden werden. Im Geiste von
John Maynard Keynes selbst müsste man sich diesen Tendenzen widersetzen.[7]

Die Finanzkrise, die im Jahr 2008 die ganze Welt erschüttert hat und bis heute in ihren Folgen nicht bewältigt ist, ist ein Lehrstück für das Dilemma des Keynesianismus und sein notwendiges Scheitern angesichts der Grenzen des Wachstums. Die tieferen Ursachen der Finanzkrise wurden vielfach durch recht oberflächliche Analysen verdeckt. Es ist allgemein in Vergessenheit geraten, dass der Grundstein für die Krise Ende der 1990er-Jahre gelegt wurde, als ausgerechnet unter Präsident George W. Bush in den USA typisch keynesianistische Maßnahmen getroffen wurden, um die Rezession der frühen Neunziger zu überwinden. Per Gesetz wurden im Jahr 1997 die Gewinne aus Veräußerungen von Immobilien von Steuern befreit. Gleichzeitig verfolgte die US-Notenbank eine Politik des billigen Geldes und erleichterte dadurch die Kreditvergabe. Der einsetzende Immobilienboom war ein willkommener Effekt für die Ankurbelung der Binnennachfrage, denn er konnte nicht vom Ausland aus bewältigt werden. Zu zunächst günstigen Zinskonditionen wurden Kredite auch an nicht sehr solvente Kunden vergeben (sogenannte Subprime-Kredite), die dann auf den Finanzmärkten in verbriefter Form gehandelt wurden. Eine neuerliche Rezession setzte bereits im Jahr 2007 ein, als der Immobilienboom zusammenbrach und die Hypothekenschulden nicht mehr bedient werden konnten. Gleichzeitig schlitterte die Autoindustrie in eine tiefe Krise, mit entsprechenden Auswirkungen auf die Beschäftigten. Die unmittelbare Ursache war die empfindliche Erhöhung der Kraftstoffpreise. Es ist kein Zufall, dass diese neuerliche Rezession, die schließlich zum Platzen der Immobilienblase führte und die Finanzmärkte erschütterte, zeitlich mit dem Höhepunkt der Erdöl- und anderer Ressourcenpreise im Dezember 2007 zusammenfiel! Die Reaktion der meisten Industrieländer auf die Krise erfolgte wiederum ganz im Sinne des Keynesianismus. Die Notenbanken versorgten den Finanzsektor mit Liquidität, darüber hinaus wurden Hunderte Milliarden Dollar (790 Milliarden in den USA, 500 Milliarden in Deutschland) dazu aufgewandt, bedrohte Unternehmen abzusichern und eine tiefe Rezession zu verhindern. Zusammen mit den Rettungsaktionen für insolvente Privatbanken führte dies dazu, dass die Finanzkrise zu einer Staatsschuldenkrise wurde, unter der viele Länder bis heute leiden. Die Politik des billigen Geldes führt dazu, dass sich wiederum neue Blasen an der Börse bilden und so die nächste Krise vorbereitet wird. Aktienkurse stiegen nicht etwa, weil die entsprechenden Unternehmen höhere Gewinne erwarteten, sondern mangels anderer Anlagemöglichkeiten. Führende Keynesianer, wie etwa Paul Krugman, wandten sich gegen die konservative Sparpolitik. So etwa schrieb David Leonhardt: »Die reichen Länder führen jetzt ein gefährliches Experiment durch. Sie wiederholen eine Wirtschaftspolitik aus den 1930er-Jahren – Ausgaben kürzen und Steuern erhöhen, bevor eine Erholung gesichert ist.«[8] Ausgeblendet wird hier jedoch der wesentliche Unterschied zu den 1930er-Jahren: Damals gab es weder eine Ressourcenklemme, noch waren die Grenzen der ökologischen Tragfähigkeit des Planeten im Blick. Die keynesianistischen Rezepte funktionieren nur unter der Voraussetzung realer brachliegender Wachstumspotenziale. Diese Voraussetzung ist heute schlicht nicht mehr gegeben. Deshalb ist heute jede keynesianistische Wirtschaftspolitik, auch wenn sie sich öko-keynesianistisch nennen mag, zum Scheitern verurteilt. Die Ressourcenkrise war letztlich der Auslöser für die Finanzkrise 2008. Die letzte Ursache für die Turbulenzen auf den Finanzmärkten ist darin zu sehen, dass das im Wesentlichen durch

Kreditvergabe von Privatbanken geschöpfte Geld und die akkumulierten Forderungen nicht mehr mit dem nötigen realen Wachstum unterfüttert werden können.

Bedingungsloses Grundeinkommen

Der kapitalistische Verwertungsprozess mit seinem Zwang zur Kapitalakkumulation hat menschliche Arbeitskraft in hohem Maß überflüssig gemacht, auch in den Kernstaaten der kapitalistischen Weltwirtschaft. Aufgrund einer immens wachsenden Produktivität generiert dieser Verwertungsprozess immer mehr materiellen Reichtum mit immer weniger Menschen. Dass er dadurch seine eigene Basis zerstört, ist eine der tieferen Ursachen der aktuellen Krise und müsste nochmals eigens erörtert werden. Eine Antwort auf diesen Prozess des »Überflüssigwerdens« von Menschen ist das Konzept eines »arbeitslosen« Grundeinkommens. In unterschiedlicher Gestalt wurde die Idee eines solchen Grundeinkommens im Lauf der Geschichte zumindest seit den Zeiten der Französischen Revolution immer wieder ins Spiel gebracht. Dabei ist bemerkenswert, dass ansonsten sozialphilosophisch und politisch höchst unterschiedliche Denkansätze (sozialistische Theoretiker wie Charles Fourier, in späterer Zeit Erich Fromm, André Gorz und Martin Luther King und gleichermaßen Protagonisten des Neoliberalismus) Modelle eines arbeitslosen Grundeinkommens entwickelt oder propagiert haben. Im 20. Jahrhundert wurde diese Idee besonders wirkmächtig in der von neoliberalen Vordenkern konzipierten Gestalt der »negativen Einkommenssteuer« (Milton Friedman u. a.). Aus neoliberaler Sicht war dies selbstverständlich als »Ausschlussprämie« für die Massen von Menschen gedacht, die der kapitalistische Verwertungsprozess nicht mehr in die Gesellschaft integrieren konnte.[9] An der Peripherie übrigens, wo der Kapitalismus noch viel größere Massen von Menschen produziert, die für den Verwertungsprozess schlicht überflüssig sind, das heißt weder als billige Arbeitskraft noch als Konsumenten infrage kommen, überlässt man diese Menschen einfach sich selbst, das heißt dem »informellen Sektor« und dem Elend bis hin zum Hungertod. Dieses im 20. Jahrhundert stark neoliberal geprägte Konzept des arbeitslosen Grundeinkommens wurde nun von »linker« Seite aufgegriffen beziehungsweise wiederangeeignet und zu einem vermeintlich emanzipatorischen Ansatz gewendet. Man hat daraus unterschiedliche Modelle eines existenzsichernden, bedingungslosen, grundsätzlich allen zustehenden Grundeinkommens entwickelt, das ohne irgendeinen gesellschaftlichen Zwang zur Arbeit die volle Teilhabe am gesellschaftlichen Leben garantieren soll. Bei aller Verschiedenheit der einzelnen Modelle im Detail, insbesondere hinsichtlich der Gegenfinanzierung, können also für das bedingungslose Grundeinkommen folgende gemeinsame Kriterien festgehalten werden: 1. Die Höhe der Leistung muss existenzsichernd sein; 2. Es besteht ein individueller, einklagbarer Rechtsanspruch auf diese Leistung; 3. Eine Bedürftigkeitsprüfung entfällt; 4. Es besteht keinerlei Zwang zur Arbeit.

Meiner Ansicht nach ist dieses Konzept allerdings alles andere als »links«. Es steht vielmehr in Widerspruch zu jener solidarischen Gesellschaft, die wir anstreben, setzt die bestehenden Verhältnisse voraus, verfestigt sie dadurch tendenziell und ist deshalb als reaktionär zu bezeichnen. Die »linken« Befürworter dieses Konzepts stehen meines Erachtens in vieler Hinsicht dessen neoliberalen Vertretern wesentlich näher, als sie selbst zugestehen würden.

Im Folgenden will ich keineswegs eine alle Aspekte erschöpfend berücksichtigende Kritik leisten. Viele ernsthafte Einwände gegen das bedingungslose Grundeinkommen können hier nicht im Detail erörtert werden. So zum Beispiel das Problem, dass bei einer entsprechenden Höhe der Transferleistung die Finanzierung anderer staatlicher Ausgaben gefährdet ist, die dann privatisiert werden müssen, dass die angesetzte Höhe nicht ausreicht, bisher garantierte Sozialleistungen wie etwa die Krankenversicherung abzudecken, dass sie eine Enteignung der erworbenen Leistungsansprüche (vor allem der Renten) bedeutet, dass das bedingungslose Grundeinkommen tendenziell Inflation begünstigt, weil einem garantierten Einkommen keine entsprechende garantierte Produktion von Gütern und Dienstleistungen gegenübersteht. Ich will mich vielmehr in meiner Kritik auf zwei Hauptpunkte beschränken, nämlich auf die Frage, ob das bedingungslose Grundeinkommen mit einer Postwachstumsökonomie vereinbar ist und ob eine solidarische Gesellschaft möglich ist, wenn man das Reziprozitätsprinzip aufhebt. Beide Fragen müssen meines Erachtens eindeutig verneint werden.

Bei der Beschäftigung mit den einzelnen Modellen eines bedingungslosen Grundeinkommens[10] fällt zunächst die Weigerung auf, die Probleme in ihrem Gesamtzusammenhang zu bedenken – ein Anspruch, der in der Tradition »linkes« Denken eigentlich immer ausgezeichnet hat. So gesteht das Netzwerk Grundeinkommen explizit ein, dass das Grundeinkommen nur auf einige Probleme eine Antwort geben will, andere gesellschaftliche Herausforderungen (wie etwa den Klimawandel) dabei bewusst ausklammert. Aber auch die Lösungsvorschläge für einzelne Probleme führen notwendigerweise in Sackgassen, wenn man sie isoliert angeht, ohne den größeren Zusammenhang mitzudenken, in den sie eingebettet sind. Diese selbst auferlegte Denkaskese rächt sich denn auch sofort. Die einzelnen Modelle eines bedingungslosen Grundeinkommens geraten sehr schnell in Verlegenheit, wenn man sie mit ganz praktischen Schwierigkeiten konfrontiert – etwa mit der Frage, ob man, wenn man den Kreis der Berechtigten nicht willkürlich eingrenzen will, schlicht die Landesgrenzen dichtmachen muss, was natürlich niemand explizit eingestehen will. Solche Fragen werden entweder abgeblockt, als unzulässig zurückgewiesen, oder es wird schlicht konstatiert, dass es dazu noch keine einhellige Meinung gebe.

Das Konzept eines bedingungslosen Grundeinkommens hat genau jene kapitalistische Wachstumswirtschaft zur Voraussetzung, die wir – natürlich vor allem aus Gründen des ökologischen Überlebens – überwinden müssen. Mit dem platten Slogan »Es ist genug für alle da« wird auf den immensen Reichtum an Waren und auf die unvorstellbaren finanziellen Mittel verwiesen, die theoretisch zur Umverteilung bereitstünden. Selbst Theoretiker und Politiker wie Erich Fromm oder Martin Luther King, die einer konsumistischen Haltung grundsätzlich sicher fernstanden, gingen vom augenscheinlichen Phänomen einer Überflussgesellschaft aus, die so hochproduktiv sei, dass es kein Problem sei, den im Übermaß vorhandenen Reichtum zu verteilen. Völlig ausgeblendet wird dabei, dass dieser Reichtum (für einen kleinen Teil der Menschen; weltweit gesehen, ist ohnehin alles andere als genug für alle da) sich einem Prozess verdankt, der unsere Lebensgrundlagen zerstört. Die konkreten Finanzierungsmodelle für ein bedingungsloses Grundeinkommen – so unterschiedlich sie auch sind – setzen aber allesamt diesen forcierten Kapitalverwertungsprozess gerade voraus, aus dem sich die dann stark anwachsenden Transferleistungen an nicht arbeitende Menschen speisen müssen. In dem einen oder anderen konkreten Modell (etwa dem der Katholischen Arbeitnehmer-Bewegung in Deutschland) wird die Voraussetzung einer »positiven Konjunkturentwicklung«, näherhin mindestens 2 Prozent BIP-Wachstum, denn auch explizit benannt. Besonders entlarvend in dieser Hinsicht ist die Diskussion innerhalb des »Netzwerks«, ein bedingungsloses Grundeinkommen über Ökosteuern zu finanzieren. Naturverschleiß als unabdingbare Voraussetzung dieser Transferleistung also! Wenn Ökosteuern – wie weiter oben (S. 98 ff.) bereits ausführlich erörtert – tatsächlich die vorgeblich gewünschte Lenkungsfunktion erfüllen, also zum Rückgang des Naturverbrauchs führen, dann widerspricht das auf der anderen Seite dem fiskalischen Ziel, nämlich die nötigen Mittel für Transferleistungen daraus zu erhalten. Dieses Dilemma teilt auch das Modell eines ökologischen Grundeinkommens, wie es Ulrich Schachtschneider propagiert (S. 100 ff.).

Das Netzwerk Grundeinkommen wird nicht müde zu betonen, dass ein bedingungsloses Grundeinkommen nur aus einer »leistungsfähigen Volkswirtschaft« heraus finanziert werden kann und dass ein hohes Niveau an Produktivität sowie gesättigte Märkte seine Voraussetzungen wären. Das ist aber nichts anderes als eine euphemistische Umschreibung unserer kapitalistischen Wachstumsökonomie mit all ihren hinlänglich bekannten Folgen. Aus Gründen der Endlichkeit und Begrenztheit unserer Ressourcen (auch der erneuerbaren) und der Erhaltung unserer Lebensgrundlagen werden wir uns jedoch so bald wie möglich von dieser Wachstumsökonomie verabschieden und einen radikalen ökonomischen Schrumpfungsprozess bis hin zu einem stabilen Gleichgewicht durchmachen müssen, das ökologische Nachhaltigkeit ermöglicht. Die Ideologie eines »Green New Deal«, die uns einreden will, dass wir mit einer intelligenteren Technik, mehr Effizienz und Energie aus erneuerbaren Quellen unseren bisherigen Wachstumspfad weiterverfolgen können, ist hoffnungslos naiv und längst widerlegt (S. 85 ff.). Der jetzige Überfluss an materiellen Gütern (von dem ohnehin nur 20 Prozent der Weltbevölkerung profitieren), der sich auch in entsprechenden Geldwerten ausdrückt, wird dann schlicht nicht mehr vorhanden sein.

Die Verfechter eines existenzsichernden, bedingungslosen Grundeinkommens verweisen auf das hohe Produktivitätsniveau des entwickelten Kapitalismus, der zur Produktion von Waren mit immer weniger menschlicher Arbeitskraft auskommt. Darüber hinaus wird auf die theoretischen Produktivitätspotenziale verwiesen, die längst noch nicht ausgeschöpft sind und deren Ausschöpfung uns weitgehend vom Zwang zur Arbeit befreien würde. Ein wachsendes »Reich der Freiheit« also nicht als Ergebnis gesellschaftlicher Kämpfe, sondern der Eigendynamik des Kapitalismus. Einer der prominentesten Verfechter dieser Sichtweise ist André Gorz. Er ging davon aus, dass die mikroelektronische Revolution eine Erhöhung der Arbeitsproduktivität in dem Maße bewirken würde, dass bis zum Ende des 20. Jahrhunderts nur noch die Hälfte der seinerzeit (1981) benötigten Arbeitsstunden für dieselbe Menge an Gütern gebraucht würde. Auf diese Weise würde das »Paradies der Marxisten« endlich verwirklicht, in dem »jedem nach seinen Bedürfnissen« das Nötige zugeteilt werden könne. Im Verhältnis zu dieser extremen Schrumpfung des – in Marx'scher Terminologie gesprochen – »Reiches der Notwendigkeit« würde das »Reich der Freiheit«, die »Autonomiesphäre«, eine entsprechende Ausweitung erfahren. Gorz nannte diesen utopischen Entwurf ausdrücklich »ein Programm für ein anderes Wachstum«. Niemand wäre dabei zu Einsparungen gezwungen. Eine Zweitwohnung würde etwa 3000, ein Privatauto etwa 600 geleisteten Arbeitsstunden entsprechen.[11] Diese oberflächliche Betrachtungsweise sieht völlig davon ab, dass die weitere Ausschöpfung von Produktivitätspotenzialen in vieler Hinsicht ökologisch nicht wünschenswert und dass die hohe Produktivität zum größten Teil einem sehr hohen Energieeinsatz geschuldet ist. Unser hohes Produktivitätsniveau verdankt sich zum überwiegend großen Teil der fossilen Energiebasis, die uns bekanntermaßen gerade wegbricht und die durch erneuerbare Energien und effizientere Verfahren nicht annähernd ersetzt werden kann. Wir werden in naher Zukunft nicht nur wesentlich weniger produzieren können, sondern in vielen Bereichen wird der Produktionsprozess wieder arbeitsintensiver werden müssen. Die menschliche Arbeitskraft wird somit wieder ein knappes Gut (das könnte man nun für verschiedene Bereiche, etwa die Landwirtschaft, im Detail aufweisen). Dies gilt auch und gerade unter der Voraussetzung, dass wir auf viele im besten Fall sinnlose, oftmals aber schädliche und lebensgefährliche Produktionsbereiche schlicht verzichten. Es wird für die Gesellschaft kein Anlass bestehen, und es werden auch nicht die Mittel dafür vorhanden sein, in hohem Maß Menschen zu alimentieren, die ungeachtet ihrer entsprechenden Fähigkeiten ihren Beitrag für den Bestand dieser Gesellschaft und die Sicherung eines guten Lebens für alle verweigern. Ungeachtet des hohen Produktivitätsniveaus ist es keineswegs so, dass der Gesellschaft die Arbeit ausginge. Es ist hinlänglich bekannt, dass sehr große Bereiche von gesellschaftlich notwendiger Arbeit brachliegen, weil sie für den kapitalistischen Markt uninteressant sind und deshalb von ihm nicht organisiert werden. Es handelt sich dabei vor allem um Arbeiten, die direkt den Umgang mit Menschen betreffen (Kinder, Jugendliche, Kranke, Alte usw.), in denen es von der Natur der Sache her keine Produktivitätsentwicklung geben kann und die auch keine entsprechende Profitrate abwerfen. Die Gesellschaft muss diese Arbeit jenseits des kapitalistischen Marktes organisieren und aus dem gesamtgesellschaftlich zur Verfügung stehenden Mehrwertanteil bezahlen. In diesen Bereichen herrscht jetzt schon ein erheblicher Bedarf an mehr Arbeitskräften. Im Hinblick auf den unausweichlichen Rückbau unserer Wachstumsökonomie stellt Saral Sarkar zutreffend fest, es »wäre weder eine schrumpfende noch eine Steady-State-Wirtschaft auf niedrigem Niveau in der Lage, so viel Überschuss zu produzieren, dass die Gesellschaft zusätzlich zu Kindern, Kranken, Alten und Gebrechlichen, die sie versorgen muss, auch noch eine große Zahl von arbeitsfähigen nichtarbeitenden Erwachsenen unterhalten könnte«.[12]

Wenn aber aufgrund einer entsprechenden Arbeitsproduktivität oder aufgrund des Wegfalls von unnützer und schädlicher Produktion tatsächlich weniger Gesamtarbeitsaufwand entsteht: Wäre es dann nicht die viel gerechtere Lösung, durch eine allgemeine Arbeitszeitverkürzung für eine gerechte Aufteilung dieses gewonnenen Zeitwohlstands zu sorgen, anstatt eine Zweiteilung der Gesellschaft in Kauf zu nehmen, in der der Arbeitskraftverschleiß des einen Teils die Voraussetzung für bedingungslos gewährte Transferleistungen an den anderen Teil ist?

Die Verfechter eines bedingungslosen Grundeinkommens geben keine überzeugende Antwort darauf, wie die notwendige Arbeit organisiert werden soll, wenn es völlig der Willkür des Einzelnen überlassen ist, ob er dem Arbeitsprozess zur Verfügung steht oder sich schlicht alimentieren lässt. Natürlich kann man darauf verweisen, dass

Menschen auch ohne Zwang in der Lage sind, die Befriedigung ihrer Bedürfnisse in autonomer Eigenverantwortlichkeit und Solidarität jenseits eines jeden Arbeitszwanges zu organisieren. Es gibt für eine solche anarchistische Selbstorganisation durchaus ermutigende historische Beispiele. Zu vermuten ist allerdings, dass sie nur innerhalb eines überschaubaren Rahmens funktionieren, in dem der Einzelne dieses Gemeinwesen, in das er sich einbringt, auch sinnlich und direkt erfährt, in einer Größenordnung also, in der sich Menschen tatsächlich direkt aufeinander beziehen können. Eine komplexe Gesellschaft in unseren Größenordnungen hingegen wird ohne politisch ausgehandelte Steuerungsmechanismen nicht auskommen. Und eine solche »selbstbestimmte Solidarität« setzt natürlich die entsprechenden Rahmenbedingungen einer insgesamt solidarisch verfassten Gesellschaft voraus, wohingegen die Verfechter eines bedingungslosen Grundeinkommens gerade das Bestehende zur Voraussetzung haben. Es wird gern darauf hingewiesen, dass die notwendigen unangenehmen, schmutzigen Arbeiten, die eine Gesellschaft eben auch erledigen muss, unter der Voraussetzung sichergestellt werden können, dass man sie erstens so erträglich wie möglich gestaltet (zum Beispiel durch einen weitaus höheren Personaleinsatz im Pflegebereich) und zweitens wesentlich höher als jetzt bewertet und finanziell honoriert. Dies wären ohnehin tagespolitische Forderungen, für die es zu kämpfen gilt. Es steht aber zu befürchten, dass für den finanziellen Mehraufwand, der dafür erforderlich ist, die Mittel genau dann nicht vorhanden sind, wenn man in großem Stil Menschen alimentiert, die keinen entsprechenden Beitrag leisten wollen. Die bessere Honorierung besonders belastender Arbeit ist jedenfalls auf direktem Wege eher sicherzustellen als über den Umweg eines bedingungslosen Grundeinkommens. Dass die für die Gesellschaft notwendige Arbeit quasi naturwüchsig, in einer Art Mechanismus der »unsichtbaren Hand«, erledigt wird, wenn alle ihren spontanen Neigungen nachgehen und die Gesellschaft darauf verzichtet, diesen Prozess auch zu steuern und zu planen – dafür tragen die Befürworter eines bedingungslosen Grundeinkommens die Beweislast. (Sie erweisen sich in der Unterstellung solcher Mythologeme neoliberalen Denkfiguren als viel näher, als sie wahrscheinlich selbst wahrhaben wollen.) Und diese Bürde wiegt umso schwerer, wenn man bedenkt, dass diese Arbeitsbereiche zum Großteil die Bedürfnisse der allerschwächsten und abhängigsten Glieder dieser Gesellschaft betreffen. Der guten Versorgung und Betreuung unserer Alten ist eben nicht damit gedient, dass es mir ein bedingungsloses Grundeinkommen ermöglicht, zu töpfern, in der Toskana einen Kurs in esoterischem Trommeln anzubieten oder zu belegen oder Gedichte zu schreiben. Eine solidarische Gesellschaft hat selbstverständlich die Pflicht, ausnahmslos allen ihren Mitgliedern, die aus unterschiedlichen Gründen nicht arbeiten können, die volle Teilhabe am gesellschaftlichen Leben durch entsprechende Transferleistungen zu garantieren. Eine solidarische Gesellschaft, wie wir sie anstreben, wird aber nur funktionieren können, wenn dem »Jedem nach seinen Bedürfnissen« das »Jeder nach seinen Fähigkeiten« als notwendige Ergänzung zur Seite gestellt wird.

An dieser Stelle wird man als Gegner des bedingungslosen Grundeinkommens oftmals von ihren Befürwortern dadurch ins Unrecht gesetzt, dass einem ein pessimistisches Menschenbild zum Vorwurf gemacht wird, das den Menschen grundsätzlich Faulheit unterstelle. Dagegen sei davon auszugehen, dass auch ohne den Erwerbszwang die

Menschen von sich aus ihren Beitrag zum Gemeinwohl leisten würden. Ein solcher Streit mit pseudoanthropologischen, kaum verifizierbaren Annahmen ist müßig und kann nur in fruchtlosen Beteuerungen des jeweiligen Standpunkts münden. Entscheidend ist aber: Ein zu etablierendes System muss sich daran messen lassen, ob es genau unter der Voraussetzung funktioniert, dass sich die Beteiligten systemkonform verhalten. Und ein Bezieher eines bedingungslosen (!) Grundeinkommens verhält sich eben auch dann systemkonform, wenn er jede Gegenleistung für die Gesellschaft, die ihm dieses Einkommen gewährt, zurückweist.

Befürworter eines bedingungslosen Grundeinkommens verweisen gern darauf, dass damit die Möglichkeit der ehrenamtlichen Tätigkeit großzügig eröffnet würde. Hier sitzt man offensichtlich der neoliberalen Ideologie auf, indem man unkritisch einen Ehrenamtsbegriff rezipiert, den der Kapitalverwertungsprozess als notwendige Ergänzung braucht. Notwendige gesellschaftliche Arbeit wird dem freiwilligen Engagement Einzelner aufgebürdet. Damit wird die profitorientierte Kapitalverwertung entlastet, beziehungsweise es werden kostenlos deren gesellschaftliche Voraussetzungen bereitgestellt. Beim Ehrenamt ist folgende Unterscheidung zu beachten: Entweder es handelt sich um unentgeltlich übernommene Arbeit, die der Gesellschaft insgesamt dient und in deren Gesamtinteresse liegt (etwa Schulaufgabenbetreuung, Betreuungsdienste in Altenheimen usw.). Dann wäre die entsprechende sinnvolle politische Forderung, dass man diese Arbeit auch entsprechend honoriert und bezahlt. Die Gesellschaft insgesamt hat dafür die Verantwortung zu übernehmen. Oder es geht um eine ehrenamtliche Tätigkeit, die keine gesamtgesellschaftliche Aufgabe, sondern vielmehr die privaten Präferenzen eines Individuums betrifft. Das kann das Engagement in meinem Kleingärtnerverein oder in meiner Kirchengemeinde oder Ähnliches sein. Solche »Hobbys« von Einzelnen gehen aber die Gesellschaft insgesamt nichts an. Sie sind deshalb weder direkt noch indirekt (durch ein bedingungsloses Grundeinkommen) zu honorieren. Gesellschaftlich notwendige Arbeit im Interesse des Gemeinwohls ist also jenseits des Ehrenamts zu organisieren, und dafür, was die einzelnen Gesellschaftsmitglieder in ihrer Freizeit sonst noch machen, soll niemand anderer bezahlen müssen. Es ist zum Beispiel einem Atheisten nicht zuzumuten, dass er mit seinen Steuergeldern mein Grundeinkommen finanziert und damit mein Engagement im Kirchenvorstand ermöglicht.

Befürworter eines bedingungslosen Grundeinkommens erheben für ihre Position in der Regel den Anspruch, dass sie tendenziell systemüberwindend sei, da man ja mehr und mehr Bereiche dem kapitalistischen Verwertungsprozess entziehe. Dies ist eine grobe Selbsttäuschung, die übersieht, dass das Modell des bedingungslosen Grundeinkommens eine funktionierende Kapitalverwertung gerade voraussetzt, aus der sich dann die großzügigen Transferleistungen speisen. Es ist keineswegs nachvollziehbar, dass man den Kapitalismus ausgerechnet dadurch überwindet, dass man sich von ihm alimentieren lässt und an seinem Tropf hängt.

Bei nicht wenigen Verfechtern eines bedingungslosen Grundeinkommens drängt sich der Eindruck auf, dass sie genau derselben parasitären Mentalität verhaftet sind, wie sie unsere Gesellschaft (natürlich in ganz anderen Größenordnungen) insgesamt auszeichnet: Anstatt das parasitäre Verhalten in solidarischen Gesellschaftsstrukturen möglichst einzudämmen, gilt es als erstrebenswert, dieses zu verallgemeinern und eben selbst an jenem gesellschaftlichen Reichtum, der scheinbar im Überfluss vorhanden ist, ohne einforderbare Gegenleistung zu partizipieren. Die notwendigen Kehrseiten und die tönernen Füße, auf denen unser Konsumismus steht, geraten aus dem Blick. Unsere Gesellschaft wird materiell (!) wesentlich ärmer werden als heute, ganz einfach, weil uns in Zukunft unter dem Strich wesentlich weniger Nettoenergie zur Verfügung stehen wird, und gerade deshalb ist ein solidarisches Verhältnis umso dringender geboten. Und dieses wird nur möglich sein, wenn auch unabhängig von den eigenen Lust- und Unlustgefühlen und beliebigen Präferenzen jedes Mitglied, das dazu imstande ist, seinen Beitrag zum Gemeinwohl leistet. Eine Gesellschaft hat auch grundsätzlich das Recht, einen solchen zumutbaren Beitrag einzufordern.

Das Netzwerk Grundeinkommen hingegen offenbart ein Menschenbild, das in seinem grobschlächtigen Individualismus völlig deckungsgleich mit der neoliberalen Ideologie ist. Als rechtliche (und letztlich anthropologische) Grundlage der Forderung nach einem Grundeinkommen ohne jegliche Verpflichtung der Gesellschaft gegenüber (!) betont es die Autonomie und freie Entfaltung der Persönlichkeit. Jeder Anspruch der Gesellschaft an das Individuum wird so zur Verletzung der etwa in Artikel 1 des Grundgesetzes der Bundesrepublik Deutschland garantierten unbedingten Menschenwürde. Dabei wird völlig davon abstrahiert, dass sich die Autonomie des Einzelnen gerade durch die Solidarität der Gemeinschaft konstituiert, dass es ein gegenseitiges Bedingungsverhältnis von individueller Entfaltung und Solidargemeinschaft gibt. Heiner Flassbeck bringt das präzise auf den Punkt: »Wenn sich alle Bürger eines Landes auf den Anspruch des bedingungslosen Grundeinkommens berufen und nur das tun, was ihnen gerade Spaß macht. [...] gibt es keine ausreichende materielle Grundlage, aus der heraus die gesetzlichen Ansprüche jedes Einzelnen gegen den Staat, gegen die ›Allgemeinheit‹, bedient werden können. Die Freiheit des einen, nicht am Erwerbsleben teilzunehmen, auch wenn er dazu in der Lage wäre, führt zum Zwang für andere, eben diese Freiheit des einen durch ihre eigene Arbeit und ihre eigene Bereitschaft, deren Früchte zu teilen, zu ermöglichen. [...] Wollen alle diese Freiheit nutzen, bricht das System in sich zusammen. Es mangelt ihm an Logik.«[13]

Es wird stattdessen ein Menschenbild propagiert, in dem die Bedürfnisse des anderen, die mir letztlich gesellschaftlich vermittelt begegnen, keine Rolle spielen. In einer wahrhaft solidarischen Gesellschaft – und nur in einer solchen ist, nach Marx zumindest, die freie Entfaltung des Einzelnen die Bedingung der gesamtgesellschaftlichen Entwicklung – ist gerade der andere in seiner konkreten Bedürftigkeit die konkrete ethische Norm. Wenn man diesen Zusammenhang zwischen Autonomie des Einzelnen und Solidargemeinschaft preisgibt, wird es wahrhaftig schwer, die letzten noch vorhandenen Reste von Humanität zu verteidigen.

Die Menschen beziehen sich gesellschaftlich (!) aufeinander durch Arbeit. Das wirklich emanzipatorische Gegenkonzept zu einem bedingungslosen Grundeinkommen wäre deshalb ein verfassungsmäßig garantiertes, einklagbares Recht auf existenzsichernde, menschenwürdige und sinnvolle Arbeit. Integration in die Gesellschaft also, und nicht alimentierter Ausschluss. Solange die Gesellschaft dieses Recht nicht garantieren kann, ist sie selbstverständlich verpflichtet, die Betroffenen ohne Gegenleistung mit allem auszustatten, was zu einem guten Leben in gesellschaftlicher Teilhabe gehört. Entsprechende Transferleistungen sind deutlich anzuheben, und das Angebot an gesellschaftlicher Integration durch Arbeit muss durch Kriterien definiert werden, die demütigende und entwürdigende Maßnahmen ausschließen. Nur mithilfe des Beitrags aller Menschen, die dazu in der Lage sind, wird die Gesellschaft auch imstande sein, die nötigen Transferleistungen für alle Übrigen in wirklich angemessener und menschenwürdiger Weise zu sichern, eine entsprechende Honorierung von Aufgaben außerhalb der Lohnarbeit (z. B. Kindererziehung und häusliche Pflege, sogenannt reproduktive Arbeit) zu gewährleisten, die notwendigen unangenehmen Arbeiten (nicht nur, aber auch) finanziell höher zu bewerten und all das zu tun, was unser gemeinsames gutes Leben und unsere Lebensgrundlagen jenseits des kapitalistischen Verschleißprozesses sichert.

Gemeinwohlökonomie

Der österreichische Attac-Aktivist Christian Felber zieht mit seiner Idee einer Gemeinwohlökonomie breite Kreise in den Bann, die nach Alternativen zu einer auf Profitmaximierung hin orientierten Ökonomie suchen.[14] Er geht aus von dem in vielen Verfassungen, so auch im deutschen Grundgesetz, verankerten Prinzip der Gemeinnützigkeit des Eigentums, das der privaten Verfügung Grenzen setzt. Auf dieser Basis lässt sich leicht begründen, dass alle Dienstleister in Bereichen, die die Grundbedürfnisse der Menschen betreffen (Daseinsvorsorge), ihre Aufgabe nur dann erfüllen können, wenn sie in öffentlicher Hand und demokratisch kontrolliert sind. In Felbers Modell ist aber auch Platz für privates Unternehmertum und privates Eigentum an Produktionsmitteln. Zumindest kleine und mittlere Betriebe können privatwirtschaftlich organisiert sein. Ab dreißig Beschäftigten erhalten diese ebenso wie die von der unternehmerischen Tätigkeit betroffene Öffentlichkeit Mitbestimmungs- und/oder Eigentumsrechte, ab 5000 Beschäftigten gehen diese Unternehmen ganz in die Hand der Mitarbeiter und der Öffentlichkeit über. Ziel ist es, den rechtlichen Rahmen und ein System von Anreizen so auszugestalten, dass die einseitige Gewinnorientierung zugunsten von Kooperation und Gemeinwohlorientierung eingedämmt wird. Worin aber das Gemeinwohl nun genau besteht, muss erst definiert werden. Dies ist die Aufgabe von sogenannten Wirtschaftskonventen auf lokaler, regionaler oder nationaler Ebene, die sich aus Delegierten aus allen betroffenen Bevölkerungsgruppen (sogenannte Berührungsgruppen) zusammensetzen und während eines Zeitraums von etwa zwei Jahren in enger Tuchfühlung mit der Bevölkerung ein am Gemeinwohl orientiertes Leitbild für das Unternehmen erarbeiten. Nach Felbers Einschätzung ist davon auszugehen, dass die betroffene Bevölkerung nie das heute herrschende Leitbild, nämlich den größtmöglichen Gewinn für die Kapitaleigner, als Ziel festsetzen wird. Bestimmende Indikatoren werden sozial, ökologisch, demokratisch und solidarisch sein. Gewinne sind ein untergeordnetes Ziel und werden wiederum im Sinne des Gemeinwohls verwendet. Mithilfe dieser Indikatoren wird eine Gemeinwohlbilanz eines Unternehmens erstellt und der finanziellen Bilanz übergeordnet. Auf zweierlei Art kann eine positive Gemeinwohlbilanz dann belohnt werden: Die Produkte des Unternehmens werden entsprechend gekennzeichnet, sodass die Kunden ihr Kaufverhalten daran orientieren können. Und der Staat kann den Mehrwertsteuersatz staffeln und an der Gemeinwohlbilanz orientieren, Geld zu günstigeren Bedingungen zur Verfügung stellen und die Gemeinwohlbilanz zum Vergabekriterium für öffentliche Aufträge machen. Auch der Umgang mit Unternehmensgewinnen ist nach Felbers Vorstellung streng reguliert. Untersagt sind Gewinnausschüttungen an Eigentümer, die nicht im Unternehmen tätig sind. Gewinne dürfen lediglich für sozial-ökologische Zwecke, für Investitionen, Rückstellungen, Aufstockung des Eigenkapitals, Ausschüttungen an die Mitarbeiter und Leihgaben an andere Unternehmen verwendet werden. Der Vorteil all dieser Vorschläge sei es, dass man nicht auf deren Umsetzung von oben warten müsse, sondern dass sie bereits jetzt durch Initiative von unten zu verwirklichen seien. In diesem Sinne werden immer mehr Firmen mit dem Label der Gemeinwohlorientierung ausgezeichnet. Felber meint, auf diese Weise den Kapitalismus in seinem innersten Kern zu treffen, und knüpft eine hohe Erwartung an diese Vorschläge: »Die kapitalistische Systemdynamik erlischt. Alle sind vom systemischen Wachstums- und wechselseitigen Fresszwang erlöst!«[15]

Allein mir fehlt der Glaube an diese »Erlösung«. Viele der Vorschläge Felbers, etwa das Erbrecht betreffend, sind sicher sinnvoll umzusetzen und zielführend, aber auch wenig originell. Selbstverständlich gibt es auch innerhalb des bestehenden kapitalistischen Systems zahlreiche Unternehmensformen, die sich der Logik der Profitmaximierung entziehen: genossenschaftliche Betriebe, verschiedene Formen des *social business* und so weiter. Aber sie stellen doch lediglich kleine Nischen innerhalb der kapitalistischen Ökonomie dar. Felber spricht von »Gewinnen« so, als wäre dies optional, eine Frage des unternehmerischen Leitbildes oder im Sinne einer »Zielvereinbarung« auszuhandeln und als wäre das entscheidende Motiv die »Gier« einzelner Eigentümer. Er abstrahiert völlig von der

Tatsache, dass unter Konkurrenzbedingungen die einzelnen Unternehmen um ihres Überlebens am Markt willen Profite maximieren und in ausreichendem Maße reinvestieren müssen. Auch die Beteiligung der Beschäftigten am Unternehmen durchbricht diese Logik, der der einzelne Betrieb »bei Strafe des Untergangs« unterworfen ist, nicht. Vor allem aber verfehlt Felber mit dieser Konzentration auf einen unternehmerischen Verhaltenskodex völlig die makroökonomische Ebene, die Frage einer gesamtwirtschaftlichen Rahmenplanung zur Zuteilung der knapper werdenden Ressourcen, die politisch auszuhandelnde Frage, was überhaupt in welchen Mengen und in welcher Form produziert werden kann und darf. Damit bleibt er weit hinter dem tatsächlichen Problemstand zurück.

Solidarische Ökonomie[16]

»Das Ende des Kapitalismus« prangt in großen Lettern auf dem Cover von Elmar Altvaters Buch. In wesentlich kleinerer Schrift wird die plakative Aussage aber gleich relativiert: »wie wir ihn kennen«, lautet der entscheidende Zusatz.[17] Altvater war im deutschen Sprachraum ohne Zweifel einer der wichtigsten Vordenker eines »ökologischen Marxismus« und ein einflussreicher Inspirator für soziale Bewegungen wie etwa Attac. Er geht zunächst von der Diagnose aus, dass das bevorstehende Ende des fossilen Zeitalters »einen äußeren Stoß von extremer Heftigkeit« für das kapitalistische Wirtschaftssystem bedeutet, der die ohnehin bestehende Krisenanfälligkeit des Kapitalismus überlagert. Im Unterschied aber zu meiner Diagnose nimmt er ohne nähere Überprüfung an, dass erneuerbare Energiequellen in ausreichendem Maße vorhanden sind: »Alternative Energiequellen stehen zur Verfügung: die Windenergie, die Photovoltaik, die Wasserkraft, die thermische Energie, die Gezeiten, die Biomasse.«[18] Allein durch möglichst vollständige Aufzählung dieser Quellen ist deren Potenzial aber nicht ins Grenzenlose auszuweiten. An anderer Stelle spricht Altvater im Widerspruch dazu davon, dass der Ressourcenverbrauch eingeschränkt werden müsse.[19] Warum eigentlich, wenn Energie in genügendem Maße zur Verfügung steht? Im Hinblick auf die Effizienzrevolution sieht Altvater lediglich den Rebound-Effekt, also die Überkompensation von Effizienzgewinnen durch Mehrverbrauch, nicht aber die grundsätzlichen Grenzen (S. 52 ff.).

Warum also stellt diese neue Situation eine Herausforderung für unsere Ökonomie dar? Altvater meint, dass die Energieinfrastruktur auf der Basis von erneuerbaren Energien im Gegensatz zur Energieversorgung auf fossiler Grundlage nicht mehr kompatibel sei mit den Rentabilitätserfordernissen des heutigen Kapitalismus. Fossile Energieträger entsprächen in idealer Weise dem großindustriellen Kapitalismus, da sie fast ortsunabhängig einsetzbar sind, da sie aufgrund der problemlosen Speicherung zeitunabhängig sind und somit Konzentration und Zentralisierung ökonomischer Prozesse erlauben. Dies sei der entscheidende Vorteil gegenüber den Erneuerbaren im Rahmen unserer kapitalistischen Ökonomie. Altvater zufolge »ist es fraglich, ob auf erneuerbarer Basis Großkraftwerke betrieben werden können. Eher nicht, sodass die Netze bei der vorwiegenden Verwendung erneuerbarer [...] Energie anders gestaltet, regionalisiert und dezentralisiert werden müssten. Das ist aber nicht bloß ein technischer Unterschied, sondern ein Affront gegen die großen Kraftwerksbetreiber, die [...] gegen die erneuerbaren Energien auf allen Ebenen angehen.«[20]

Der psychologisierende Ausdruck »Affront« scheint mir verräterisch zu sein. Es ist der rhetorische Versuch, die Schwäche der Argumentation zu verschleiern. Auch im Hinblick auf erneuerbare Energien haben wir es mit tatsächlich realisierten oder geplanten Großkraftwerken beziehungsweise zentralen Standorten zu tun. Erinnert sei nur an die Parabolrinnenkraftwerke, von denen das gigantischste (Desertec) aber wohl nicht mehr realisiert wird. Erinnert sei an die großen Windparks, vor allem offshore. Wenn erneuerbare Energien trotz der Fluktuation, mit der sie verbunden sind, die Stromversorgung kontinuierlich sichern sollen, dann sind gerade Anlagen im großen Stil erforderlich, wie etwa große Verbundnetze mit entsprechend höheren Kapazitäten an den einzelnen Standorten, zentrale Großspeicheranlagen wie etwa die viel Raum erfordernden Redox-Flow-Batterien ... Auch für Photovoltaikanlagen gilt Dezentralität lediglich für die Nutzung, keineswegs aber für die Produktion der Module, da diese sehr energieintensiv ist (S. 73) und sich deshalb allein aus energetischen Gründen wegen des Skalenvorteils eine zentrale Großproduktion möglichst an Standorten empfiehlt, an denen viel erneuerbare Energie zur Verfügung steht.

Die Annahme, dass der Kapitalismus nicht mit dezentralen Strukturen vereinbar sei, entbehrt jeder Grundlage. Die Filialen vieler Großkonzerne, wie etwa die Fastfood-Restaurants, belegen hinlänglich, dass Großkonzerne durchaus profitable Geschäfte unter Ausnutzung von dezentralisierten und regionalisierten Strukturen machen können. Dies kann also nicht der Grund dafür sein, dass sich kapitalistische Konzerne den Markt für erneuerbare Energien allzu zögerlich aneignen. Altvater verschließt die Augen vor dem eigentlichen Grund: Aufgrund ihrer viel geringeren Energiedichte und ihrer entsprechend ungünstigeren

Energiebilanz sind diese Energieformen weniger rentabel. Der Zweifel an ihrer Lebensfähigkeit, also Reproduzierbarkeit, sobald sie auf sich allein gestellt sind und nicht mehr auf fossiler Basis produziert werden können (S. 65 f.), ist der eigentliche Grund für die zögerliche Investitionsbereitschaft von profitorientierten Konzernen.

Altvater meint nun, dass die neue Art der Energieversorgung insgesamt eine andere, »solidarische« Ökonomie, eine »solare Gesellschaft«, erfordere beziehungsweise begünstige. Deren Konturen genauer zu beschreiben, weigert er sich allerdings mit dem Hinweis, sie sei ja letztlich das Produkt sozialer Bewegungen. Seine Beschreibung bleibt entsprechend vage. Er spricht davon, dass innerhalb der entsprechenden Initiativen solidarischer Ökonomie Kooperation und Solidarität dem Konkurrenzkampf vorgezogen würden, dass sie »mit ihrer Kombination von individueller Freiheit, sozio-ökonomischer und menschlicher Sicherheit, Gleichheit und Gerechtigkeit über den Kapitalismus hinausweisen«[21] und ihn damit praktisch kritisieren. In Bezug auf die Globalisierung macht er sich Walden Bellos Forderungen nach einer Dekonstruktion von Institutionen wie WTO, IWF und Weltbank sowie nach der »Rekonstruktion einer de-globalisierten, auf regionalen und lokalen Kreisläufen basierenden Wirtschaft«[22] zu eigen.

Die Initiativen, die Altvater hier für eine solidarische Ökonomie in Anspruch nimmt, rechnet er dem Non-Profit-Sektor zu. Doch auch Genossenschaften, selbstverwaltete Betriebe oder Kleinunternehmen machen durchaus Profit. Der Unterschied ist der Umgang mit diesem Profit (der zum Beispiel gleichmäßig unter den Mitgliedern einer Genossenschaft aufgeteilt wird). Solidarität und Kooperation ist eher dem internen Bereich zuzuordnen; innerhalb einer Marktwirtschaft stehen auch diese Betriebe im Konkurrenzkampf und im Kampf um das ökonomische Überleben. Wie sehr sie der Marktlogik ausgeliefert sein können und ihr Gebaren entsprechend gestalten, zeigt das berühmte Beispiel der Grameen-Bank in Bangladesch, die Mikrokredite vergibt. Ihre Zinssätze sind höher als die der Geschäftsbanken, wenn auch niedriger als die der privaten Verleiher, auf die Kleinstunternehmen bislang angewiesen waren. Und sie beschäftigt gut bezahlte Angestellte aus der Mittelschicht.

Ein weiterer Sektor dieser von Altvater beschworenen solidarischen Ökonomie sind Stiftungen, Hilfseinrichtungen, Forschungs- und Beratungseinrichtungen von Gewerkschaften, linke politische Parteien und so weiter. Doch diese leben von Spenden und Mitgliedsbeiträgen, sind also zugegebenermaßen auf den formellen, nicht »solidarischen« Sektor der Ökonomie angewiesen, in denen ihre Wohltäter tätig sind. Altvater schraubt daher letztlich selbst seine Ansprüche gewaltig herunter und verschleiert mit schönen Worten, dass »im Prinzip« alles beim Alten bleibt: »Im Prinzip geht es um eine neue Form der Artikulation von lokaler, regionaler, nationaler Ökonomie und den Institutionen des Weltmarktes. Die Artikulation zwischen informeller und formeller Ökonomie, zwischen kleinen und großen Unternehmen, zwischen lokaler und globaler Wirtschaft kann anders als in subalterner Unterwerfung unter die Sachzwänge des Weltmarkts gestaltet werden. Nicht die Konkurrenz ist dominant, sondern das Prinzip der Solidarität.«[23]

Im Klartext: Das Konkurrenzprinzip wird nicht aufgehoben, das Kapitalverwertungsgesetz nicht gebrochen, innerhalb einer der Kapitallogik gehorchenden Ökonomie gibt es lediglich Nischen, die sich der Brutalität dieses Prinzips im kleinen Bereich zu entziehen versuchen.

Insgesamt ist Altvaters Buch – und das entspricht seinem am praktischen Dialog geübten Denkstil insgesamt – erfreulicherweise eher nachdenklich fragend als apodiktisch. Bereits zum Auftakt formuliert er: »Die Frage nach Alternativen steht also auf der Tagesordnung. Doch inwieweit kann eine andere Welt kapitalistisch sein, und wenn ja, wie wird dieser Kapitalismus aussehen? Gibt es einen anderen Kapitalismus als den, den wir kennen? Ist nach dem Scheitern des realen Sozialismus [...] ein anderer Sozialismus des 21. Jahrhunderts, vielleicht ein ökologischer Sozialismus in Sicht?«[24]

Die Transformation der Gesellschaft, die Überwindung des Kapitalismus im Sinne eben dieses »ökologischen Sozialismus«, den wir vertreten, wird mit Sicherheit angewiesen sein auf die exemplarische Funktion vieler lokaler Initiativen in Altvaters Sinne. Sie kann die makroökonomische Transformation möglicherweise entscheidend fördern, allerdings nicht ersetzen.

Postwachstumsökonomie

Niko Paech gehört im deutschen Sprachraum ohne Zweifel zu den profiliertesten Postwachstumsökonomen. Vielfach wird er einer »bürgerlichen« Wachstumskritik zugeordnet. Doch diese Etikettierung wird seinem Anliegen und seinen Grundpositionen kaum gerecht. Sie scheint mir ein eher hilfloser Versuch zu sein, sich der Provokation durch sein radikales Denken zu entziehen. Paech ist einer der wenigen Ökonomen, die von der klaren Diagnose ausgehen, dass unsere Industriegesellschaften niemals ökologisch nachhaltig sein können, dass vielmehr eine »drastische Reduktion der industriellen Produktion«[25] erforderlich ist. Wie kaum ein anderer entlarvt er die »imperiale Lebensweise« (Ulrich Brand) und macht auf die Tatsache aufmerksam, dass der Wohlstand in den reichen Industrieländern schlicht auf Ausplünderung beruht, dass er in keiner nachvollziehbaren Korrelation zu einer erbrachten (körperlichen oder geistigen) Arbeitsleistung steht, sondern dass es die Prozesse der körperlichen, räumlichen und zeitlichen Entgrenzung sind, die es uns ermöglichen, uns Arbeitskraft und (energetische) Ressourcen über Gebühr anzueignen. Gründlich entlarvt er alle anderen »Fortschrittsmythen«, etwa den einer effizienteren Arbeitsteilung, der lediglich eine gesteigerte räumliche und materielle Inbesitznahme verschleiert, und den Mythos von Innovation und einer Produktivitätssteigerung, die unweigerlich mit einem höheren Ressourcenverbrauch einhergeht. Ebenso scharfsinnig destruiert er die Illusion eines »grünen Wachstums«, das sich in auseichendem Maß vom Naturverbrauch entkoppeln ließe. Der angeblich erhöhten Ressourcenproduktivität durch gesteigerte Effizienz, durch die der Input in unsere Wohlstandsmaschine verringert werden soll, und dem Prinzip der ökologischen Konsistenz, also der Nachahmung von ökologischen Kreisläufen in unserer industriellen Produktion, hält er die konterkarierenden Rebound-Effekte entgegen beziehungsweise zeigt auf, dass die augenscheinliche ökologische Verträglichkeit lediglich Verlagerungsprozesse von Naturzerstörung verschleiert. Neben dem finanziellen Rebound-Effekt, das heißt der Überkompensation von Effizienzgewinnen durch Mehrverbrauch und naturzerstörende Verwendung der monetären Einsparungen, verweist er auf den materiellen Rebound-Effekt von Effizienz und Konsistenzmaßnahmen. Diese erfordern einen Zuwachs materieller Bestandsgrößen (Infrastruktur, Gebrauchs- und Investitionsgüter, Produktionsanlagen), die Schaffung neuer Kapazitäten zusätzlich zu den bestehenden materiellen Voraussetzungen inklusive der Entsorgungsindustrien. Die mit Innovationen verbundenen Risiken werden zudem meist unterschlagen beziehungsweise heruntergespielt. Die tatsächlichen Umweltkosten werden durch zeitliche, mediale und systemische Verlagerungsprozesse verschleiert. Ein Beispiel für die zeitliche Verlagerung ist etwa die notwendige Verschrottung von Anlagen für regenerative Energien nach Durchlauf ihres Lebenszyklus von zwei bis drei Jahrzehnten. Eine mediale Verlagerung stellen etwa der Flächenverbrauch und der damit verbundene Verlust an Biodiversität sowie die Zerstörung von Landschaften durch erneuerbare Energien dar. Der Bedarf an seltenen Erden (Neodym, Koltan …) oder auch die Verlagerung der ökologischen Kosten der Elektromobilität in die Regionen, in denen Lithium auf Kosten der Grundwasserversorgung (Chile) gewonnen wird, macht den Mechanismus der materiellen Verlagerung deutlich. Was die räumliche Verlagerung betrifft, so zitiert Paech das Schweizer Bundesamt für Umwelt, das für das Jahr 2011 festgestellt hat, dass 60 Prozent aller von Schweizer Bürgern verursachten Umweltschäden außerhalb des Landes auftraten.[26] In ähnlicher Weise, wie ich es bereits weiter oben getan habe, widerlegt Paech die Möglichkeit einer absoluten Entkoppelung des BIP-Wachstums vom Energie- und Ressourcenverbrauch und zieht folgendes Fazit: »Die Absurdität einer absoluten Entkopplung zeigt sich […] aus zwei entgegengesetzten Perspektiven. Unter den Bedingungen eines beständigen Wirtschaftswachstums ist es unmöglich, die Ökosphäre absolut zu entlasten. Unter der Bedingung einer absoluten Entlastung der Ökosphäre ist es unmöglich, ein beständiges Wirtschaftswachstum aufrechtzuerhalten.«[27]

Worauf ist aber nun Paech zufolge dieser Drang zum Wachstum zurückzuführen? Seine Analyse struktureller Wachstumszwänge ist meines Erachtens wenig überzeugend, widersprüchlich und eigentümlich verschleiernd. An einigen wenigen Stellen in seinen Schriften spricht er die kapitalistische Verwertungslogik unter Konkurrenzbedingungen zwar an, ohne aber dann genau darauf einzugehen. Im Zusammenhang der Effizienzsteigerungen durch technische Innovation weist er zum Beispiel darauf hin, dass diese üblicherweise mit einer Erweiterung der Produktionskapazitäten verbunden sind, die zusätzliche Ressourcen verschlinge. Der Ausstoß an Waren würde in stärkerem Maße steigen als die Faktorproduktivität, die geringeren Preise würden zudem eine höhere Nachfrage stimulieren. Er gesteht in diesem Zusammenhang durchaus zu, dass es theoretisch denkbar sei, dass Effizienzsteigerungen anstelle von Kapazitätserweiterungen lediglich die Umrüstung alter Anlagen beziehungsweise deren Rückbau zur Folge haben könnten, meint aber, dies »widerspräche jeglicher Marktlogik. Schließlich sind es zumeist neue Konkurrenten, die in etablierte Märkte eindringen, um auf Basis günstigerer Faktorkombinationen oder Technologien in Konkurrenz zu alten Strukturen zu treten.«[28] Ist dies nicht die ausdrückliche Bestätigung der marxistischen Analyse, die den Zwang zum Wachstum, zur Innovation und zur Kapitalakkumulation auf stets höherer Stufenleiter aus der Konkurrenz von Einzelkapitalien erklärt? Es ist doch sehr erstaunlich, dass Paech an dieser Stelle die Reflexion abbricht und das, was er »Marktlogik« nennt, einfach als Quasi-Naturgesetzlichkeit hinnimmt, ohne deren Dynamik zu analysieren. In anderem Zusammenhang spricht er von der Notwendigkeit, »die Logik reiner Profit- und Kapitalertragsmaximierung« zu durchbrechen,[29] weigert sich aber beharrlich, genau diese Logik als den entscheidenden Wachstumstreiber anzuerkennen. Stattdessen führt er die immer differenziertere Arbeitsteilung und Spezialisierung ins Feld, die zu immer längeren Wertschöpfungsketten führe. Die Aufgliederung der Produktion in viele spezialisierte Fertigungsstufen, die sich zudem auf verschiedene Standorte verteilen können, ist für ihn die entscheidende Triebfeder des Wachstums: »Aber jede Spezialisierungsstufe muss vor der Produktionsphase die benötigten Inputfaktoren vorfinanzieren, also investieren. Das dazu benötigte Fremdkapital kostet Zinsen; Eigenkapital verlangt nach einer hinreichenden Rendite. Außerdem nimmt mit der räumlichen Entgrenzung der Bedarf an physischen Infrastrukturen und Anlagen zu, die einem ständigen Verschleiß unterworfen sind.«[30] Es erschließt sich aber keinesfalls, warum die Anzahl von Fertigungsstufen der entscheidende Motor des Wachstums sein soll. Dass Kapital nach einer entsprechenden Rendite verlangt, wie Paech ausdrücklich schreibt, ist völlig unabhängig von der Aufsplitterung der Produktion in einzelne Fertigungsstufen. Der Zwang des Kapitals, Rendite abzuwerfen, teilt sich dann eben nur auf verschiedene Phasen der Produktion auf, die am Ende summiert werden können. Und eben diesen Zwang zur Profiterwirtschaftung nimmt Paech als unabänderliche Gegebenheit hin, ohne ihn weiter zu hinterfragen oder zu analysieren.

In Anlehnung an den Schweizer Ökonomen Hans-Christoph Binswanger erläutert Paech die Notwendigkeit der Vorfinanzierung der Produktion. Investitionen haben unmittelbar einen Einkommenseffekt, aber die entsprechende Produktion kann erst in der darauffolgenden Periode verkauft werden. Konsumenten kaufen daher stets die Produktion aus dem vorangegangenen Zyklus. Die Ausgaben gehen also den Einnahmen voraus, die sich ihrerseits wiederum aus den Löhnen speisen. Die Finanzierungslücke, die Paech hier ausmacht, geht aber schlicht darauf zurück, dass das Unternehmen mit dem eingesetzten Kapital einen Gewinn erwirtschaften will beziehungsweise – aufgrund der Konkurrenzsituation – muss! Genau dies ist der entscheidende Punkt, den Paech hier rhetorisch verschleiert. Was zu erklären wäre, setzt er als gegeben voraus. Die entscheidende Triebfeder des Wachstums analysiert er nicht als solche, stattdessen nimmt er es als Naturgegebenheit hin, dass Kapital Profit abwerfen muss.

Paech selbst scheint nicht recht überzeugt zu sein von diesem von ihm in Anschluss an Binswanger dargestellten »strukturellen Wachstumszwang« und begibt sich auf die subjektive Ebene. Er bemüht die »Glücksforschung«, um einen »kulturellen Wachstumstreiber« auszumachen, zeigt die innere Widersprüchlichkeit auf, in die ein immer höherer Konsumaufwand zum Zweck der Behauptung seines Platzes in der gesellschaftlichen Hierarchie führen muss, ohne dabei das Maß an individuellem Glück steigern zu können, und leitet daraus eine sich selbst verstärkende Dynamik ab. Wenn er diese Dynamik als »Ursache und Folge« ökonomischen Wachstums[31] bezeichnet, so deutet er wenigstens an, dass das Verhalten von Einzelnen eingebettet ist in objektive Strukturen und vor diesem Hintergrund erklärt werden muss. Dem objektiven Wachstumszwang der kapitalistischen Ökonomie entspricht auf subjektiver Ebene die Zurichtung der Individuen, die für den Verwertungszwang des Kapitals disponiert und gefügig gemacht werden müssen.

Für den Ausstieg aus der Wachstumsökonomie entwirft Paech nun eine rein individuelle Strategie der Suffizienz in Verbindung mit einer radikalen Reduktion der Fremdversorgung mithilfe von regionalen und lokalen Strukturen der Selbstversorgung und Eigenproduktion. Dem »Konsumenten« setzt er als entscheidenden Akteur den »Prosumenten« entgegen, also das Individuum, das sich zunehmend dem Kreislauf von Konsum und Wachstum entzieht, indem es gemeinschaftliche Formen der Eigenproduktion und der Sicherung der Subsistenz jenseits der formalen Marktbeziehungen schafft. Von Reparaturwerkstätten, *urban gardening,* gemeinsamer Nutzung von Gebrauchsgütern, lokalen Tauschringen unterstützt von Lokalwährungen bis hin zu allen möglichen Arten von Selbstversorgung (Subsistenzwirtschaft) erstreckt sich die Palette von Handlungsmöglichkeiten. Im Sinne der »Daseinsermächtigung« (Marianne Gronemeyer) sollen die Menschen wieder instand gesetzt werden, jenseits der ausdifferenzierten arbeitsteiligen Ökonomie ihr Leben zu organisieren. Der weiterhin notwendige, wenn auch wesentlich kleinere Bereich der formalen Ökonomie bleibt von Paechs Überlegungen unberührt – bleibt also weiterhin der kapitalistischen Profitlogik unterworfen.

Ich habe andernorts bereits darauf hingewiesen, dass ich diesen Bottom-up-Ansatz für ein wichtiges Element der gesellschaftlichen Transformation halte und dass die Stärkung entsprechender Initiativen in mehrfacher Hinsicht höchst bedeutsam für die Überwindung unseres wachstumsgetriebenen Kapitalismus ist (S. 146). Doch die makroökonomische Ebene völlig auszublenden, ist gerade für einen Ökonomen höchst erstaunlich. Der alle Lebensbereiche durchdringenden kapitalistischen Ökonomie einfach den Rücken zuzukehren, ist als Gesamtstrategie aussichtslos. Gerade eine Gesellschaft, die sich durch ein hohes Maß an Subsistenzproduktion, an Autarkie lokaler Gemeinschaften, an Eigen- anstelle von Fremdversorgung auszeichnet, ist auf übergreifende makroökonomische Strukturen angewiesen, die dies allererst ermöglichen und dafür die Spielräume und Voraussetzungen schaffen. Ein bestimmtes Maß an sinnvoller Arbeitsteilung wird in jeder komplexen Gesellschaft nötig sein, und genau diesen Bereich gilt es im Sinne von Nachhaltigkeit planerisch zu gestalten. Auch lokale Gemeinschaften bedürfen einer übergreifenden Infrastruktur, müssen auf Güter zurückgreifen, die industrieller Fertigung entspringen. Diesen Planungsaufgaben kann man sich nicht durch falsche Romantisierung entziehen.

Eine Schlüsselaussage in Paechs Ausführungen lautet: »Per se nachhaltige Technologien und Objekte sind schlicht undenkbar. Allein Lebensstile können nachhaltig sein.«[32] So sehr ich den ersten Satz dieser Sentenz auch unterschreiben kann, so kurzschlüssig erscheint mir allerdings die Folgerung, die Paech im zweiten Satz dieser Aussage formuliert. Er unterschlägt dabei, dass vieles, was ökologischer Nachhaltigkeit entgegensteht, überhaupt nicht in der Reichweite individuellen Verhaltens liegt, dass auch die persönliche Lebensgestaltung von Vorgaben abhängig ist, die allein durch die individuelle Veränderung von Konsummustern nicht zu ändern sind. Stimmig wäre die Aussage nur dann, wenn Paech »Lebensstile« ersetzen würde durch »gesellschaftliche Performance«.

4

AUF DEM WEG ZU EINER ÖKO-SOZIALISTISCHEN GESELLSCHAFT

»Dem Sozialismus geht es darum, die Kette zu sprengen, die Wirtschaftswachstum, Arbeitslosigkeit und Naturzerstörung aneinanderkoppelt.«

FRANZ HINKELAMMERT

Exit aus dem Ökozid

Auszugehen ist nach dem bisher Gesagten davon, dass die Wachstumsgesellschaft unweigerlich vor ihrem Ende steht, und zwar einerseits aufgrund der immanenten Krisentendenz des globalisierten Kapitalismus, andererseits und vor allem aber aufgrund der absoluten, geologischen, physikalischen und biologischen Schranke der Erschöpfung der Ressourcen und der Tragfähigkeit der Ökosysteme. Die Entkoppelung des Wachstums vom Ressourcen- und Energieverbrauch im notwendigen Maß hat sich längst als Illusion erwiesen. Diese Illusion wird vom marktwirtschaftlich-grünen Mainstream aufrechterhalten, um möglichst lange ein politisches »Weiter so« zu garantieren und der eigentlichen politischen Frage auszuweichen, die da lautet: Wie schaffen wir eine solidarische Gesellschaft auf einer viel schmaleren materiellen Ressourcenbasis? Der Entlarvung dieser – zurzeit wohl gefährlichsten – Ideologie der technischen Machbarkeit kommt eine zentrale Bedeutung zu. Sie schafft erst die Voraussetzung für die notwendigen politischen Schritte. Politische Intervention hat angesichts unserer Situation den Sinn, den Prozess der Erosion der kapitalistischen Wachstumsökonomie nicht einfach über uns hereinbrechen zu lassen, sondern ihn zu gestalten, und zwar so, dass gesellschaftlicher Zusammenhalt, Solidarität und demokratische Grundrechte dabei gewahrt bleiben. Ein geplanter Rückbau der Industriegesellschaft, ein gesellschaftlich ausgehandelter industrieller Abrüstungsprozess ist also die humane Alternative zu Zusammenbruch und Chaos. Niko Paech ist recht zu geben, wenn er formuliert: »Wenn wir den Rückbau [...] nicht selbst vornehmen, werden schicksalhafte Umstände den Job übernehmen – aber nicht mit Samthandschuhen.«[1]

Im Gegensatz aber zu Paech geht unsere Initiative Ökosozialismus von der Notwendigkeit einer Synthese von Radikalökologie und Sozialismus aus, da ohne Planung ein geordneter Rückzug vom heutigen Wachstumswahn überhaupt nicht möglich scheint.

Das Ziel ökologischer Nachhaltigkeit setzt voraus, dass die industriellen Wirtschaften schrumpfen, um so einen Zustand des stabilen Gleichgewichts *(steady state)* zu erreichen. Dies bedeutet auch die Akzeptanz eines viel niedrigeren Lebensstandards in den Industrieländern. Ökosozialisten haben den Anspruch, dass die notwendige gesellschaftliche Transformation von einer breiten Bevölkerungsmehrheit mitgetragen werden kann und nicht autoritär verfügt wird. Deshalb gilt es einerseits, anstatt den Menschen einzureden, dass mithilfe intelligenterer Technik alles so weitergehen kann wie bisher, die Menschen darauf einzustimmen, dass wir uns von vielen eingeschliffenen Gewohnheiten, die auch den Massenkonsum und nicht nur den Luxus einer kleinen Schicht betreffen, verabschieden müssen. Wenn uns diese Überzeugungsarbeit nicht gelingt, dann besteht die Gefahr, dass bei sich zuspitzenden Krisensymptomen viele Menschen ihren als selbstverständliches »Menschenrecht« wahrgenommenen Wohlstand gegen andere zu verteidigen meinen – gegen Minderheiten und schwächere Bevölkerungsgruppen im eigenen Land und nach außen, indem man zum Beispiel einer aggressiven, chauvinistischen Außenpolitik zur Sicherung der immer knapper werdenden Ressourcen zustimmt. Allein aus diesem Grund ist es höchst fahrlässig, den Menschen ein »Weiter so« zu suggerieren und sie nicht auf die neue Situation vorzubereiten.

Allerdings: Will man vermeiden, dass unter der Bedingung einer schrumpfenden Wirtschaft autoritäre oder sogar faschistische Lösungen salonfähig werden, so darf man das heutige Maß an Ungleichheit keineswegs weiter tolerieren. Die Tatsache, dass sich jenseits einer Wachstumsökonomie die Frage nach der sozialen Gerechtigkeit umso dringlicher stellt, scheint mir oftmals verharmlost zu werden. Beispielhaft dafür mag der »Aktionsplan nachhaltige Niederlande« sein, den die Friends of the Earth Netherlands vorgelegt haben. Die Autoren sind sich offenbar dessen bewusst, dass in einer Situation der Knappheit die soziale Kluft zunimmt, und geben dazu folgende Einschätzung: »Mäßige oder sogar große Einkommensunterschiede scheinen in unserer Gesellschaft akzeptiert zu sein, und Unterschiede in der Kaufkraft sind nichts Neues. Folglich ändern die Einführung der Idee des Umweltraums und der Anstieg der Preise für solche Produkte, für deren Herstellung Umweltressourcen verbraucht werden, nichts an der Situation. Solange den zum Mindestlohn arbeitenden Menschen ein akzeptables Konsumniveau zugesichert wird, kann man die übrige Verteilung dem Markt überlassen. In der Tat werden die Reichen dann mehr Umweltraum aufkaufen als die Durchschnittsverdiener.«[2]

Dieser Position möchte ich entschieden widersprechen. Sie bestätigt nur noch einmal die weiter oben aufgezeigten Unzulänglichkeiten rein marktwirtschaftlicher Lösungen, die zwangsläufig zu sozialen Verwerfungen führen müssen, wenn die materielle Ressourcenbasis abschmilzt. Unter Knappheitsbedingungen führen sie zu einer nicht hinzunehmenden Verschärfung der sozialen Ungleichheit. Die Mehrheit der Menschen wird eine Politik des geplanten industriellen Rückbaus nur mittragen, wenn es gerecht dabei zugeht und wenn geeignete soziale Sicherungssysteme die Gewähr geben, dass niemand in seiner materiellen Existenz gefährdet ist. Eine Politik des geplanten Rückbaus der

Industriegesellschaft muss also Hand in Hand gehen mit einer Politik radikaler Umverteilung des privaten Reichtums. Nicht, um die Konjunktur durch Förderung des Massenkonsums anzukurbeln, brauchen wir Umverteilung, sondern umgekehrt: Gerade weil das BIP nicht mehr wachsen darf, ja schrumpfen muss, ist Umverteilung umso dringender geboten.

Industrielle Abrüstung jetzt

Wir sind inzwischen in eine Situation geraten, die sehr rasche und auch drastische Reduktionen des Ressourcenverbrauchs erforderlich macht. Deshalb kommt es jetzt darauf an, die bereits vorhandenen Instrumente zu nutzen, um eine Schrumpfungspolitik auf den Weg zu bringen, alle bestehenden politischen Handlungsmöglichkeiten auszunutzen, um eine Umkehr der Wachstumslogik einzuleiten. Das sind in erster Linie die Instrumente der Ordnungspolitik, gesetzgeberischer Vorgaben also in Form von Geboten und Verboten, die bereits im Rahmen der bestehenden Rechts- und Wirtschaftsordnung möglich sind. Diese Möglichkeiten gilt es zunächst rasch auszuschöpfen. Sie bereiten dann den Boden für weitergehende Schritte im Sinne einer Ablösung der Marktlogik durch gesellschaftliche Planung. Mir ist bewusst, dass bereits diese nötigen Sofortmaßnahmen auf erheblichen Widerstand vonseiten bestimmter Kapitalinteressen stoßen werden. Eine solche Politik wird deshalb nur durchzuhalten sein, wenn es gelingt, jeweils punktuell soziale Bewegungen zu mobilisieren. Kluges politisches Handeln in diesem Sinne wird zunächst mit den Maßnahmen beginnen, bei denen eine entsprechende Akzeptanz breiter Bevölkerungsschichten vorausgesetzt beziehungsweise geschaffen werden kann, weil sie lediglich die Interessen einiger Branchenlobbys infrage stellen. Umgekehrt kann auch davon ausgegangen werden, dass mutige politische Maßnahmen einen Mobilisierungseffekt haben und soziale Bewegungen stärken. In diesem Sinne will ich hier in einem ersten Schritt einige Sofortmaßnahmen wenigstens exemplarisch benennen, für die politisch entsprechender Druck erzeugt werden könnte.

Der einfachste Schritt wäre schlicht die Streichung aller ökologisch schädlichen direkten beziehungsweise indirekten Subventionen. Niko Paech formuliert zutreffend: »Wie viel von dem märchenhaften Güter- und Mobilitätsreichtum wäre wohl denkbar, wenn der Fiskus nicht ständig über alles die Subventionierungsgießkanne hielte oder durch steuerliche Vergünstigungen viele elementare Produktions- und Konsummuster überhaupt erst ermöglichte?« Und: »Die überaus schädlichen Subventionen entpuppen sich zumeist als verzweifelter Versuch, eine Wachstumsmaschine in Gang zu halten, die sonst nicht mehr funktionsfähig wäre.«[3] In Deutschland beträfe dies zum Beispiel die Steuerbefreiung für Kerosin, die Befreiung von Flugtickets von der Mehrwertsteuer, die Steuerbegünstigung für Dieselfahrzeuge und für landwirtschaftliche Nutzfahrzeuge, die »Prämien« für die Anschaffung eines – ökologisch in jeder Hinsicht desaströsen – Elektroautos, das sogenannte Dienstwagenprivileg, Absicherung von Exporten durch sogenannte Hermesbürgschaften, die Streichung von Agrarexportsubventionen und vieles andere mehr.

Eine konsequente Unterbindung des weiteren Ausbaus der fossilen Infrastruktur ist angesichts des absehbaren Endes des fossilen Zeitalters die einzig zukunftsfähige Strategie. Das heißt zum Beispiel: kein weiterer Ausbau des Straßennetzes, kein Flughafenneubau und keine Flughafenerweiterungen. Anzustreben ist eher ein Rückbau dieser Infrastruktur, wie etwa die Schließung von regionalen Flughäfen, die Schließung von Sportflughäfen und so weiter.

Ein Schlüssel für einen Ausstieg aus der Wachstumsgesellschaft ist die organisierte Verknappung des Energieangebots. Es ist damit zu rechnen, dass Wirtschaft und Politik das fossile Zeitalter so lange wie möglich »strecken« wollen, durch immer riskantere und aufwendigere Förderung der letzten fossilen Ressourcen, durch Techniken wie Kohleverflüssigung, durch Fortschreibung der Infrastruktur des fossilen Zeitalters mit anderen, nichtfossilen Mitteln (Elektroauto, Brennstoffzelle, E-Fuels ...). Erste Priorität hätte in Deutschland und in vielen anderen Ländern der Kampf für den unverzüglichen Ausstieg aus der Kohleverstromung. Das ist ökologisch klar begründbar und kann sich auch auf eine immer stärker werdende Bewegung stützen. Allerdings ist auch innerhalb der Klimabewegung das Bewusstsein dafür zu stärken, dass die entsprechenden Strommengen nicht einfach durch erneuerbare Quellen ersetzt werden können, sondern eine Absenkung des absoluten Verbrauchs vonnöten ist. Eine Verknappung des Stromangebots durch den Ausstieg aus der Kohleverstromung würde von sich aus weitere Regulierungsschritte erforderlich machen: Streichung der Ausnahmeregelungen und Sondertarife für Großverbraucher, gestaffelte Tarife für Haushalte, das heißt: Ermittlung eines Grundbedarfs, der günstig, wenn nicht gar kostenlos zur Verfügung gestellt wird, im Gegenzug aber ein progressiv ansteigender Tarif für den darüber hinaus gehenden Verbrauch, Quotenvergabe und so weiter. Damit würde der kapitalistischen Marktlogik die Alternative bewusster solidarischer Gestaltung wichtiger Bereiche der Ökonomie entgegengesetzt und eine systemtranszendierende Logik eingeführt. Die Förderung erneuerbarer Energien könnte vollständig entfallen, da sie bei rascher Reduzierung des fossilen Angebots ohnehin alternativlos wären. Zum Zweck der Netzstabilisierung ist anstelle von teuren Reservekraftwerken auf die sogenannte Negawatt-Lösung zurückzugreifen. Das heißt: Mit Großverbrauchern (Kühlhäusern, Aluminiumfabriken usw.) wird vertraglich eine Abschaltung gegen Entschädigung bei drohenden Engpässen vereinbart.

Durch die Einforderung des ökologisch Notwendigen würde man so einen *Sachzwang* zum Ausstieg aus der Wachstumsgesellschaft schaffen. Dieses Thema ist zurzeit auch kampagnenfähig, da die Energiepolitik wieder auf der politischen Tagesordnung steht und man an etliche Initiativen bereits anknüpfen und diese bündeln kann (lokaler Widerstand gegen Braun- und Steinkohleabbau, Bündnis »Klimaallianz«, »Klimacamp«, »Fridays for Future«, »Extinction Rebellion«). Es wäre also politisch aussichtsreich, darauf die Kräfte zu konzentrieren. Dass mit dieser Verknappung des Stromangebots die Position eines Landes als Industriestandort im internationalen Wettbewerb zur Disposition steht, dürfte klar sein und müsste auch offensiv vertreten werden. Eine vollständige Vergesellschaftung der gesamten Energieversorgung (nicht nur der Netze) und damit die Möglichkeit der Orientierung an ökologischen und sozialen Zielen beziehungsweise am Ziel der Energieeinsparung wäre eine sich aufdrängende logische Konsequenz, die einen wichtigen Bereich der unabdingbaren Lebensvoraussetzungen der Menschen (Daseinsvorsorge) der kapitalistischen Verwertungslogik entreißt und diese damit insgesamt wirkungsvoll infrage stellt.

Zur Reduzierung des fossilen Angebots gehört selbstverständlich auch ein Fracking-Verbot beziehungsweise ein Importverbot für durch Fracking oder andere riskante und umweltzerstörende Methoden gewonnenes Erdgas und Erdöl (Tiefseebohrungen, Abbau von Ölsanden ...). Ein Importverbot müsste darüber hinaus auch für »alternative« Kraftstoffe wie Biodiesel (Palmöl) gelten.

Auf internationaler Ebene wäre als Alternative zum faktisch gescheiterten Kyoto-Prozess der Vorschlag der Energieangebotsregulierung, das heißt einer ausgehandelten planvollen Rückführung des Energieangebots unter fairer Einbeziehung der Anbieterländer (Modell Mohssen Massarrat), stark zu machen (S. 106 f.). Ebenfalls auf internationaler Ebene wäre unmittelbar auf einen Abbau der enormen Subventionen und Förderungen der Erdöl- und Kohleförderung (etwa durch die Weltbank) hinzuwirken. Initiativen wie seinerzeit in Ecuador (Yasuni), gegen entsprechende finanzielle Entschädigungen auf Erschließung von Ölquellen zu verzichten, wären zu unterstützen beziehungsweise vonseiten der Industrieländer selbst anzubieten.

Die Verknappung des Energieangebots wirft unmittelbar die Frage nach den Möglichkeiten einer absoluten Verbrauchssenkung auf. Zu beginnen ist hier klugerweise mit allen Formen von Energieverschwendung, die den Lebensstandard der meisten Menschen zunächst nicht betreffen, die im Gegenteil eine Gefährdung darstellen oder schlicht auf kapitalistischen Leerlauf zum Zweck der Profitmaximierung zurückzuführen sind, ohne das Leben der Menschen in irgendeiner Hinsicht zu verbessern.

Die Rüstungsproduktion ist unverzüglich zu beenden. Es liegt in der Hand der Regierungen, ein ausnahmsloses Verbot von Rüstungsexporten zu verhängen und die Beschaffung für die eigene Armee zu beenden. Unabhängig von den friedenspolitischen Erfordernissen im engeren

Sinne (angesichts des heutigen Standes der Destruktivtechnik auch unterhalb der Schwelle von Massenvernichtungswaffen darf Krieg keine Option mehr sein, auch nicht als »Ultima Ratio«; angesichts der Gefahr der Zunahme bewaffneter Konflikte ist präventive Abrüstung ein Gebot der Stunde), ist es angesichts der dringenden Notwendigkeit, innerhalb kurzer Zeit den Energie- und Ressourcenverbrauch drastisch zu reduzieren, naheliegend, mit der Beseitigung der Tötungsmaschinerie zu beginnen. Es ist an Absurdität kaum zu übertreffen, dass wir uns mit der Rüstungsproduktion eine erhebliche Ressourcenverschwendung leisten, um uns auf Kriege um knapper werdende Ressourcen vorzubereiten.[4]

Die ordnungspolitischen Möglichkeiten sind auszuschöpfen, um energieintensive überflüssige Produkte zu verbieten und energieintensive Verfahren einzudämmen. In diesem Sinne können zum Beispiel Weißblech-Aluminium-Dosen als Getränkeverpackung (in der Produktion fünfmal so energieintensiv wie Einwegflaschen!) oder Plastiktüten schlicht verboten werden. Für Getränke soll die Verpackungsverordnung grundsätzlich nur Mehrwegbehälter zulassen. Auch große Bereiche von Lebensmittelkonserven, von Kosmetik- und Reinigungsprodukten können auf Mehrwegsysteme umgestellt werden. Umverpackungen sind generell zu verbieten. Neben dem erheblichen Energieeinspareffekt (Wegfall eines großen Teils der Produktion und des wiederum energieaufwendigen Recyclings) wäre diese konsequente Vermeidungsstrategie auch die angemessene Antwort auf das immer dringlichere Müllproblem. Als Kriterien für die Zulassung von Elektrogeräten müssen die folgenden definiert werden: technisch höchster Standard bezüglich des Verbrauchs im laufenden Betrieb (nach dem Vorbild Japans); zu gewährleistende

Langlebigkeit des Geräts; die Fähigkeit, in einen vollständigen Produktkreislauf im Sinne des *cradle to cradle* integrierbar zu sein. Eine entsprechende Produktdesign-Richtlinie könnte dies problemlos verfügen. Die sogenannte geplante Obsoleszenz, also absichtlich eingebaute oder programmierte Verschleißelemente, kann durch die gesetzliche Festschreibung von entsprechenden Gewährleistungsfristen eingedämmt werden. Die dadurch erreichte längere Haltbarkeit vieler Gebrauchsgüter wie Kühlschränke, Waschmaschinen, Fernsehapparate oder Drucker könnte erheblich zur Reduktion von Energie- und Ressourcenverbrauch beitragen.

Ohne eine radikale Verkehrswende wird Nachhaltigkeit nicht zu erreichen sein. Besonders problematisch, weil besonders klimawirksam ist hierbei der Flugverkehr, der drastisch reduziert werden muss. Neben den bereits aufgeführten Maßnahmen (Rückbau der Infrastruktur und Streichung der Steuerprivilegien) ist ein vollständiges Verbot von Kurzstreckenflügen (unter tausend Kilometer) ein erster Schritt. Diese Maßnahme würde nebenbei auch die Bahn von der Konkurrenz durch das Flugzeug befreien und ihr so den Spielraum verschaffen, sich auf den Ausbau einer Flächenbahn (nach dem Vorbild der Schweiz) zu konzentrieren. Fernflüge sind zu kontingentieren, das heißt: Jeder Mensch bekommt ein bestimmtes Budget von Fernflügen zugewiesen. Wer es überschreiten will, müsste das Recht dafür von anderen erwerben. Dies wäre eine wirksame Maßnahme zur Reduzierung des Flugverkehrs, die gleichzeitig Gerechtigkeit garantiert. Ohnehin ist zu bedenken, dass, global gesehen, lediglich etwa 5 Prozent der Menschen jemals ein Flugzeug benutzt haben. Eine Fernflugreise alle 20 bis 25 Jahre scheint ein an Nachhaltigkeitszielen orientiertes vertretbares Maß zu sein.[5]

Die Absurdität des motorisierten Individualverkehrs ist zu beenden. Ab 2030 dürfen unseres Erachtens keine PKWs mehr für den rein privaten Gebrauch zugelassen werden. Die vom deutschen Bundesrat und der ehemaligen deutschen Bundesumweltministerin Barbara Hendricks angeregte Beendigung der Zulassung für Autos mit Verbrennungsmotor bis zu diesem Zeitpunkt ist aufgrund der desaströsen Umweltbilanz konsequenterweise auch auf E-Autos auszuweiten (S. 82ff.). »Für den rein privaten Gebrauch« heißt natürlich, dass es weiterhin Automobile als Einsatzfahrzeuge, als Betriebsfahrzeuge oder als Taxis geben wird. In Deutschland würde sich aber dadurch der Autobestand auf etwa ein Zehntel reduzieren. Neben einem entsprechenden Ausbau eines öffentlichen Verkehrs, der für alle erschwinglich ist, bedeutet dies auch, dass wir ein anderes Verhältnis zur Mobilität insgesamt entwickeln müssen.

Darüber hinaus sind bis zum Jahr 2030 der Autoverkehr und der Treibstoffverbrauch durch weitere Maßnahmen einzudämmen, etwa durch die Bindung der Zulassung an einen Maximalverbrauch (nicht mehr der »Flottenverbrauch« soll entscheidend sein, sondern der Verbrauch des einzelnen Fahrzeugs; das betrifft etwa die völlig unsinnigen SUVs), durch eine spürbare Anhebung der Mineralölsteuer, durch Abschaffung der Pendlerpauschale und der bereits erwähnten steuerlichen Privilegien (Dienstwagenprivileg) sowie der Vergünstigungen für landwirtschaftliche Nutzfahrzeuge und so weiter. Auch für die »Straße« gilt: kein weiterer Ausbau, sondern wo möglich Rückbau der entsprechenden Infrastruktur. Steuermittel für die Straße dürfen nur noch für Ausbesserungen, nicht für den Ausbau, verwendet werden.

Im Verkehrsbereich haben auch die Kommunen erhebliche Handlungsmöglichkeiten, die hier wenigstens summarisch benannt werden sollten: Schaffung eines umlagefinanzierten fahrscheinlosen öffentlichen Personennahverkehrs (ÖPNV); konsequente Parkraumbewirtschaftung; Durchsetzung des Dieselfahrverbots bei Überschreitung des EU-Grenzwerts für Feinstaub; autofreie Innenstädte; verkehrsberuhigte Zonen; durchgehend Tempo 30 im Stadtgebiet; Erhebung einer Nahverkehrsabgabe, einer Citymaut ...

Was die Landwirtschaft betrifft, lautet das Ziel: bäuerliche Landwirtschaft anstelle von Agrarindustrie. Schlüssel für eine sinnvolle Ernährung (Reduktion des Fleischkonsums ...) und eine nachhaltige Versorgung mit Lebensmitteln ist eine Veränderung der Produktionsbedingungen, das heißt eine entsprechende politische Neudefinition der sogenannten »guten fachlichen Praxis«. Die Massentierhaltung ist zu beenden. Neben entsprechenden Auflagen für die Tierhaltung, die sich an Aspekten des Tierwohls und der artgerechten Haltung zu orientieren haben, ist die Flächenbindung für die Tierhaltung ein entscheidendes Instrument. Unabdingbar ist ein vollständiges Futtermittelimportverbot. Es geht nicht an, dass wir für unsere landwirtschaftliche Produktion Flächen in Übersee in Anspruch nehmen, was oftmals mit verheerenden sozialen und ökologischen Folgen in den Exportländern verbunden ist. Eine nachhaltige Landwirtschaft wird notwendigerweise flächenextensiver sein. Das heißt aber auch, dass die für die Ernährung beanspruchte landwirtschaftliche Nutzfläche nicht mehr anderen Zwecken zur Verfügung steht, zum Beispiel dem Anbau von Energiepflanzen. Energiegewinnung aus Biomasse wird daher hauptsächlich auf sekundäre und tertiäre Rohstoffe (Grünabfall, Klärschlamm ...) zurückgreifen müssen. Die Subvention landwirtschaftlicher Exporte hat zu unterbleiben. Sie haben in den Ländern des globalen Südens meist die Zerstörung der einheimischen Landwirtschaft zur Folge. Der Einsatz von Antibiotika in der Tierhaltung ist auf Ausnahmefälle zu beschränken. Die Düngemittelverordnung ist so auszugestalten, dass sie die Überdüngung eindämmt und mittelfristig Kunstdünger untersagt. Das energieintensive Haber-Bosch-Verfahren und die weltweite Knappheit von Phosphorvorkommen machen dies unvermeidlich. Desgleichen ist der Einsatz von Herbiziden und Pestiziden möglichst zu reduzieren. Ein Verbot von Glyphosat und Neonikotinoiden ist unumgänglich.

Zur Reduktion des Energieverbrauchs gehört es auch, die Bautätigkeit auf das unbedingt notwendige Maß zu beschränken. Allein das Sintern bei der Zementherstellung ist ein äußerst energieintensiver Prozess. Auf Prestigebauten jeglicher Art und unsinnige Infrastrukturgroßprojekte ist deshalb zu verzichten. Auch im Wohnungsbau ist über Maßnahmen zur besseren Verteilung und Nutzung des vorhandenen Wohnraums als Alternative zu Neubauten nachzudenken.

Eine gezielte Rückführung des Wachstums erfordert einen Umbau des Finanzsektors. Geldschöpfung erfolgt heute im Wesentlichen (das heißt mit Ausnahme des von den Zentralbanken ausgegebenen Bargelds, das nur einen kleinen Bruchteil der Geldmenge ausmacht) durch grundsätzlich unbegrenzte Kreditvergabe von Privatbanken (»Giralgeld«). »Ohne Wachstum gehen Verschuldungskalküle nicht auf«,[6] bemerkt Niko Paech völlig zu Recht. Wenn die Aufblähung der Forderungen nicht durch reales Wachstum unterfüttert werden kann, dann führt dies unweigerlich zum Platzen dieser Blasen und zur Bedrohung unseres gesamten Finanzsystems. Die Forderungen wachsen, während unsere Ressourcen im Schwinden begriffen sind. Geldschöpfung auf der Basis von Kreditvergabe kann letztlich nur in einer Wachstumsökonomie funktionieren. Den Widerspruch unseres Geld- und Finanzsystems zu einer Postwachstumsökonomie stellt Helge Peukert folgendermaßen heraus: »Im heutigen Papiergeldstandard beruht beliebig vermehrbares Geld auf einem nicht durch Realwerte (z. B. Gold) gedeckten Vertrauensverhältnis. Seine reale Grundlage beruht auf Zugriffsansprüchen auf das reale Sozialprodukt. [...] Da Güter und Dienstleistungen von verwertbarer (niedrig entropischer) Energie und natürlichen, sich nicht reproduzierenden Ressourcen (Rohstoffen) abhängen [...], das Kreditvolumen per (Papier-)Geldschöpfung aber keiner natürlichen Begrenzung unterliegt und potenziell unbegrenzt ausgedehnt werden kann, kann es leicht zu einem Konflikt zwischen symbolischen Anspruchsrechten und ihrer realen Erfüllbarkeit und Deckung kommen.«[7] Die Finanzkrise des Jahres 2008 war ein Vorgeschmack und Ausdruck dieses Dilemmas. Um eine weitere drohende Finanzkrise zu vermeiden und den Prozess der Blasenbildung zu entschärfen, schlägt etwa Richard Heinberg die gleichzeitige Reduzierung von Schulden und Vermögen (bei einem bestimmten Freibetrag, der unangetastet bleibt) auf ein Zehntel vor![8] Erste notwendige Schritte wären eine stärkere Regulierung des Finanzsektors, die Zerschlagung von Großbanken, die Erhöhung der Mindestreserven, die Eindämmung von kurzfristigen spekulativen Geschäften durch eine Einführung der sogenannten Tobin-Steuer, also einer Steuer auf Finanztransaktionen, die Eindämmung der Spekulation durch einen lizenzierten Börsenhandel (das heißt: Als Anbieter und Käufer bestimmter Waren an den Börsen werden nur Personen und Unternehmen zugelassen, die tatsächlich in diesem Bereich als Produzenten und Konsumenten auftreten), eine Politik der Schuldenstreichung, um Volkswirtschaften vom Zwang zum Wachstum zu befreien, eine rasche Rückführung der öffentlichen Verschuldung durch eine konsequente Abschöpfung privaten Reichtums und so weiter. In der anzustrebenden Steady-State-Ökonomie werden private Geschäftsbanken keinen Platz mehr haben. Das bisherige System der Geldschöpfung wird durch ein »Vollgeld«-System zu ersetzen sein. Das heißt: Alles Geld wird ausschließlich von der Zentralbank geschöpft, nicht nur das Bargeld, sondern auch die Sichtguthaben. Auf Girokonten wird es in einem Vollgeldsystem daher keine Zinsen mehr geben. Den Banken kommt eine reine Verwahrfunktion zu. Geldschöpfung wird zu einem Hoheitsrecht des Staates beziehungsweise seiner Zentralbank werden müssen. Der notwendige Schrumpfungsprozess macht es zwingend erforderlich, dass der Staat selbst nicht weiter am Tropf des Kapitals hängt und seine eigene Finanzierung durch Staatsanleihen beziehungsweise Steuern erfolgt, die ein entsprechendes Wirtschaftswachstum voraussetzen. Wie entscheidend eine solche Umgestaltung des Finanzsektors gerade für die Schrumpfungsphase der Ökonomie ist, macht Helge Peukert im zuvor zitierten Beitrag deutlich: Solange der Staat und eine Gesellschaft überwiegend Lohnabhängiger vollständig von auf Wachstum basierenden (Steuer-)Einnahmen oder Krediten, die von der Finanzgroßwirtschaft abhängig machen, angewiesen sind, kann aus ökonomischen und herrschaftspolitischen Gründen eine ökosozialistische Kehrtwende kaum gelingen. Eine schrumpfende Ökonomie bedarf einer souveränen Geldpolitik des Staates, der eben nicht abhängig ist von den Einnahmen aus einer wachstumsgetriebenen Wirtschaft. In der Phase des mittlerweile notwendig schnellen Übergangs zu einer Nichtwachstumsgesellschaft wird es darauf ankommen, immense Investitionen zum Beispiel in öko-konforme Mobilitätssysteme zu tätigen und ferner den Menschen, die ihre Arbeit verlieren beziehungsweise deutlich weniger Stunden arbeiten werden (müssen), ein Auffangeinkommen (ein sogenanntes Schenkgeld) bieten zu können. Dies kann nur durch eine Zentralbank gelingen, die als eine Unterabteilung des Finanzministeriums diese Mittel öffentlichen Institutionen schenkt, das heißt, sie sind weder hinsichtlich Zinszahlungen noch Begleichung des zur Verfügung gestellten Geldbetrages an sich nicht zurückzuzahlen. Nur so dürfte sich ein zerstörerisches Chaos verhindern lassen, wenn mangels Wachstum die Steuereinnahmen nicht mehr sprudeln, Investitionen ausbleiben und entlassene Menschen sich fragen werden, wie sie ohne ihr bisheriges Einkommen über die Runden kommen können.[9]

Die *Gewerkschaften* werden ein wichtiger Faktor auf dem Weg in eine nachhaltige Gesellschaft sein. Zurzeit sind sie allerdings weitgehend eingebunden in die Wachstumsökonomie. In den Industrieländern verteidigen sie im Großen und Ganzen die imperiale Lebensweise, von der die Arbeitnehmerschaft profitiert. In den politischen Auseinandersetzungen um die Energiewende und eine ökologische Wende insgesamt stehen sie zum Großteil auf der Seite der Verteidiger des Status quo. Niko Paech bringt die Kongruenz der Interessen von Kapital- und Arbeitgeberseite präzise auf den Punkt: »Die ritualisierten Verteilungskämpfe zwischen Gewerkschaften und Arbeitgeberverbänden verschleiern, dass sich dahinter eine beständige Komplizenschaft in der Aneignung von Zuwächsen verbirgt, die aus gesteigerter Ressourcenaneignung resultieren.«[10] Zu stärken wären die oppositionellen Kräfte innerhalb der Gewerkschaften, die über kurzfristige Belange hinaus die Zukunftsfähigkeit unserer Gesellschaft im Blick haben. Immerhin gab es hier in den letzten Jahren Hoffnungszeichen. So etwa haben es in Deutschland oppositionelle Kräfte innerhalb der Dienstleistungsgewerkschaft ver.di, der mitgliederstärksten Einzelgewerkschaft, geschafft, die offizielle Position der Gewerkschaft zum Braunkohletagebau völlig zu verändern. Neu anzuknüpfen wäre an die 1980er-Jahre, in denen Gewerkschaften fruchtbare Bündnisse mit sozialen Bewegungen (etwa der Friedensbewegung) eingingen, Konversionsprogramme erarbeiteten und in ihrer Strategie und gesellschaftspolitischen Positionierung Aspekte der Zukunftsfähigkeit berücksichtigten. Vor allem wäre in der Tarifpolitik eine Abkehr von der bisherigen Koppelung der Lohnentwicklung an die Arbeitsproduktivität vonnöten: »Mit der Arbeitsproduktivität steigt auch das mindestens erforderliche Wachstum des BIP, welches nötig ist, um eine bestimmte Anzahl von Arbeitskräften weiterhin beschäftigen zu können.«[11] Der Kampf um Arbeitszeitverkürzung wäre deshalb unter anderen Vorzeichen wieder aufzunehmen: nicht, um die durch Erhöhung der Arbeitsproduktivität (die mit einer Steigerung der Energieintensität verbunden ist) geringere notwendige Arbeitszeit gerecht zu verteilen, sondern um auf die abnehmende Quantität von Gütern und Dienstleistungen zu reagieren beziehungsweise ihr zwangsläufiges Anwachsen zu verhindern. Arbeitszeitverkürzung dürfte dann allerdings nicht mit der generellen Forderung nach vollem Lohnausgleich verbunden werden, denn bei einer tatsächlichen Abnahme der Menge von Gütern und Dienstleistungen könnte das nichts anderes als Inflation bedeuten. Eine soziale Staffelung des Lohnausgleichs wäre hier sachgerechter. Die Frage ist, inwiefern die Änderung des gesetzlichen Rahmens (Arbeitszeitgesetz) eine solche Strategie befördern und wie man die Gewerkschaften für eine solche Politik gewinnen könnte. Eine Verkürzung der Lohnarbeitszeit würde den Menschen auch die Spielräume eröffnen, wichtige Bereiche ihrer Subsistenz jenseits der Lohnarbeit, in solidarischer lokaler Zusammenarbeit, zu sichern (S. 152 f.). Der Wegfall von Arbeitsplätzen in bestimmten (energieintensiven) Branchen müsste vor allem durch den Aufbau eines öffentlich geförderten Beschäftigungssektors und durch die Förderung von (dringend notwendigen) Arbeitsplätzen im Bereich Pflege, Erziehung usw. kompensiert werden. Grundsätzlich gilt, dass eine Verknappung des Energieangebots den Prozess der ständigen Erhöhung der Arbeitsproduktivität umkehren wird. Arbeitsintensivere Fertigungen werden an Bedeutung gewinnen.

Über die Forderungen an die politische Ebene hinaus wird ein wichtiges Element die Bottom-up-Strategie des Aufbaus solidarischer Versorgungsstrukturen von unten sein, wie dies die unterschiedlichen Initiativen der solidarischen Ökonomie bereits tun. Gegenüber der Durchkapitalisierung aller Lebensbereiche gilt es, wieder »Daseinsmächtigkeit« zu gewinnen und möglichst viele essenzielle Bereiche des Lebens in lokalen Gemeinschaften selbst zu gestalten. Diese Strategie wird zentrale Bedeutung haben, unabhängig davon, was auf makroökonomischer Ebene erreicht werden kann. Innerhalb einer solidarischen Ökonomie, die anstelle blinder Marktmechanismen bewusst plant und politisch aushandelt, wohin die knappen Ressourcen zu lenken sind und was, wie viel und wie produziert wird, sind relativ autonome lokale Gemeinschaften ein wesentlicher Garant dafür, dass der Planungsprozess demokratisch verläuft. Je weniger der Einzelne und lokale Gemeinschaften erpressbar sind, je autonomer sie in der Sicherung ihrer unmittelbaren Bedürfnisse sind, umso selbstbewusster können sie übergeordneten Instanzen gegenüber auftreten. Im Falle des Scheiterns einer Umgestaltung der Makroökonomie könnten diese lokalen Ansätze zur letzten Auffanglinie werden, um humane Katastrophen zu vermeiden. Dafür gibt es historische Beispiele: Der Zusammenbruch der Sowjetunion etwa wäre für einen großen Teil der Menschen viel katastrophaler verlaufen, wenn sie nicht auf eine bestehende Subsistenzwirtschaft hätten zurückgreifen können. In Kuba führte dieser Zusammenbruch aufgrund des Ausbleibens billiger sowjetischer Öllieferungen zur Neuentdeckung vielfältiger informeller Versorgungs-und alternativer Transportstrukturen während dieser »Sonderwirtschaftsphase«.

Schrumpfung, umfassende Planung, Ökosozialismus

Eine Politik der drastischen Reduktion des Ressourcenverbrauchs, wie sie ökologisch notwendig und letztlich unvermeidlich ist, würde zunächst einmal eine massive Kapitalvernichtung (im finanziellen Sinn) im extraktiven Sektor nach sich ziehen. Das würde dann durch eine Kettenreaktion (die die Ökonomen als Multiplier- oder Accelerator-Effekt bezeichnen) zu einer allgemeinen Krise in der Wirtschaft führen. In allen anderen Wirtschaftszweigen werden letztlich Rohstoffe verarbeitet, um sie in Waren und Dienstleistungen zu transformieren, die mit Profit verkauft werden. Dürfte man nur noch ein Viertel oder ein Zehntel der bisherigen Mengen an Rohstoffen verarbeiten, wie es die Verfechter der nachhaltigen Entwicklung wie etwa Schmidt-Bleek fordern, so würde eine entsprechende Menge an Fabriken, Maschinen und Arbeitskraft überflüssig werden. Die Folge wäre eine tiefe Depression. Eine schrumpfende kapitalistische Wirtschaft würde für die ganze Gesellschaft eine Katastrophe bedeuten. Außerdem wird kein Kapitalist bereitwillig eine stationäre Wirtschaft auf niedrigem Niveau akzeptieren. Deswegen muss der Staat die Aufgabe übernehmen, den Rückzug zu organisieren. Das heißt, an die Stelle des Chaos privater Profitinteressen muss eine wirtschaftliche Planung treten. Wie ich weiter oben bereits in Auseinandersetzung mit Herman Daly zu zeigen versuchte (S. 109 ff.), wird diese Planung umfassend sein müssen, muss etwa auch Preiskontrollen beinhalten und darf sich nicht nur auf eine Indikativ- oder Rahmenplanung beschränken. Die Gesellschaft muss sich bewusst darüber verständigen, was, wie viel und wie zu produzieren ist, wie viel Energie und wie viele Ressourcen wofür zur Verfügung stehen. Das setzt natürlich die Vergesellschaftung des großen Kapitals voraus.

Die Phase der Schrumpfung bedarf eines starken Staates als Akteur. Welches andere Subjekt stünde denn zur Verfügung, um diese tief greifende Veränderung der Ökonomie zu steuern, die Freisetzung von Arbeitskräften aufzufangen und dem zu erwartenden Widerstand einflussreicher gesellschaftlicher Kräfte, des Kapitals, erfolgreich entgegenzuwirken? Der Schrumpfungsprozess ist schulökonomisch nichts anderes als eine immer schlimmer werdende Rezession. In einer solchen Situation muss der Staat die Betriebe übernehmen. Andernfalls müssten Profitvolumen und -rate der Unternehmen kontinuierlich sinken, Kapital würde im finanziellen Sinne in großem Stil vernichtet, es würden keine neuen Investitionen mehr getätigt. Die Sozialisierung der Wirtschaft ist also alternativlos.

Ich bin mir dessen bewusst, dass wir uns mit dieser Position in krassem Gegensatz zu einem breiten, staatsskeptischen Spektrum der Linken befinden. Aber dieses hätte dann auch die Beweislast dafür zu tragen, dass der Transformationsprozess in einer komplexen Gesellschaft anders vonstattengehen könnte. Anarchistische Romantik hilft uns hier nicht weiter. Die Staatsskepsis dieses Teils der Linken wäre natürlich auch sehr grundsätzlich zu hinterfragen. Rührt sie nicht zu einem erheblichen Teil daher, dass man die Rolle des Staates innerhalb einer kapitalistischen Ökonomie zugrunde legt und daraus illegitimerweise auf staatliche oder wenigstens staatsanaloge Funktionen an sich schließt? Einig sind wir uns wohl darüber, dass auf der Basis einer kapitalistischen Ökonomie der Staat zunächst wirtschaftlich an deren Tropf hängt, dass demokratisch legitimierte Organe im Wesentlichen nur das nachvollziehen können, was die Imperative der profitgetriebenen Ökonomie vorgeben (»marktkonforme Demokratie« lautete der treffende und entlarvende Ausdruck der langjährigen deutschen Bundeskanzlerin, Angela Merkel, dafür) und dass auch die Bürger in ihrer politischen Entscheidung so lange nicht frei sind, solange sie in ihrer materiellen Existenz auf Gedeih und Verderb von dieser Ökonomie abhängen. Ein demokratisches Gemeinwesen kann also auf dem Boden des Kapitalismus nie und nimmer gedeihen. Ganz abgesehen von der wirtschaftlichen Ebene, ist mir nicht klar, wie die zivilisationsstiftenden Funktionen staatlicher Organe sinnvoll ersetzt werden könnten, wie etwa ohne eine Verfassung, ohne entsprechende Verfassungsorgane, ohne eine funktionierende Rechtspflege der Willkür oder dem Recht des Stärkeren wirksam Einhalt geboten werden könnte, wie für die Individuen die Verlässlichkeit rechtsstaatlicher Normen und Verfahren anders hergestellt werden könnte. Ein auf Dauer gestellter, immer wieder von Neuem nötiger Aushandlungsprozess von unten wird dies zumindest für eine komplexe Gesellschaft nicht leisten können. Und auch auf wirtschaftlicher Ebene werden wir unser Leben nicht ausschließlich im überschaubaren Nahbereich organisieren können, sondern wir werden in vielfacher Hinsicht auf übergreifende Strukturen, auf eine überregionale funktionierende Infrastruktur (Energie, Verkehr usw.), auf zentral organisierte Produktionsprozesse und Distributionsstrukturen angewiesen sein.

Die starke Rolle des Staates ist natürlich keine Idealvorstellung, sondern eine unvermeidliche Notwendigkeit in der Übergangsphase zu einem Zustand stabilen Gleichgewichts. Das Produktionsvolumen und die Vielfalt der Güter werden dann in den reichen Industrieländern um einen Faktor 10 gesunken sein. Zentralisierte Planung mit all ihren sattsam bekannten Begleiterscheinungen kann dann auf ein möglichst geringes Maß reduziert werden. Darin liegt übrigens auch ein wesentlicher Unterschied zu den untergegangenen Gesellschaften des real existierenden Sozialismus: Sie waren ja – mit anderen Mitteln – demselben Industrialisierungsprozess und denselben Zielvorstellungen materiellen Wohlstands verpflichtet wie die kapitalistischen Länder. Eine ökosozialistische Gesellschaft hingegen wird sich durch eine möglichst dezentralisierte Planung, durch Management und Koordination auf der Ebene lokaler und regionaler Gemeinschaften auszeichnen. Ein hoher Grad an lokaler Selbstversorgung und Autarkie wird ein Höchstmaß an Partizipation der Menschen ermöglichen. Auch das Eigentum an Produktionsmitteln kann dezentralisiert werden. Regionale und lokale Organe können formal als Eigentümer fungieren. In einem bestimmten Rahmen wird auch privates Unternehmertum möglich sein, allerdings unter Ausschluss von abhängiger Beschäftigung. Das heißt: Privates Unternehmertum wird sich auf einzelne Selbstständige, auf Familienbetriebe und auf Kooperativen beschränken, in denen alle gleichberechtigte Teilhaber sind. Ausbeutung von abhängig Beschäftigten ist damit unmöglich gemacht. Um einen Expansionsprozess privaten Unternehmertums zu vermeiden, ist staatliche Regulierung nötig, etwa die Vergabe von Lizenzen für einen klar abgesteckten Markt mit entsprechender Nachfrage. Dieses Instrument ist nicht neu und findet in gewissen Bereichen bereits innerhalb der kapitalistischen Ökonomie Anwendung. So wird etwa in Kommunen je nach herrschender Nachfrage eine bestimmte Anzahl von Lizenzen für Taxifahrer vergeben. Einer höheren Nachfrage würde mit entsprechenden Neugründungen begegnet. Rohstoffe, Zwischenprodukte und Ausrüstungsgegenstände werden diesen Unternehmen von einer Planungsbehörde zugeteilt, und der Staat könnte bestimmte Produktionsmittel an private Unternehmer verpachten.

Auch grundsätzlich sozialistisch orientierte Theoretiker halten den Markt, insbesondere hinsichtlich seiner distributiven Funktion, für unverzichtbar. So schreibt etwa Elmar Altvater, auf dessen Positionen ich weiter oben (S. 141 ff.) bereits eingegangen bin: »Auf der anderen Seite allerdings ist der Markt innerhalb eines komplexen demokratisierten Systems der Regulation ökonomischer und gesellschaftlicher Verhältnisse unverzichtbar. Denn nicht alle ökonomischen Prozesse sind planbar, und in einer arbeitsteiligen Gesellschaft sind die Menschen nicht nur Produzenten, sondern sie bleiben Konsumenten, die hoffnungslos überfordert wären, jede alltägliche Konsumentscheidung als politischen Wahlakt artikulieren zu müssen.

Ohne Marktabstimmung kann also auch eine arbeitsteilige nicht-kapitalistische Gesellschaft nicht funktionieren.«[12]

Dieser Befund geht von der heutigen, durchindustrialisierten Ökonomie mit ihrer äußerst differenzierten Arbeitsteilung aus. Es ist fraglich, inwieweit er auf eine ökosozialistische Gesellschaft zutrifft, die keine Massengesellschaft mehr sein wird, in der das Maß an Arbeitsteilung wesentlich geringer ist und in der die Menge, die Sorten und Marken von Produkten, die den Konsumenten zur Verfügung stehen, sehr eingeschränkt sein werden, in der die ökonomischen Aktivitäten in hohem Maße dezentralisiert sind und deren Rückgrat selbstversorgende lokale und regionale Gemeinschaften mit einem hohen Grad an Autarkie sein werden.

In einer ökosozialistischen Gesellschaft wird auch der Fernhandel erheblich schrumpfen. Selbstverständlich wird ein gewisses Maß an Fernhandel weiterhin notwendig sein, aber die absurden Warenströme von heute müssen deutlich reduziert werden. Auf die ökologisch desaströsen Auswirkungen der über die gesamte Welt verlaufenden, teilweise völlig unsinnigen Transportbewegungen wurde im Eingangskapitel bereits hingewiesen. Vandana Shiva macht aus der Perspektive des globalen Südens gegenüber denen, die eine faire Einbeziehung der armen Länder in den Welthandel und die Erhöhung der Chancen für deren Agrarexporte fordern, darauf aufmerksam, was diese Weltmarktintegration für die Ressourcenbasis bedeutet: »Da Agrarhandel auf dem Vorhandensein von Land, Wasser und Biodiversität beruht und da verfügbares Land und Wasser begrenzt sind, zweigt die exportorientierte Agrarpolitik Land und Wasser von der Produktion von Grundnahrungsmitteln für den lokalen Verbrauch ab. Die Schwerpunktsetzung auf Export verschiebt den Gebrauch der Naturres-

sourcen der armen Länder hin zur Produktion von Luxus-
artikeln für reiche Konsumenten in reichen Ländern, und
zwar zu geringen Kosten. Sie bewirkt, dass die Kontrolle
über die Ressourcen aus den Händen von kleinen Bauern
und Fischern in die Hände der Agrobusiness-Konzerne gerät. Sie zerstört die natürliche Ressourcenbasis durch un-
nachhaltigen Verbrauch, zerstört in dem Prozess die Le-
bensgrundlage von Kleinproduzenten und erzeugt Armut,
anstatt sie zu beseitigen.«[13]

Ein Großteil der globalisierungskritischen Bewegung
heute meint offensichtlich, dass das Übel von einer schlechten Politik herrührt, die von den großen Konzernen diktiert
wird. Aus dieser verkürzten Analyse folgen dann auch falsche Konzepte und Lösungsvorschläge. Ein Grundfehler ist
die Vernachlässigung der Frage nach der natürlichen Ressourcenbasis einer Wirtschaft und der Fähigkeit der Natur,
Schadstoffe zu absorbieren. Selbst beim eingeforderten fai-
ren Welthandel werden die Degradation der Umwelt und
die Erschöpfung der Ressourcen weiter voranschreiten.
Umweltbelastung und Ressourcenverbrauch sind die entscheidenden Gesichtspunkte. Was wir heute Globalisierung nennen, ist eine Konsequenz der Eigendynamik des
Kapitalismus. Der Zwang zur Kapitalakkumulation auf immer höherer Stufe und die Masse an akkumuliertem Kapital führen zur Notwendigkeit, die Grenzen für diese Kapitalverwertung zu beseitigen. Derselben Logik entspricht
auch die Schaffung eines EU-Binnenmarktes, der jedem
Versuch einer sinnvollen Regionalisierung der wirtschaftlichen Aktivitäten zuwiderläuft und allein schon deshalb
abzulehnen ist. Darüber hinaus sorgen eine schleichende
Aushebelung demokratischer Strukturen und ihr Ersatz
durch demokratisch kaum noch legitimierte technokratische Entscheidungsgremien dafür, dass demokratische

»Hindernisse«, die den Bedürfnissen des Kapitals entgegenstehen, beseitigt werden.

Der Welthandel gehorcht unter heutigen Bedingungen auch nicht mehr David Ricardos »komparativem Kostenvorteil«[14]. Vielmehr hat der freie Fluss von Kapital und Gütern zur Folge, dass die absolute Rentabilität für Investitionsentscheidungen ausschlaggebend ist.

Für Ökosozialisten ist die ökologische Zerstörung der Hauptgrund für die Forderung nach Eindämmung grenzüberschreitender Wirtschaftsaktivitäten. Eine solche Reduzierung der globalen Verflechtungen macht aber die Ökonomie insgesamt überschaubarer, kontrollierbarer und vorhersehbarer. Auch ein unverdächtiger Kronzeuge, der die verheerenden ökologischen Folgen von Transport und Warenströmen um die ganze Welt noch gar nicht im Blick hatte, John Maynard Keynes, plädierte eher für eine Minimierung der weltweiten wirtschaftlichen Verflechtung: »Ideen, Wissen, Kunst, Gastfreundschaft, Reisen – das sind Dinge, die ihrer Natur nach international sein sollten, aber lasst Güter in der Heimat herstellen, wenn immer es sinnvoll und praktisch möglich ist, und vor allem lasst die Finanzen in erster Linie nationale sein. [...] Ich bin nicht überzeugt, dass die wirtschaftlichen Erfolge der internationalen Arbeitsteilung heute noch irgendwie mit den früheren vergleichbar sind.«[15]

Da eine nachhaltige Gesellschaft ihrer Definition nach eine ist, die über Generationen hinweg bestehen kann, kann sie folgerichtig keine industrielle Wirtschaft, wie wir sie kennen, zur Grundlage haben, da eine solche Wirtschaft größtenteils auf den Verbrauch nicht erneuerbarer Ressourcen angewiesen ist, die früher oder später erschöpft sein werden. Die Wirtschaft einer nachhaltigen Gesellschaft muss logischerweise – wenn nicht ausschließlich, dann zumindest hauptsächlich – auf erneuerbaren Ressourcen basieren. Selbstverständlich wird es weiterhin industrielle Produktion geben. Auch Solarmodule, LED-Leuchten oder nachhaltige Transportsysteme können in keiner »Werkstatt« hergestellt werden. Doch das wesentlich reduziertere Ausmaß industrieller Produktion wird nicht mehr prägend für die Gesellschaft insgesamt sein. Die Wirtschaftstätigkeit wird sehr stark an den einfachen Grundbedürfnissen orientiert sein. Die bäuerliche Landwirtschaft, Handwerksbetriebe, Reparaturwerkstätten und so weiter werden einen viel höheren Stellenwert bekommen.

Das Konsumniveau in einer solchen Wirtschaft wird sehr bescheiden sein im Vergleich zu dem eines Durchschnittsbürgers im heutigen globalen Norden. Eine nachhaltige Steady-State-Wirtschaft wird arbeitsintensive Technologien bevorzugen. Das wird allein schon deshalb notwendig sein, weil die zur Verfügung stehenden Mengen von erneuerbaren Ressourcen das heutige Niveau von Mechanisierung und Automatisierung nicht zulassen.

Was die notwendige Arbeitszeit betrifft, so sind zwei gegenläufige Tendenzen zu berücksichtigen: Einerseits wird sich eine ökosozialistische Wirtschaft durch einen erheblich höheren Einsatz menschlicher Arbeitskraft auszeichnen. Allein die Transformation unserer heutigen Agrarindustrie in eine bäuerliche Landwirtschaft, der geringere Grad an Mechanisierung und so weiter erfordern einen wesentlich höheren Arbeitskräftebedarf. Dasselbe gilt für die Ablösung unserer heutigen Wegwerfgesellschaft durch eine Kultur der Reparatur, für viele Recyclingmethoden, die nicht einfach maschinell durchgeführt werden können, für die heute bereits vernachlässigte »Care-Arbeit«, Pflege, Erziehung … Auf der anderen Seite werden viele Produktionsbereiche einfach wegfallen. Viel krank machender Unsinn wird nicht mehr produziert werden, viele Gebrauchsgüter werden wesentlich langlebiger sein und nicht mehr »auf Verschleiß« produziert, vieles an kapitalistischem »Leerlauf« wird es nicht mehr geben, viel Arbeitskraft, die heute mit den defensiven und kompensatorischen Kosten unserer Wirtschaftsweise verbunden ist, wird wegfallen. Eine »Rückkehr zum menschlichen Maß« wird in vielen Bereichen die Produktion und Organisation bestimmter Dinge überflüssig machen. Alles in allem wird der entscheidende Wohlstandsgewinn in einer ökosozialistischen Gesellschaft mehr *Zeitwohlstand* sein. Und unsere Lebenszeit ist schließlich die knappste Ressource, über die wir verfügen. Dies ist die Kehrseite eines wesentlich niedrigeren Konsumniveaus. Es versteht sich von selbst, dass ein geringerer nötiger Zeitaufwand durch entsprechende generelle Arbeitszeitverkürzung gerecht verteilt wird. Darüber hinaus ist zu bedenken, dass durch die Konzentration unserer wirtschaftlichen Tätigkeit auf Versorgung im Nahbereich die heute bestehende strikte Trennung von Arbeit und Leben durchlässiger werden wird.

Eine stationäre, nicht dem Wachstumszwang unterliegende Wirtschaft ist aber keineswegs mit dem Stillstand menschlicher Entwicklungsmöglichkeiten zu verwechseln: »Es erscheint kaum notwendig, besonders zu betonen, dass ein Zustand konstanten Kapitals und gleichbleibender Bevölkerungszahl nicht mit einem stillstehenden Zustand menschlicher Erfindungsgabe gleichzusetzen ist. Es gäbe ebenso viel Spielraum für alle Arten geistiger Kultur, für moralischen und sozialen Fortschritt, genauso viele Möglichkeiten, die Lebensführung zu verbessern, und es wäre wahrscheinlicher, dass dies auch geschehen würde.«[16]

Eine sozialistische Gesellschaft ist aber nicht nur eine

Notwendigkeit, die sich aus der Ressourcenknappheit und dem Schutz unserer natürlichen Lebensgrundlagen ergibt. Sie ist darüber hinaus wünschenswert, sofern es uns um Gerechtigkeit, Freiheit und Solidarität geht. Ein solidarisches Zusammenleben der Menschen setzt eine sozialistische Organisation der Wirtschaft voraus.

5

WARUM WIR KEINE MARXISTEN SIND

»Eines ist sicher: Ich bin kein Marxist.«

KARL MARX

Karl Marx im Zeitalter der Ökologie

Ich will hier unser Sozialismusverständnis noch einmal klar abgrenzen von einem marxistischen. Dies scheint mir insbesondere für die Verständigung mit all jenen Menschen wichtig zu sein, die aus einer eher orthodoxen marxistischen Tradition her kommen. Anhand von Karl Marx selbst möchte ich verdeutlichen, was uns mit seinem Erbe verbindet und wo wir glauben, uns entschieden von ihm trennen zu müssen. Dabei geht es mir darum, Menschen aus traditionell marxistischen Strömungen, ausgehend von einer gemeinsamen Gesprächsbasis, unseren Standpunkt besser darzulegen und eine Verständigung über Trennendes und Verbindendes herbeizuführen, die unsere Bündnisfähigkeit und unsere gemeinsamen Kämpfe stärken sollen.

»Vom Standpunkt einer höhern ökonomischen Gesellschaftsformation wird das Privateigentum einzelner Individuen am Erdball ganz so abgeschmackt erscheinen wie das Privateigentum eines Menschen an einem andern Menschen. Selbst eine ganze Gesellschaft, eine Nation, ja alle gleichzeitigen Gesellschaften zusammengenommen sind nicht Eigentümer der Erde. Sie sind nur ihre Besitzer, ihre Nutznießer, und haben sie als boni patres familias den nachfolgenden Generationen verbessert zu hinterlassen.« (MEW 25, 784).[1] In einer Situation, in der die elementarsten Lebensgrundlagen wie etwa Wasser, Saatgut oder fruchtbarer Boden privaten Profitinteressen unterworfen werden und in der sogar noch aus der Zerstörung der Natur ein Geschäftsmodell gemacht wird (CO_2-Emissionshandel), könnte die Aktualität von Karl Marx nicht treffender demonstriert werden als mit diesem Zitat aus dem dritten Band des *Kapitals*. Im Gegensatz zu seinen Epigonen erweist sich Marx hier als erstaunlich weitsichtig. Bekannt ist auch die Passage aus dem ersten Band des *Kapitals* (MEW 23, 528–530), in der Marx aufzeigt, wie der kapitalistische Verwertungszwang seine eigenen Voraussetzungen systematisch vernichtet: die lebendige Arbeit, aus der ihm zufolge allein Wert entspringen kann, und die Erde, die natürliche Voraussetzung aller Produktion. Allerdings: Mit Hinweis auf solche Textstellen Marx zum Pionier der Ökobewegung machen zu wollen, entspringt einem reichlich naiven apologetischen Interesse. Die zitierten Äußerungen stehen innerhalb des Gesamtwerks und des Denkens von Karl Marx eher isoliert da und haben keinen Eingang in die Systematik seiner Geschichtsauffassung beziehungsweise Wirtschafts- und Gesellschaftstheorie gefunden.

Im Sinne eines klugen Essays von Axel Honneth[2] bin ich der Auffassung, dass die bleibende Aktualität von Marx' kritischer Theorie nur dann zur Geltung kommen kann, wenn man sein Denken konsequent von den »Schlacken des 19. Jahrhunderts« befreit. Hier sind vor allem sein Produktivismus, seine dem Positivismus des 19. Jahrhunderts entspringende Einschätzung des technischen Fortschritts und seine mangelnde kritische Distanz zum Industrialismus hervorzuheben. Aus der Perspektive des Anthropozäns, jenes geologischen Zeitalters also, in dem die Erde selbst ihr aktuelles Gepräge vom zivilisatorischen Eingreifen des Menschen erhält, will ich versuchen, Marx' Einsichten in Ökonomie, Gesellschaft und Geschichte neu zu bewerten.

Die »Anatomie der Gesellschaft« – Kritik der Ökonomie

Abstraktion von den natürlichen Voraussetzungen

Im Sinne seines »historischen Materialismus«, das heißt des Rückbezugs aller Lebensäußerungen des Menschen, der Sphäre des Geistes, der gesellschaftlichen Institutionen und so weiter darauf, wie die Menschen ihre materielle Existenz in Auseinandersetzung mit der Natur produzieren und reproduzieren, hat Marx das analytische Seziermesser an die Ökonomie angelegt. Als die zentrale Einsicht seines Hauptwerks, des *Kapitals*, gilt nach wie vor die im Anschluss an David Ricardo entwickelte Arbeitswertlehre beziehungsweise Mehrwerttheorie, deren Grundzüge ich hier voraussetzen darf. Von den grundsätzlichen Einwänden dagegen möchte ich in unserem Zusammenhang lediglich einen hervorheben, nämlich den, dass Marx die natürlichen Voraussetzungen der Wertbildung nicht systematisch in seine Wertlehre einbezogen und lediglich die menschliche Arbeit als wertbildend anerkannt hat. In seiner *Kritik des Gothaer Programms* hat Marx ausdrücklich angemerkt, dass nicht nur die Arbeit, sondern auch die Natur Quelle des Reichtums sei, des Reichtums allerdings im Sinne von Gebrauchswerten! Die Vermehrung dieses Reichtums erfolgt hingegen lediglich durch menschliche Arbeit. Marx verbannte die Natur damit ausdrücklich aus dem Bereich der politischen Ökonomie. Das konnte er meines Erachtens aufgrund der aus heutiger Sicht irrigen Annahme tun, dass es sich bei den natürlichen Voraussetzungen der Wertschöpfung um eine konstante Größe handelt! Heute wissen wir: Die wechselnden natürlichen Gegebenheiten, der unterschiedlich große Aufwand, der erforderlich ist, um natürliche Ressourcen zu erschließen, deren zunehmende Knappheit, die Grenzen der Tragfähigkeit von Ökosystemen und so weiter bilden eben keine Konstante, die für die Entstehung des Werts (Tauschwerts) vernachlässigt werden könnte. Der Tauschwert wird auch von diesen der Veränderung unterworfenen Naturbedingungen und nicht nur von der gesellschaftlich notwendigen Arbeit bestimmt. Hans Immler hat dies meines Erachtens präzise auf den Punkt gebracht: »Die Kritik der politischen Ökonomie wird aber an der Stelle unkritisch, wo sie die bürgerliche ›Naturvoraussetzung‹ der ewig existenten und daher beliebig verfügbaren Natur zu einem positiven Baustein ihrer Wertlehre formt, der dann in der Theorie von der allgemeinen Produktivität der Arbeit endet. Marx versäumt es zu zeigen, dass im Begriff der abstrakten Arbeit implizit die wertmäßige Existenzlosigkeit der physischen Natur vorausgesetzt ist. [...] Die Voraussetzung der wertlosen Natur gilt nämlich [...] so lange, wie die physische Natur sich bedingungslos und unzerstörbar der produktiven Aneignung zur Verfügung stellt. In dem Moment aber, in dem sich die als absolut gesetzten Naturbedingungen als veränderlich und beeinflussbar erweisen, widerspiegelt die Arbeitswertlehre sowohl ricardianischer als auch Marx'scher Herkunft eine verzerrte Wirklichkeit.«[3]

Gerade heute wird rückblickend klar, dass der enorme Produktivitätszuwachs im Lauf der Geschichte der Industrialisierung im Wesentlichen auf der – immer schwieriger werdenden – Ausbeutung fossiler Energie, zunächst der Kohle, dann des Erdöls, beruhte – Energiequellen, die grundsätzlich endlich sind, deren Knappheit sich zunehmend bemerkbar macht und deren Erschließung mit immer mehr Aufwand verbunden ist. Das noch nicht erkannt

zu haben, ist ein wesentlicher »blinder Fleck« der Marx'
schen Arbeitswertlehre. Als wichtiges Korrektiv aus heutiger Sicht sei hier wenigstens verwiesen auf den weiter oben
(S. 65) bereits erwähnten Nicholas Georgescu-Roegen, der
das physikalische Gesetz der Entropie in die Ökonomie
eingeführt hat.[4]

Kapitalistischer Wachstumszwang

Die Aktualität der Marx'schen Analyse des Kapitalismus
als eines dynamischen Systems ist in keinem Punkt so klar
wie in der präzisen Herausarbeitung seines inhärenten
Zwangs zum Wachstum. Aufgrund des Konkurrenzmechanismus zwischen Einzelkapitalien unterliegt der Kapitalismus insgesamt einem in ihm selbst verankerten Zwang
zum Wachstum. »Bei Strafe des Untergangs« ist das Einzelkapital gezwungen, einen möglichst großen Teil des
Mehrwerts zu akkumulieren, in kapitalintensivere (und
energieintensivere) Produktion zu investieren, um im Konkurrenzkampf bestehen zu können. Ein beschleunigter
Kapitalkonzentrationsprozess, eine Aufwärtsspirale der
Akkumulation auf immer höherer Stufe und weltweite Expansion sind die zwangsläufigen Folgen Bereits Friedrich
Engels hat diesen dem Kapitalismus selbst eingeschriebenen Wachstumszwang scharfsinnig beschrieben: »Aber
was wird das Ende von alledem sein? Die kapitalistische
Produktion kann nicht stabil werden, sie muss wachsen
und sich ausdehnen, oder sie muss sterben. [...] Hier ist die
verwundbare Achillesferse der kapitalistischen Produktion. Ihre Lebensbedingung ist die Notwendigkeit fortwäh-
render Ausdehnung, und diese fortwährende Ausdehnung
wird jetzt unmöglich« (MEW 22, 327).

Im Wachstumszwang findet die Irrationalität der kapitalistischen Ökonomie gerade heute, wenn angesichts der Bedrohung unserer natürlichen Lebensgrundlagen nach der Möglichkeit von »Postwachstumsökonomien« gesucht wird, ihren deutlichsten Ausdruck. Der inhärente Zwang der kapitalistischen Ökonomie zum Wachstum – im Bild gesprochen: ein Fahrrad, das sich beständig vorwärtsbewegen muss, um im Gleichgewicht zu bleiben – stellt einen unauflösbaren Widerspruch zum Ziel der Ressourcenschonung und der Erhaltung unserer natürlichen Lebensgrundlagen dar. Eine Wirtschaftsweise unter dem objektiven Zwang zur Profitanhäufung und Kapitalverwertung ist von sich aus unfähig, der Abhängigkeit der Menschen von den natürlichen Lebenszusammenhängen Rechnung zu tragen, weil sie die natürlichen Ressourcen in prinzipiell grenzenlos vermehrbaren Geldwerten ausdrücken und damit deren Endlichkeit ignorieren muss. Der kapitalistische Zwang zum Wachstum macht dieses zum Selbstzweck. Daraus ergeben sich unmittelbar jene Imperative, die uns als Sachzwänge begegnen: Expansion um jeden Preis, Senkung der Kosten der Produktionsfaktoren (wozu die menschliche Arbeitskraft ebenso gehört wie die Natur), technische Innovation (auch um den Preis unbeherrschbarer Risiken), Erzeugung künstlicher Bedürfnisse und eine Produktion »auf Verschleiß« (»geplante Obsoleszenz«).

Auch politische Zähmungsversuche wie die sogenannte soziale Marktwirtschaft lösen diesen Grundwiderspruch nicht auf, im Gegenteil: Sie sind darauf angelegt, wirtschaftliches Wachstum (im Sinne des Wachstums des Bruttoinlandsprodukts) zu verstetigen, zu institutionalisieren (S. 29).

Krisen und Zusammenbruch

Für die These, dass Marx aus diesem irrationalen Prozess, der sich aus der Konkurrenz der Einzelkapitalien ergibt, den notwendigen Zusammenbruch des Kapitalismus abgeleitet habe, findet sich in seinem Hauptwerk kaum ein Anhaltspunkt. Das Wort »Zusammenbruch« findet sich in seinem Hauptwerk exakt einmal, und an dieser Stelle stammt es nachweislich von Friedrich Engels. Allerdings hat Marx die notwendigen periodischen Krisen des Kapitalverwertungsprozesses theoretisch zu begründen versucht. Mindestens zwei unterschiedliche Krisentheorien hat er hierfür entwickelt, auf die hier nicht näher eingegangen werden soll: die sogenannte Unterkonsumtionstheorie und die »tendenziell fallende Profitrate«. Die nähere Diskussion dieser Krisentheorien ist in unserem Zusammenhang nicht von Belang.[5] Entscheidend aber scheint mir zu sein, dass wir es heute ganz offensichtlich nicht mehr nur mit den Krisentendenzen als Ausdruck der immanenten Selbstwidersprüchlichkeit des Kapitalverwertungsprozesses zu tun haben, sondern dass heute eine absolute, nicht überwindbare, weil geologische, physikalische und biologische Schranke der Kapitalverwertung immer deutlicher wird: die beschränkte Tragfähigkeit der Ökosysteme und die Endlichkeit der natürlichen Ressourcen. Angesichts dieser absoluten Schranke ist keine wie auch immer geartete »Auslagerung«, keine systemimmanente Bearbeitung mehr denkbar. Die Marx'schen Krisentheorien sind angesichts dieser völlig neuen Qualität nur noch von partiellem Wert.

Kapitalismus als Fetischismus

Marx beginnt den ersten Band des *Kapitals* mit dem entscheidenden Kapitel über den Fetischcharakter der Ware. »Fetisch« beziehungsweise »Fetischismus« ist für ihn die zentrale Charakterisierung des kapitalistischen Produktionsverhältnisses. Innerhalb der orthodoxen marxistischen Tradition wurde dieses zentrale Denkmotiv, das sich ab 1844 (damals noch nicht unter der Bezeichnung »Fetisch«) in seinem Werk durchhält, unterbewertet, einer vorwissenschaftlichen Frühphase zugeordnet, in ihrem systematischen Stellenwert verkannt und als harmlose schmückende Metapher aufgefasst. In immer wieder neuen Wendungen formuliert Marx den Sachverhalt, dass unter kapitalistischen Bedingungen, in denen das Zusammenwirken der Individuen nicht bewusst und geplant erfolgt, das, was ihren Händen und Köpfen entspringt, sich verselbstständigt und über sie unkontrollierbare Gewalt gewinnt; dass sich das Verhältnis von Subjekt und Objekt umkehrt, das heißt, dass die Subjekte sich einer sachlichen Gewalt ausgeliefert sehen; dass sich das Verhältnis der Personen zueinander in ein Verhältnis von Sachen verkehrt. Die Einzelnen sind dabei bloß Organe des Systems, nicht aber Subjekte. Das Ergebnis ihres Zusammenwirkens etabliert sich als eine ihnen äußerliche, fremd gegenüberstehende Gewalt. Die heute gängige Rede von den »Sachzwängen« der Ökonomie, denen wir blind gehorchen müssen und denen gegenüber jedes souveräne politische Handeln aussichtslos erscheint, ist der ideologische Ausdruck dieses Sachverhalts. Die Rede von der »marktkonformen Demokratie« entlarvt die Resignation vor dieser Quasi-Naturgesetzlichkeit. Und gerade heute, wo wir dabei sind, uns unseren eigenen Logarithmen zu unterwerfen, gewinnt diese Marx'sche Einsicht in das Wesen der kapitalistischen Ökonomie neu an Plausibilität. Kuno Füssel allerdings weist darauf hin, dass die Zuspitzung der heutigen umfassenden Biosphärenkrise, die die menschliche Zivilisation insgesamt infrage stellt, eine Chance darstellt, aus dieser Befangenheit in der Sachlogik des Kapitals auszubrechen: Er wendet die Logik des Sachzwangs gegen sich selbst: »Der primäre Effekt des Fetischismus besteht darin, dass die Warenwelt eine eigene, von den Produzenten nicht beabsichtigte Gesetzlichkeit entfaltet, ein Sachverhalt, der in der verschleiernden Sprache der herrschenden Ideologie als ›Systemrationalität‹ bezeichnet wird. Der Trick besteht darin, durch menschliches Handeln steuerbaren sozialen, politischen und wirtschaftlichen Prozessen die Qualität von Naturgesetzen anzudichten. Anders liegt seit vielen Jahren die Problematik der irreversiblen Zerstörung der Biosphäre und der Folgen von Katastrophen der Atomindustrie. Hier könnte der Begriff Sachzwang erstmals hilfreich sein: Angesichts der Gefahr unseres Untergangs sind wir gezwungen, anders zu handeln, als uns die Kapitallogik aufdrängen will.«[6]

Produktivkraftentwicklung und Industrialismus

Im *Manifest der Kommunistischen Partei*, einer von Marx und Engels gemeinsam verantworteten Auftragsarbeit für den Bund der Kommunisten, die zum Weltbestseller wurde und nachhaltigen Einfluss bis heute ausübt, entwickelt Marx sein Verständnis von Geschichte als Geschichte von Klassenkämpfen und beschreibt das Spannungsverhältnis von Produktivkräften (also dem Niveau der technischen Arbeitsmittel) einerseits und den Produktionsverhältnissen (der Eigentumsordnung) andererseits als die entscheidende vorwärtstreibende, dynamische Kraft der Geschichte. Wenn die Entwicklung der Produktivkräfte einen bestimmten Stand erreicht, dann können sich die herrschenden Produktionsverhältnisse als Fesseln derselben erweisen und drängen zur Überwindung dieser Produktionsverhältnisse, das heißt der gesellschaftlichen Ordnung. Am deutlichsten war dies beim Übergang von der feudalen Gesellschaft zur bürgerlichen Gesellschaft der Fall. Die Spannung zwischen den Produktivkräften und der gesellschaftlichen Ordnung des Ancien Régime entlud sich schließlich in der Französischen Revolution. Darin sieht Marx eine Parallele zu seiner eigenen Zeit. Geradezu schwärmerisch beschreibt er die historische Rolle der Bourgeoisie, die darin bestehe, die Produktivkräfte zu ihrer höchsten Entfaltung zu bringen, alle nationalen Grenzen zu durchbrechen und den Weltmarkt herzustellen. Es dürfte wohl kaum einen Text in der Weltliteratur geben, der das Hohelied der Bourgeoisie in solchen Tönen singt! Als Mensch des 21. Jahrhunderts muss man sich dabei immer wieder vor Augen halten, dass es im Jahr 1848, dem Erscheinungsjahr des *Manifests*, im Wesentlichen um die Dampfmaschine und die durch sie ermöglichten industriellen Fertigungsprozesse ging, kaum noch um die Elektrifizierung, geschweige denn um die Umwälzungen, die wir in den letzten Jahrzehnten durch die Entwicklung der Informationstechnik erlebt haben! Erst nachdem die Bourgeoisie ihre historische Rolle erfüllt hat, kann auf der Basis der voll entwickelten Produktivkräfte die Vergesellschaftung der Produktionsmittel, die Aneignung des gesellschaftlichen Reichtums durch die Produzenten dieses Reichtums selbst, erfolgen. Alles andere wäre, wie Marx bereits in der *Deutschen Ideologie* formulierte, lediglich die »Verallgemeinerung der ganzen alten Scheiße«. Weil für Marx die volle

Entwicklung der Produktivkräfte die Voraussetzung einer neuen Gesellschaftsordnung bildete, war er auch ein glühender Verfechter des Freihandels! Kurz vor Abfassung des *Kommunistischen Manifests* hielt er eine viel beachtete *Rede über die Frage des Freihandels* in genau diesem Sinne (vgl. MEW 4, 444–458). Darin heißt es am Schluss: »Aber im allgemeinen ist heutzutage das Schutzzollsystem konservativ, während das Freihandelssystem zerstörend wirkt. Es zersetzt die bisherigen Nationalitäten und treibt den Gegensatz zwischen Proletariat und Bourgeoisie auf die Spitze. Mit einem Wort, das System der Handelsfreiheit beschleunigt die soziale Revolution. Und nur in diesem revolutionären Sinne, meine Herren, stimme ich für den Freihandel.« (MEW 4, 457–458) Heutige Globalisierungskritiker, die wahrlich gute Argumente auf ihrer Seite haben, werden sich also schwerlich auf Karl Marx berufen können.

Meines Erachtens stellt die Auffassung von der Rolle der Produktivkraftentwicklung aus heutiger Sicht eines der problematischsten Elemente der Marx'schen Theoriebildung dar. Zunächst ist anhand des empirischen Materials zu prüfen, ob sich die geschichtliche Entwicklung insgesamt tatsächlich im Kern aus dem Spannungsverhältnis von Produktivkraftentwicklung und Produktionsverhältnissen schlüssig erklären lässt. Für den Übergang von der Feudalgesellschaft zur bürgerlichen Gesellschaft, also für die Erklärung der Französischen Revolution, scheint mir dies tatsächlich ein plausibler Erklärungsschlüssel zu sein. Aber ist Marx hier nicht der Versuchung erlegen, diesen Schlüssel, der auf den einen Epochenwandel passt, als Passepartout auf die Geschichte insgesamt anzuwenden? Meine diesbezügliche Skepsis nährt sich vor allem daraus, dass Marx' Ansatz meines Erachtens prognostisch, also im Hinblick auf die Überwindung des Kapitalismus, nicht stimmt. Dann aber erhebt sich umso schärfer die Frage, ob sie nicht auch für vergangene Geschichtsepochen ein untauglicher Erklärungsansatz ist. Ist die Dynamik der Produktivkraftentwicklung nicht ein Spezifikum der Industrialisierung, also eines, weltgeschichtlich betrachtet, recht kurzen Zeitraums, der vor etwa dreihundert Jahren begann und dessen Ende wir demnächst erleben werden? Haben wir das Industriezeitalter heute nicht als menschheitsgeschichtliche Singularität zu betrachten, die keineswegs in die Zukunft zu extrapolieren ist? Und ist diese Entwicklung nicht auch regional beschränkt?

Karl Marx war ein Mensch des 19. Jahrhunderts und fasziniert von den technischen Errungenschaften seiner Zeit, die er genau zur Kenntnis nahm, gründlich studierte und enthusiastisch begrüßte. Uns aber ist heute nicht nur das andere Gesicht technischer Errungenschaften, die Destruktivkraftentwicklung, schmerzlich bewusst, wir wissen auch, dass die Entwicklung der Produktivkräfte untrennbar verbunden ist mit der Ausbeutung fossiler Energie – zunächst der Kohle, dann des Erdöls –, die heute zur Neige geht. Wir wissen, dass die Entwicklung der Arbeitsproduktivität eine immer höhere Energieintensität zur Kehrseite hat, die heute an ihre deutlichen Grenzen stößt. Wir wissen, dass nicht nur das kapitalistische Produktionsverhältnis, sondern die Industrialisierung insgesamt rückblickend als problematisch beurteilt werden muss. Der Technikoptimismus, der für Marx durchaus nachvollziehbar ist, schlägt heute, angesichts des Anfangs vom Ende der Industriegesellschaft, in pure Naivität um. Aber dies wären eher Rückfragen an Marx' Epigonen, nicht an ihn selbst.

Verhängnisvoll war im 20. Jahrhundert allerdings auch, dass viele orthodoxe Marxisten aus Marx' Auffassung von der Rolle der Produktivkraftentwicklung eine deterministische Sichtweise der Geschichte ableiteten, die zu fatalen politischen Irrtümern führte. So unterstützten etwa die an der Kommunistischen Internationale orientierten kommunistischen Parteien Lateinamerikas in den 1960er- und 1970er-Jahren die Industriepolitik autoritärer Regime unter dem Stichwort »Importsubstitution« und nahmen dabei die schwerwiegenden sozialen und ökologischen Folgen in Kauf, geleitet von der Überzeugung, dass erst die Überwindung feudaler, rückständiger Verhältnisse mittels einer forcierten Industrialisierungspolitik (um den Preis einer hohen Auslandsverschuldung) den Boden für eine sozialistische Revolution bereiten würde.

Meine Hauptkritik an Marx bezieht sich also darauf, dass er im 19. Jahrhundert noch kein kritisches Verhältnis zum Industrialismus insgesamt finden konnte. Heute, da zunehmend klar wird, dass aus ökologischen Gründen nicht nur das kapitalistische Wirtschaftssystem selbst mit seinem inhärenten Wachstumszwang, sondern auch die Industriegesellschaft insgesamt zur Disposition steht, müssen wir uns an diesem entscheidenden Punkt von Marx trennen. Man kann von ihm natürlich keinen Bewusstseinsstand einfordern, der objektiv zu seiner Zeit noch nicht oder kaum möglich war. Dies wäre ahistorisches Denken. Unverzeihlich ist es aber, wenn wir heute, angesichts unseres Problembewusstseins, den eigenen Realitätsverlust mit Karl Marx rechtfertigen wollten. Das Marx'sche Sozialismuskonzept, das eine höchstmögliche Entwicklung der Produktivkräfte voraussetzt, ist deshalb von unserem heutigen Kenntnisstand her obsolet. Der Technikkritiker Otto Ullrich stellt in diesem Punkt Marx vom Kopf auf die Füße und zeigt, dass die Verhältnisbestimmung zwischen Produktivkraftentwicklung und Produktionsverhältnis genau im umgekehrten Sinne vorgenommen werden müsste:

»Sozialismus ist eine Frage der gesellschaftlichen Verfassung, der Verhältnisse der Menschen untereinander. Es ist nicht notwendig und, wie sich herausgestellt hat, sogar verhängnisvoll, diese Frage mit einem nicht bestimmbaren Maß der technisch-organisatorischen Entfaltung von Arbeitsgeräten zu verknüpfen. [...] Es gibt keine untere Grenze der ›Produktivkraftentfaltung‹, die den Sozialismus unmöglich macht, sondern eine obere Grenze. Das Industrialisierungsniveau, das heute [...] erreicht worden ist, erzeugt über die Technologie eine Sozialstruktur, die ein sozialistisches Verhältnis der Menschen zueinander von der Sache her vereitelt.«[7]

Jedenfalls werden wir Menschen des 21. Jahrhunderts, die mit der möglichen, sogar wahrscheinlichen Selbstauslöschung der Spezies konfrontiert sind, Geschichte nicht mehr im Horizont des Industrialismus des 19. Jahrhunderts rekonstruieren können. Die Fragestellungen, die wir im Rückblick auf die Geschichte formulieren, werden ganz anderer Art sein als die Fragestellungen, die dem technischen Enthusiasmus des Karl Marx entsprangen. Aus unserer Sicht werden wir viel eher nach der Zwangsläufigkeit der Entwicklung hin zu unserem ökologischen Desaster, nach den entscheidenden historischen Weichenstellungen dahin und nach deren hypothetischer Vermeidbarkeit fragen. Ab wann war der Weg in den Ökozid vorgezeichnet? Ab der Industrialisierung im 17. Jahrhundert oder etwa bereits ab der Sesshaftwerdung des Homo sapiens sapiens und dem Beginn des Ackerbaus? Die Rekonstruktion der Geschichte hat also heute aus dem emanzipatorischen Interesse an einer vielleicht noch möglichen Verhinderung des Ökozids zu erfolgen.

Die Rolle des »Proletariats«

In seiner Einleitung der Schrift *Zur Kritik der Hegel'schen Rechtsphilosophie*, jener Schrift übrigens, die auch die klassische Formulierung seiner Religionskritik enthält, begründet Marx zum ersten Mal die besondere Rolle des Industrieproletariats. Aufgrund seiner objektiven Situation ist es jene Klasse, die sich nur selbst befreien kann, wenn sie zugleich die Gesellschaft insgesamt emanzipiert! Nebenbei bemerkt: Als Marx im Jahr 1844 diese Sätze niederschrieb, war das Industrieproletariat im klassischen Sinne, also im Sinne von Fabrikarbeitern etwa in den großen Textilfabriken Manchesters, insgesamt noch recht schwach entwickelt. Der größere Teil der Arbeiterschaft bestand aus Handwerkern im traditionellen Sinne. Marx konstatiert also für seine Zeit einen unmittelbaren Zusammenfall des Interesses der Industriearbeiterschaft an der Verbesserung der eigenen Lage und des Interesses an der Transformation der Gesellschaft insgesamt. In diesem Sinne beschwören heutige marxistische Linke immer noch das Klassenbewusstsein der Arbeiterschaft als Schlüssel zur gesellschaftlichen Veränderung, ja schwelgen teilweise förmlich in einer Art Arbeiterbewegungsnostalgie, ohne zu überprüfen, ob der von Marx beschriebene Befund heute noch zutrifft. Zumindest für die reichen Industrieländer muss festgestellt werden: Die gesellschaftliche Veränderung, die heute nottut, fällt keineswegs mehr automatisch mit den unmittelbaren materiellen Interessen der abhängig Beschäftigten zusammen. Sie sind in den reichen Ländern längst eingebunden in jene »imperiale Lebensweise«, die dafür sorgt, dass sie zu den Profiteuren eines Systems gehören, dessen brutale Kehrseite sich ganz anderswo zeigt: in den Massen von völlig ausgegrenzten Menschen im globalen Süden und in der Zerstörung unserer natürlichen Lebensgrundlagen. Heute geht es aber bei uns, wie ich zu zeigen versucht habe, um Deindustrialisierung, um industrielle Abrüstung. Damit ist aber auch klar, dass es eine solche Interessenkongruenz zwischen den Arbeitern in den reichen Industrieländern und den Erfordernissen der Umwälzung der Gesellschaft insgesamt nicht mehr geben kann. Wenn unsere Initiative Ökosozialismus etwa mit guten Gründen davon ausgeht, dass in Deutschland die Automobilproduktion in den nächsten Jahrzehnten auf ein Zehntel reduziert werden muss, dann liegt das nicht im unmittelbaren Interesse der dort beschäftigten Arbeiter. Das ist völlig unabhängig davon zu sehen, dass für die betroffenen Arbeiter eine entsprechende Perspektive geschaffen werden muss, dass sie in ihrer materiellen Existenz abzusichern sind, und auch davon, dass ein entsprechendes ökologisches Bewusstsein der Arbeitnehmer und ihrer Organisationen ein wesentlicher Faktor für die ökologische Transformation sein kann. An ihre unmittelbaren materiellen Interessen kann allerdings nicht mehr angeknüpft werden. Sozialismus ist deshalb meines Erachtens angesichts dieser Situation als ethisches Projekt neu zu entdecken. Das heißt: Die gesellschaftliche Transformation wird nur dann gelingen, wenn eine kritische Masse von Menschen entsteht, die bereit sind, gegen ihre unmittelbaren eigenen Interessen politisch zu handeln.

Die neue Ausgangslage lässt sich auch empirisch nachvollziehen. In der Regel stehen die großen Arbeitnehmerorganisationen bei uns in der politischen Auseinandersetzung um unser ökologisches Überleben faktisch auf der falschen Seite. Das jüngste Beispiel aus Deutschland ist die bremsende Rolle der Gewerkschaften im Streit um einen zügigen Ausstieg aus der Kohleverstromung.

Der späte Marx

Was Karl Marx von vielen seiner Epigonen unterscheidet, ist seine intellektuelle Redlichkeit. Er blieb ein Leben lang lernfähig, korrigierte viele seiner Positionen vor dem Hintergrund historischer Erfahrungen, aber auch aufgrund von seriöser Vertiefung und gründlicher Aneignung empirischer naturwissenschaftlicher Daten. Der japanische Marxologe Kohei Saito[8] hat nun jüngst eine Studie vorgelegt, in der er überraschende Einsichten des späten Marx zur Ökologie präsentierte. Leider benutzt Saito diesen Befund für eine allzu apologetische Interpretation des Gesamtwerks von Karl Marx. Das gelingt ihm etwa dadurch, dass er das *Manifest der Kommunistischen Partei* völlig aus seiner Betrachtung ausschließt, dass er aber auch die *Pariser Manuskripte* völlig fehlinterpretiert, indem er Marxens prometheische Sichtweise von der Überwindung der Fesseln der Natur in ein Sich-Einfügen in deren Kreisläufe umdeutet. Dennoch bleibt das, was er über den späten Marx zutage fördert, höchst erstaunlich und sollte so manchen, der sich auf Karl Marx beruft, zu neuem Nachdenken veranlassen. Saito stützt sich auf die Auswertung der vierten Abteilung der auf insgesamt hundert Bände angelegten Marx-Engels-Gesamtausgabe (MEGA). Hier sind nicht nur die Schriften der beiden Denker berücksichtigt, sondern es wird akribisch dem nachgegangen, was sie selbst gelesen, exzerpiert und mit entsprechenden Randglossen versehen haben. Anhand dessen lässt sich recht genau nachvollziehen, wie radikal Marx sein Denken über ökologische Zusammenhänge verändert hat. Saito wagt die – für mich überzeugende – These, dass Marx' Hauptwerk, *Das Kapital*, wesentlich deutlichere ökologische Akzente aufgewiesen hätte, wenn er selbst noch die Chance gehabt hätte, alle

Bände herauszugeben. Bekanntlich erschien ja lediglich der erste Band zu Marx' Lebzeiten. Den zweiten und dritten Band hat Friedrich Engels nach Marx' Tod in akribischer redaktioneller Arbeit aus den nachgelassenen Skizzen zusammengestellt. Das zu Anfang dieses Kapitels wiedergegebene Zitat aus dem dritten Band des *Kapitals* ist wohl dieser späten ökologischen Wende von Karl Marx zu verdanken, die allerdings nicht mehr richtig zur Geltung kommen und damit auch die Wirkungsgeschichte seines Werks nicht wesentlich beeinflussen konnte.

Beispielhaft für Marx' radikale Änderung des Denkens in Bezug auf ökologische Zusammenhänge ist seine Position zur Bodenfruchtbarkeit. Anlass für eine neuerliche Vertiefung in diese Frage ist die Auseinandersetzung mit der Theorie der Grundrente. Ausgangspunkt für Marx ist hier zunächst David Ricardos Rententheorie: Der Wert, so Ricardo, werde bestimmt von der Produktion unter den jeweils ungünstigsten Bedingungen, woraus sich für die Besitzer besserer Böden eine sogenannte Differenzialrente ergebe. So sieht sich also Marx veranlasst, sich mit dem Gesetz des abnehmenden Bodenertrags auseinanderzusetzen. Thomas Malthus, gegen den Marx im *Kapital* heftig polemisierte, war es ja, der die Diskrepanz zwischen der exponentiell wachsenden Bevölkerung und der damit nicht Schritt haltenden Erschließung fruchtbaren Bodens aufzeigte. Man greife tendenziell auf immer schlechtere Böden zurück, um sie landwirtschaftlich zu nutzen. Marx setzt dem seinen auch aus anderen Zusammenhängen hinlänglich bekannten Technikoptimismus entgegen und führt gegen Malthus das Argument an, die Bodenfruchtbarkeit könne durch technischen Fortschritt eine unendliche Steigerung erfahren. Im Gegensatz aber zu heutigen technischen Heilspropheten ist Marx redlich genug, sich um eine ausreichende empirische Basis für diese Behauptung zu bemühen. Er rezipiert die wesentlichen zeitgenössischen Veröffentlichungen zur Agrikultur, unter anderem das Standardwerk von Justus von Liebig zur Agrikulturchemie. An seinen Freund Engels schreibt er in der Zeit dieser intensiven Beschäftigung: »Je mehr ich aber den Dreck treibe, umso mehr überzeuge ich mich, dass die Reform der Agricultur, also auch der darauf basierenden Eigentumsscheiße, das A und O der kommenden Umwälzung ist. Ohne das behält Vater Malthus recht.«[9] Marx teilt zunächst die optimistische Sicht, wie sie Justus von Liebig (der übrigens selbst an der Vermarktung mineralischen Düngers viel Geld verdiente) in der ersten Auflage seiner *Agriculturchemie* vertrat. Allerdings bleibt Marx dabei nicht stehen. Er studiert auch noch die siebte Auflage dieses Standardwerks sehr gründlich, in der Liebig nun seine ursprüngliche Sichtweise deutlich revidierte. Liebig zeigt hier die natürlichen Grenzen der Verbesserung der Bodenfruchtbarkeit auf, da einerseits die Verfügbarkeit mineralischer Nährstoffe nicht unendlich sei, da aber auch die Absorptionsfähigkeit der Pflanzen beschränkt sei! Das führt auch Marx dazu, ab 1865 die unüberwindlichen natürlichen Grenzen in Bezug auf die Verbesserung der Bodenfruchtbarkeit zur Kenntnis zu nehmen. Dem höheren Kapitaleinsatz entspricht keine direkt proportionale Verbesserung der Bodenfruchtbarkeit im selben Maß. Ja noch mehr: Marx erkennt nun am Beispiel des Baumwollanbaus in den USA einen direkten Zusammenhang zwischen der Intensivierung der Landwirtschaft und der Verschlechterung der Böden und kritisiert den dort betriebenen Raubbau, nachdem er in einem Brief an Engels im Jahr 1851 das Problem der Bodenerschöpfung noch vorkapitalistischen, primitiven Gesellschaften zugeordnet hatte. Marx gelangt nun sogar dazu, den Ökoimperialismus scharf zu kritisieren, als sich die USA die Guano-Vorkommen (Vogelkot, der eine exzellente Düngerquelle darstellte und daher sehr begehrt war) auf peruanischem Territorium im Handstreich aneigneten. Im selben Sinne wendet er sich gegen Ricardos Plädoyer für die *cornlaws,* also den Getreideimport, und gegen die koloniale Herrschaft in Irland. Marx reflektiert nun also nicht nur die natürlichen Grenzen, sondern zugleich auch die imperialistische Brutalität, mit der sie durchbrochen werden. Er beklagt das Auseinanderreißen natürlicher Kreisläufe durch die moderne Entwicklung und Verstädterung, das etwa darin zum Ausdruck komme, dass in der Landwirtschaft der organische Dünger in Form von menschlichen Exkrementen fehle, die andererseits nun zu nichts anderem dienten als zur Vergiftung der Themse! Dieselbe ökologisch sensibilisierte Haltung legt Marx auch in Bezug auf die Viehzucht an den Tag. So exzerpiert er ein zeitgenössisches Werk über die Verbesserung des Fleisch- und Wolleertrags bei Schafen durch entsprechende Züchtungserfolge, die auf Kosten des Knochenbaus der Tiere und deren Wohl ging. Marx notiert sich an den Rand: »disgusting«, also »ekelhaft«. Die Stallhaltung bezeichnet er als Gefängnissystem.[10] Er gelangt dann – meines Erachtens ganz im Gegensatz zu seinen Frühschriften – zur Einsicht, dass die Natur nicht willkürlich modifizierbar ist und dass die bewusste Regulierung des Stoffwechsels mit der Natur, die für ihn das Ziel der neuen Eigentumsordnung ist, die Berücksichtigung ihrer Grenzen zum Inhalt haben müsse.

Dieser Befund ist zwar für die Beurteilung der Person Karl Marx und seiner Qualität als eines intellektuell redlichen Theoretikers höchst interessant, doch für uns und unsere Auseinandersetzung mit marxistischen Positionen entscheidend ist letztlich die Wirkungsgeschichte seines Werkes, in die die Einsichten des späten Marx nicht eingeflossen sind. Es müsste doch jedem redlichen Marxisten zu denken geben, dass die Ökologiefrage insgesamt und die Auseinandersetzung mit den Grenzen der Natur nicht der eigenen – vorgeblich »materialistischen« – Denktradition entsprangen, sondern an Marxisten erst mühsam von außen, von »bürgerlichen« Denkern und Bewegungen, herangetragen werden mussten. Auch als man sich der Bedeutung dieser Frage nicht mehr völlig entziehen konnte, reagierte man doch von marxistischer Seite aus zunächst mit recht seltsam anmutenden Immunisierungsstrategien, versuchte krampfhaft, die neue Fragestellung in alte, völlig unbrauchbare Denkkategorien einzuordnen – und ist auch heute noch geneigt, die ökologischen Herausforderungen nur in dem Maße anzuerkennen, als sie der zusätzlichen Bestätigung bewährter Positionen dienen und als »hilfsweises« Argument benutzt werden können. Redlicher wäre es allerdings, sich selbstkritisch zu fragen, was diese Abwehrhaltung mit den eigenen Denktraditionen zu tun hat. Eine Denkfigur, die diese Haltung bei Marxisten begünstigt hat, ist natürlich die historische Bedingtheit von Bedürfnissen, wie sie Marx und Engels herausstellten. Bedürfnisse stehen nicht ein für alle Mal fest, sondern sind kulturell und historisch bedingt, verändern sich im Maße der Entwicklung der Möglichkeiten ihrer Befriedigung. Mit der Steigerung der Produktivkräfte, der technischen Möglichkeiten einer Gesellschaft also, wachsen auch die Bedürfnisse ihrer Mitglieder. Ein guter Teil der dem marxistischen Denken verpflichteten politischen Strömungen leitete daraus in kurzschlüssiger Weise die prinzipielle Grenzenlosigkeit dieser Bedürfnisse und der Möglichkeiten ihrer Befriedigung ab, ließ die natürlichen Grenzen völlig außer Acht und ging von einer unendlich sich hochwindenden Spirale von Bedürfnissen und deren technischer Erfüllbarkeit aus. Als Beispiel hierfür sei David Pepper mit seinem Buch über Ökosozialismus[11] angeführt. In angesichts der bereits 1972 von Dennis Meadows hinlänglich aufgezeigten Grenzen des Wachstums nicht mehr zu entschuldigender Naivität schreibt er: »[...] das [rotgrüne] Projekt weist potenzielle Probleme auf. Es neigt dazu, [...] die stark vereinfachenden [...] Grenzen-des-Wachstums-und-Überbevölkerungs-Thesen [...] zu akzeptieren. [...] Allerdings ist die sozialistische Behauptung, dass es reichliche Ressourcen gibt, um die Bedürfnisse von allen zu befriedigen, [...] nicht überzeugend widerlegt worden.«[12] Eine doch recht seltsam anmutende Forderung nach Umkehr der Beweislast. Das Bevölkerungsproblem ist für ihn nichts als eine »alte malthusianische (Dritte-Welt-)›Überbevölkerungs‹-Ente«[13], und zur Ressourcenfrage lässt er sich folgendermaßen ein: »Die ökosozialistische Antwort auf die Ressourcenfrage ist, [...] dass es keine ahistorischen Grenzen von unmittelbarer Bedeutung für das menschliche Wachstum als *sozialistische* Entwicklung gibt.«[14] Zum Wirtschaftswachstum schreibt er: »[...] eine ökologisch-kommunistische Utopie erfordert die Entwicklung der Produktivkräfte. [...] Ökosozialistisches Wachstum muss eine rationale, geplante Entwicklung zum gleichen Nutzen für alle sein, welche daher ökologisch verträglich wäre.«[15] Pepper spricht lediglich davon, dass »›Bedürfnisse‹ von unserer derzeitigen marktorientierten Vorstellung gelöst werden müssen«,[16] Grenzen, die mit der Endlichkeit unserer Rohstoffe zu tun haben, kennt er augenscheinlich überhaupt nicht. Ebenso wie die von mir bereits hinlänglich kritisierten Verfechter eines grünen Kapitalismus setzt auch er – ungetrübt allerdings von jeder Detailkenntnis – auf die technische Überwindbarkeit unserer Erd- und Stoffgebundenheit: »Es mag wahr sein oder nicht, dass die absoluten Mengen von Kupferoxid oder Erdöl zur Neige gehen, aber das ist nicht relevant. [...] Unser Konsum besteht aus Telekommunikation – und das kann jetzt auf anderem Wege gemacht werden als über Kupferdrähte – und Autofahrten, wofür das wasserbetriebene [sic!], schadstofffreie, elektrische Auto eine künftige Alternative zum Auto mit Verbrennungsmotor sein könnte.«[17]

Der Realitätsverlust und die Weigerung der konkreten Auseinandersetzung mit den stofflichen Grenzen technischer Entwicklung sind hier kaum noch zu überbieten. Ärgerlich ist, dass Pepper für seine Position das Etikett »Ökosozialismus« in Anspruch nimmt. Jedenfalls gilt: Wenn orthodoxe Marxisten im Kampf um unsere natürlichen Lebensgrundlagen und um die Zukunftsfähigkeit von Wirtschaft und Gesellschaft bündnisfähig werden wollen, dann setzt dies eine kritische Auseinandersetzung mit ihrer eigenen Tradition und deren gründliche Revision voraus.

6

ALLE RÄDER STEHEN STILL, WENN DEN RAMSCH KEINER MEHR WILL!

»Es ist nun Zeit für das amerikanische Volk, zur Normalität zurückzukehren und wieder das zu tun, was uns so sehr auszeichnet: arbeiten und einkaufen.«

CONDOLEEZZA RICE, EINIGE TAGE NACH DEM 11. SEPTEMBER 2001

Konsumverweigerung als politische Strategie?

In der politischen Auseinandersetzung um konkrete Veränderungsschritte ist immer wieder zu beobachten, wie einerseits politische Fragen – vermutlich auch angesichts der scheinbaren Aussichtslosigkeit ihrer adäquaten Bearbeitung – sehr schnell auf die Ebene des persönlichen Konsumverhaltens heruntergebrochen werden, wie aber andererseits jedem Versuch der Veränderung individueller Konsumgewohnheiten sehr schnell der Vorwurf der Entpolitisierung entgegengehalten wird. Grenzen und Stärken des konsumkritischen Ansatzes versuche ich deshalb am Schluss dieses Buches in Form von knappen Thesen auszuloten.

These I

Angesichts der Zangengriffkrise von immer knapper werdenden natürlichen Ressourcen (nicht nur der fossilen Energieträger) und der umfassenden Biosphärenkrise stehen die Industrieländer vor der Herausforderung, ihren Verbrauch an fossilen Energien und nicht erneuerbaren Ressourcen in möglichst kurzer Zeit drastisch (das heißt um mindestens 90 Prozent) zu reduzieren. Verbrauchsreduktionen in diesem Ausmaß können durch Effizienzsteigerungen und den Einsatz erneuerbarer Energien nur in einem bescheidenen Maß kompensiert werden. Das Potenzial für Effizienzsteigerungen ist grundsätzlich beschränkt und in den Industrieländern weitgehend ausgeschöpft. Effizienzsteigerungen unterliegen grundsätzlich dem Gesetz des sinkenden Ertrags. Erneuerbare Energien stehen nicht unbegrenzt zur Verfügung. Ihre Nutzbarmachung (Anlagen mitsamt entsprechender Infrastruktur) erfordert selbst einen erheblichen Energieeinsatz, der bislang auf fossiler Basis erfolgte. Nach Wegfall dieser Basis ist ihre »Lebensfähigkeit« (Nicholas Georgescu-Roegen) vielfach fraglich. Erneuerbar heißt eben nicht unerschöpflich.

Wir kommen um die Tatsache nicht herum, dass wir in den Industrieländern unter dem Strich mit erheblich weniger Nettoenergie werden auskommen müssen. Diese Situation wird in den Industrieländern unmittelbar den Alltag der Menschen, ihre Lebensgewohnheiten und viele Selbstverständlichkeiten des bisherigen materiellen Scheinwohlstands infrage stellen.

Konsumkritik ist deshalb schlicht der nüchterne Blick auf die Realität.

These II

Die uns bevorstehenden Knappheitsbedingungen sind, weltweit betrachtet, schon längst Realität. Bei uns treten sie nur deshalb zeitverzögert ein, weil sich hier mehr Kaufkraft konzentriert und weil wir erhebliche Ressourcen aus anderen Weltregionen abziehen. Wer die Frage der sozialen Gerechtigkeit national verkürzt, wer sich mit Blick auf die Armut hierzulande weigert, soziale Umverteilung international zu denken, oder gar die Armut hierzulande dazu benutzt, den eigenen materiellen Standard chauvinistisch zu verteidigen, läuft deshalb Gefahr, zynisch zu werden. Insofern sind sogenannte Bedürfnisse bei uns auf ihre Legitimität hin zu befragen. Kriterium dafür ist – wie seit Kant für jede Ethik – die Universalisierbarkeit. Ein Konsumverhalten, das nicht universalisierbar, verallgemeinerbar, ist, ist eben auch nicht legitim. Wer sich für gerechte internationale Beziehungen einsetzt, kommt allerdings nicht um die Feststellung herum, dass dies unmittelbar Auswirkungen auf den Lebensstandard der Bevölkerungsmehrheiten bei uns haben wird. In diesem Sinne stellten dereinst die bundesdeutschen Grünen in ihrem Außenwirtschaftsprogramm aus dem Jahr 1990 fest: »Wenn der Welthandel verringert, ökologisiert und für die Völker der ›Dritten Welt‹ gerechter gestaltet werden soll, muss sich bei uns die private Lebensführung gravierend ändern.«

Konsumkritik ist deshalb eine logische Konsequenz des Eintretens für gerechte Verhältnisse weltweit.

These III

Die heute vermutlich gefährlichste Ideologie besteht darin, dass die Profiteure des Kapitalismus den Menschen ein »Weiter so« suggerieren. Einflussreiche Leute aus dem bürgerlichen (wie etwa Ernst Ulrich von Weizsäcker) und dem linken Lager stellen explizit das Dogma auf, dass »unser Wohlstand« nicht hinterfragt werden darf. Ausgehend von dieser Prämisse, streuen sie ebenso infantile wie gefährliche Technikfantasien. Die Ideologie der Wohlstandssicherung mit anderen technischen Mitteln ist deshalb so gefährlich, weil sie auch große Teile der sozialen Bewegungen und politisch engagierten Menschen erfasst hat, weil sie uns deshalb lähmt und uns davon abhält, das wirklich Notwendige in Angriff zu nehmen.

Konsumkritik ist deshalb die heute dringlichste Form der Ideologiekritik.

These IV

Wie oben erwähnt, stehen die Industrieländer vor tief greifenden Veränderungen. Die Herausforderung für uns wird darin bestehen, einem chaotischen Selbstlauf der Entwicklungen vorzubeugen und den Veränderungsprozess bewusst zu gestalten. Dabei spielt die Frage der sozialen Gerechtigkeit eine herausragende Rolle. Wir haben aber als überzeugte Demokratinnen und Demokraten den Anspruch, dass politische Maßnahmen nicht einfach autoritär verfügt, sondern von einer Mehrheit der Menschen aktiv mitgetragen werden. Ein wichtiger Teil unserer politischen Auseinandersetzung wird deshalb darum gehen müssen, Köpfe und Herzen der Menschen zu gewinnen, sie auf das Bevorstehende vorzubereiten, darin Perspektiven eines guten Lebens aufzuzeigen und alles zu unterstützen, wodurch die Menschen ihre Daseinsmächtigkeit zurückgewinnen. Das alles wird aber so lange nicht gelingen, als die Menschen weiterhin der Illusion aufsitzen, dass der jetzige materielle Scheinwohlstand mit anderen Mitteln fortgesetzt werden kann. Wenn wir die Menschen – und uns selbst – nicht auf den Abschied von dieser Konsumgesellschaft vorbereiten, steht sogar zu befürchten, dass die Reaktionen auf die unweigerlich auf uns zukommenden Veränderungen gefährliche faschistische Züge annehmen, dass die Menschen die Art von Wohlstand, die sie als ihr »gutes Recht« empfinden, gegen andere verteidigen.

Konsumkritik ist deshalb ein wichtiger Aspekt des Kampfs um Demokratie.

These V

Es liegt die Vermutung nahe, dass viele unserer politischen Kämpfe gerade deshalb zu schwach und zu wenig erfolgreich waren, weil wir unsere eigene Einbezogenheit als Subjekte in das, was wir bekämpften, nicht genügend bedachten und daher anfällig waren für illusionäre Versprechungen und Scheinlösungen. Wir haben uns zum Beispiel mutig und fantasievoll gegen die Zumutungen der Atomlobby und ihrer willigen politischen Vollstrecker gewehrt (im Übrigen letztlich erfolgreich), aber weitgehend ohne die Konsequenzen unserer politischen Forderungen für uns zu reflektieren und die Bereitschaft zu entwickeln, sie auch zu tragen. Wir haben uns stattdessen einreden lassen, dass wir auch ohne Atom- und Kohlekraftwerke dieselben Strommengen zur Verfügung haben, dass wir auf keine der Segnungen verzichten müssen, die nur um den Preis eines hohen Stromverbrauchs zu haben sind. Damit wurden unsere politischen Kämpfe halbherzig und unsere Argumente unglaubwürdig und leicht zu widerlegen. Politische Auseinandersetzungen von grundsätzlicher Art, die Durchhaltevermögen und einen erheblichen persönlichen Einsatz erfordern, lassen sich vermutlich ohne ein Mindestmaß an Authentizität nicht bestehen.

Konsumkritik ist eine wesentliche Voraussetzung für die Durchschlagskraft unserer politischen Kämpfe.

These VI

Konsumkritik ist nicht einfach mit dem Appell an einzelne Individuen zur entsprechenden Verhaltensänderung gleichzusetzen. Letztere ist sehr differenziert in ihren Möglichkeiten und Grenzen zu betrachten. Zunächst gilt es natürlich, den Adressaten dabei im Auge zu haben. An Menschen, die aufgrund ihres Einkommens kaum über entsprechende Verhaltensspielräume verfügen, Verzichtsappelle zu richten, ist unsinnig bis zynisch. Grundsätzlich darf auch nicht die Erwartung geschürt werden, als wäre ein verändertes Konsumverhalten der Schlüssel zur Überwindung des Systems schlechthin. Es stellt eine tendenzielle Überforderung von Individuen dar, ihrem Verhalten die ganze Last dessen aufzubürden, was bestehende Strukturen erzeugen. Die Reichweite des verändernden Einflusses des eigenen Verhaltens ist begrenzt. Dies alles in Rechnung gestellt, sind Ansprüche an das eigene Verhalten dennoch nicht unsinnig. Es gibt dafür auch erhebliche Spielräume. Keine Struktur zwingt mich etwa dazu, in meinem Urlaub nach Mallorca zu fliegen.

Eine Änderung des Konsumverhaltens formulieren wir jedoch nicht in erster Linie als Aufforderung an isolierte Einzelne, sondern als Ermutigung, Solidarstrukturen und Räume zu schaffen, in denen sich Menschen dem kapitalistischen Kreislauf von Produktion und Konsum wenigstens teilweise entziehen können, in denen sie »Daseinsmächtigkeit« zurückerlangen und Lebensqualität jenseits des Konsumierens materieller Güter entdecken können.

Konsumkritik ist nicht in erster Linie individueller Anspruch, sondern eine kollektive Aufgabe.

These VII

Sofern sich Konsumkritik als eine politische Strategie der Konsumverweigerung artikuliert, kann sie eine wichtige, möglicherweise entscheidende Erweiterung unseres Arsenals an Protestformen werden und politische Durchschlagskraft entwickeln. Unsere Formen des Protests und des politischen Kampfes umfassten in den letzten Jahrzehnten im Wesentlichen Folgendes: Demonstrationen, Unterschriftensammlungen, das Organisieren von Veranstaltungen wie Kongressen, Konferenzen, Hearings, Tribunalen und so weiter. Diese zielten hauptsächlich darauf ab, Öffentlichkeit herzustellen und aufzuklären. Darüber hinaus entwickelten sich Formen kalkulierter Regelverletzung, des zivilen Ungehorsams bis hin zu militanten Aktionsformen, die, unter erheblicher persönlicher Risikobereitschaft der Beteiligten, darauf abzielten, den Preis für die Durchsetzung eines Projektes möglichst zu erhöhen. Bei nüchterner Betrachtung handelten wir uns, gemessen an dem, was wir wollten beziehungsweise was dringend erforderlich wäre, hauptsächlich Ohnmachtserfahrungen ein.

Unter »Konsumverweigerung« verstehen wir eine von wesentlichen politischen Akteuren getragene, langfristig angelegte Kampagne, die anhand von ausgewählten Schwerpunkten den notwendigen Ausstieg aus unserer Konsumgesellschaft verdeutlicht. Es wäre also mehr als ein Appell an Einzelne und mehr als eine Boykottbewegung, die lediglich ein bestimmtes, eingrenzbares Problem im Fokus hat. Die aktuelle Situation könnte einen guten Anknüpfungspunkt bieten: Angesichts der Dringlichkeit des Ausstiegs aus fossilen Brennstoffen, die durch erneuerbare Quellen nur zum Teil substituiert werden können, könnte eine Konsumverweigerungskampagne die Forderung nach radikaler Verbrauchsreduktion wirkungsvoll unterstützen! Die mögliche Wirkung könnte unter anderem sein:

- Eine Überwindung von Ohnmachtserfahrungen vieler Menschen und die Einbindung breiter Kreise, denn: Der Verzicht in diesem Bereichen ist sofort umsetzbar und zeitigt unmittelbare Wirkung.
- Eine politische Signalwirkung: Die unhaltbaren Wohlstandsversprechen, die ausnahmslos alle politischen Parteien unverantwortlicherweise propagieren, werden damit delegitimiert; beziehungsweise umgekehrt wird eine Politik ermutigt, die sich nicht mehr scheuen muss, den Menschen die Wahrheit zuzumuten.
- In vielen Bereichen ist Konsumverweigerung von der Natur der Sache her die adäquate Artikulation von Protest. Es nimmt sich einigermaßen lächerlich aus, gegen dioxinverseuchte Lebensmittel oder Fluglärm eine Demonstration zu veranstalten. Was wir hier wollen, wird am deutlichsten dadurch demonstriert, dass wir uns entsprechend verhalten und andere zu diesem Verhalten ermutigen.
- Vor allem aber wäre eine solche Konsumverweigerungsbewegung ein gutes Instrument der Bewusstseinsbildung und Aufklärung. Die Bevölkerung wäre dadurch gezwungen, sich mit dem auseinanderzusetzen, was unweigerlich auf uns alle zukommt: dass die mit der wegbrechenden Industriegesellschaft verbundenen Konsumansprüche sich demnächst in Dunst auflösen.

Konsumkritik birgt vor allem in Gestalt einer politischen Konsumverweigerungsbewegung die Chance, die von uns als notwendig erachteten Veränderungen entscheidend mit voranzubringen.

Zu klären wären hierfür vor allem folgende Fragen: Auf welche Themen könnte sich eine solche Konsumverweigerungsbewegung konzentrieren? Welche wesentlichen Akteure könnten sie tragen? Welche Anknüpfungspunkte gibt es bereits? Zu den Themen scheint mir eine Konzentration auf die beiden »F«, den Flugverkehr und den Fleischkonsum, sehr sinnvoll, weil dies in Bezug auf den Klimawandel zwei ganz zentrale Problemfelder sind. In Bezug auf den Flugverkehr bieten sich als Anknüpfungspunkte die vielen lokalen Initiativen gegen Fluglärm und Flughafenerweiterungen an. Als tragende Kräfte einer Konsumverweigerungsbewegung wären wohl all diejenigen Initiativen, Bewegungen oder Verbände anzusehen, die heute immer noch – gegen den Mainstream – den Mut haben, von »Suffizienz« zu sprechen. Dazu zählt in Deutschland immerhin ein so einflussreicher Umweltverband wie der BUND (international: Friends of the Earth). Auch der wachstumskritische Diskurs innerhalb der evangelischen Kirche, die »Erd-Charta«-Initiativen usw. könnten Erfolg versprechende Anknüpfungspunkte bieten.

ANHANG

Quellen

Einleitung: Kollektive Vernunft wider die Logik des Selbstmords

1   In diesem Sinne verzichte ich hier auch auf eine Darstellung all der Denkerinnen und Denker, die in einem sehr weit gefassten Sinne, unabhängig von ihren Selbstdefinitionen, dem Ökosozialismus zugeordnet werden, wie etwa die Psychoanalytiker und Philosophen der Frankfurter Schule, Erich Fromm, Manuel Sacristán (Spanien), Raymond Williams (Großbritannien), Jean-Paul Deléage (Frankreich) oder Barry Commoner (USA) usw. Ebenfalls unberücksichtigt bleibt die international nicht unbedeutende Strömung eines »Ökoanarchismus«, zu der unter anderem der Australier Ted Trainer zu zählen ist.

2   Vgl. hierzu www.oekosozialismus.net.

3   Vgl. Carl Amery, »Die Chance des Ökosozialismus«, protest-muenchen.sub-bavaria.de/artikel/2180 [23.12.2018].

4   Carl Amery, *Natur als Politik. Die ökologische Chance des Menschen*, Rowohlt, Reinbek bei Hamburg 1976.

5   Ebd., S.184.

6   Exemplarisch dafür ist der umfangreiche Sammelband: Klaus-Jürgen Scherer/Fritz Vilmar (Hg.), *Ein alternatives Sozialismuskonzept. Perspektiven des Ökosozialismus*, Fachbereich Politikwissenschaft der Freien Universität Berlin, Berlin 1983.

7   Dennis L. Meadows, *Die Grenzen des Wachstums. Bericht des Club of Rome zur Lage der Menschheit*, Deutsche Verlags-Anstalt, Stuttgart [14]1987.

8   Scherer/Vilmar, *Ein alternatives Sozialismuskonzept*, S. 13.

9   Gekürzt wiedergegeben in: ebd., S. 17–20.

10 Ebd., S. 20.

11 André Gorz, *Ökologie und Politik. Beiträge zur Wachstumskrise*, Rowohlt, Reinbek bei Hamburg 1980; ders., *Abschied vom Proletariat. Jenseits des Sozialismus*, Rowohlt, Reinbek bei Hamburg 1983; ders., *Wege ins Paradies. Thesen zur Krise, Automation und Zukunft der Arbeit*, Rotbuch, Berlin 1984.

12 Zu Trampert und Ebermann vgl. zum Beispiel: Thomas Ebermann/Rainer Trampert, *Die Offenbarung der Propheten. Über die Sanierung des Kapitalismus, die Verwandlung linker Theorie in Esoterik, Bocksgesänge und Zivilgesellschaft*, Konkret Literatur Verlag, Hamburg 1995. Ich gehe in diesem Zusammenhang nicht näher ein auf andere Strömungen innerhalb der Partei Die Grünen wie etwa die Radikalökologinnen und -ökologen um Jutta Ditfurth und Manfred Zieran oder auf den DDR-Dissidenten Rudolf Bahro, die ebenfalls eine klare antikapitalistische beziehungsweise eine radikal industrialismuskritische Position vertraten, sich aber selbst nie als Ökosozialisten bezeichneten. Für alle näher Interessierten sei hier auf das Standardwerk verwiesen: Saral Sarkar, *Green-Alternative Politics in Western Germany*, 2 Bde., United Nations University Press, New York 1993/94.

13 Die Texte sind dokumentiert in: Michael Löwy, *Ökosozialismus. Die radikale Alternative zur ökologischen und kapitalistischen Katastrophe*, Laika Verlag, Hamburg 2016.

14 Ebd., S. 28.

15 Ebd., S. 57.

16 Zuerst in englischer Sprache erschienen: Saral Sarkar, *Eco-Socialism or Eco-Capitalism? A Critical Analysis of Humanity's Fundamental Choices*, Zed Books, London/New York 1999. Die deutsche Version ist wesentlich erweitert und für den deutschsprachigen Kontext adaptiert: Saral Sarkar, *Die nachhaltige Gesellschaft. Eine kritische Analyse der Systemalternativen*, Rotpunktverlag, Zürich 2001.

17 Vgl. Heinrich Wohlmeyer, »Wirtschaft und Ökologie. Realität – Defizite – notwendiges Handeln«, in: Diakonia 25/1994, S. 221–232.

18 www.neueenergie.net/wissen/klima/dem-orient-droht-ein-klima-exodus [9.3.2019].

19 Dieser Wert berücksichtigt neben der Außentemperatur auch die Luftfeuchtigkeit, da der Wärmeregulierungsvorgang des Schwitzens,

der dem Menschen zur Verfügung steht, bei zunehmender Luftfeuchtigkeit immer schlechter funktioniert.

20 Steven C. Sherwood / Matthew Huber, »An adaptability limit to
climate change due to heat stress«, www.ncbi.nlm.nih.gov/pub
med/20439769 [27.12.2018].

21 Zitiert bei: Minqi Li, *The Rise of China and the Demise of the Capitalist Word-Economy*, Pluto Press, London 2008, S. 170.

22 BUND / Misereor (Hg.), *Zukunftsfähiges Deutschland. Ein Beitrag
zu einer global nachhaltigen Entwicklung*. Studie des Wuppertal
Instituts für Klima, Umwelt, Energie, Birkhäuser, Basel 1996, S. 133–
138.

23 Alfred Müller-Armack, »Soziale Marktwirtschaft«, in: *Handwörter-
buch der Sozialwissenschaften, Bd. 9.*, G. Fischer, Stuttgart 1966,
S. 247.

24 Helmut Gollwitzer, *Die kapitalistische Revolution*, Kaiser, München
1974, S. 40.

25 Vgl. hierzu vor allem: Saral Sarkar, *Die Krisen des Kapitalismus.
Eine andere Studie der politischen Ökonomie*, AG SPAK Bücher,
Neu-Ulm 2010.

26 International Forum on Globalization (IFG), *Die Welthandelsorgani-
sation (WTO)*, Köln 2001, S. 24.

27 Zitiert bei: Sarkar, *Die nachhaltige Gesellschaft*, S. 329.

1. Das Märchen vom »grünen Wachstum«

1 Spiegel online, 22.02.2004, www.spiegel.de/politik/ausland/0,1518,
287518,00.html [28.06.2019].

2 Vgl. www.nzz.ch/wissenschaft/biodiversitaet-der-mensch-macht-
der-natur-den-garaus-ld.1479623 [28.06.2019].

3 Vgl. etwa Malte Meinshausen, »Greenhouse-gas emission targets for
limiting global warming to 2 0C«, in: Nature 458, 30.4.2009.

4 Vgl. dazu Ted Trainer, *Renewable Energy Cannot Sustain a Consumer Society*, Springer, Dordrecht 2007, S. 110–111.

5 Colin J. Campbell, zitiert bei Minqi Li, *The Rise of China and the
Demise of the Capitalist Word-Economy*, Pluto Press, London 2008,
S. 149.

6 Zentrum für Transformation der Bundeswehr, *Peak Oil – Sicherheitspolitische Implikationen knapper Ressourcen*, Hamburg 2010,
S. 47–50.

7 Minqi Li, *The Rise of China*, S. 148 ff.

8   Vgl. Saral Sarkar, *Die Krisen des Kapitalismus. Eine andere Studie der politischen Ökonomie*, AG SPAK Bücher, Neu-Ulm 2010, S. 318 ff.

9   www.mnforsustain.org/oil_peaking_of_world_oil_production_study_hirsch.htm [8.1.2019].

10 Nicholas Stern, *The Economics of Climate Change. The Stern Review*, Cambridge University Press, Cambridge 2007. Zur Kritik vgl. vor allem Tim Jackson, *Wohlstand ohne Wachstum. Leben und Wirtschaften in einer endlichen Welt*, hrsg. von der Heinrich-Böll-Stiftung, oekomverlag, München 2011, S. 74–75. Anzumerken bleibt noch, dass Stern in dieser Studie, was den CO_2-Eintrag in die Atmosphäre betrifft, eine viel zu hohe Zielmarke ansetzt, nämlich 550 ppm, womit das Zwei-Grad-Ziel auf keinen Fall erreicht werden könnte.

11 Eine entsprechende Tabelle ist etwa wiedergegeben in: Minqi Li, *The Rise of China*, S. 164. Für 32 wichtige Metalle sind hier die weltweiten Reserven (das heißt die bekannten Lagerstätten von heute rentabel abbaubaren Vorkommen), die Ressourcen (das heißt die darüber hinaus bekannten oder vermuteten Lagerstätten, die zum gegenwärtigen Zeitpunkt nicht rentabel zu erschließen sind), die derzeitigen jährlichen Abbauraten und die daraus errechnete Dauer bis zur Erschöpfung dieser Vorkommen aufgelistet.

12 Dennis Gabor / Umberto Colombo / Alexander King / Riccardo Galli, *Das Ende der Verschwendung. Zur materiellen Lage der Menschheit. Ein Tatsachenbericht an den Club of Rome*, Deutsche Verlags-Anstalt, Stuttgart 1976, S. 144 f.

13 John Naisbitt, *Megatrends. Ten New Directions Transforming Our Lives*, Warner Books, New York 1982, S. 14.

14 Vgl. Volker Hauff (Hg.), *Unsere gemeinsame Zukunft: Brundtland-Bericht*, Eggenkamp Verlag, Greven 1987, S. 216 (Übersetzung sprachlich leicht geglättet).

15 Dazu Saral Sarkar, *Die nachhaltige Gesellschaft. Eine kritische Analyse der Systemalternativen*, Rotpunktverlag, Zürich 2001, S. 267.

16 Niko Paech, »Nachhaltigkeit zwischen ökologischer Konsistenz und Dematerialisierung: Hat sich die Wachstumsfrage erledigt?«, in: Natur und Kultur 6/1 (2005), S. 64.

17 Vgl. Paul Hawken / Amory Lovins / L. Hunter Lovins, *Natural Capitalism. Creating the Next Industrial Revolution*, Little, Brown and Company, New York 2000; Ernst Ulrich von Weizsäcker / Amory Lovins / L. Hunter Lovins, *Faktor Vier: Doppelter Wohlstand – halbierter*

Naturverbrauch. Der neue Bericht an den Club of Rome, Droemer Knaur, München 1995.

18   Trainer, *Renewable Energy*, S. 115–117.

19   Ernst Ulrich von Weizsäcker, *Erdpolitik. Ökologische Realpolitik an der Schwelle zum Jahrhundert der Umwelt*, Wissenschaftliche Buchgesellschaft, Darmstadt 1992, S. 12.

20   Vgl. hierzu insgesamt: Minqi Li, *The Rise of China*, S. 160–162.

21   H. Douglas Lightfoot / Christopher Green, *Energy Efficiency Decline. Implications for Stabilisation of Atmospheric CO_2-Content,* Centre for Climate and Global Change Research, Report No. 2001-7, McGill University, Montreal 2006.

22   Vgl. Minqi Li, *The Rise of China*, S. 162.

23   Hauff, *Unsere gemeinsame Zukunft*, S. 92 f.

24   F. E. Trainer, *Abandon Affluence*, ZED Books, London 1985, S. 211.

25   Ebd., S. 51.

26   »Wir haben 30 Jahre verloren.« Interview mit Dennis L. Meadows, in: DIE ZEIT, 31.12.2003.

27   Lester R. Brown, »Securing Food Supplies«, in: ders. u. a. (Hg.), *State of the World*, World Watch Institute, New York 1984, S. 179.

28   Sarkar, *Die nachhaltige Gesellschaft*, S. 43–90.

29   Zitiert in: ebd., S. 52.

30   Friedrich Schmidt-Bleek, zitiert in: Joachim Wille, »Die Maschinisten des Wachstums«, in: Frankfurter Rundschau, 5.10.1999.

31   Fred Luks, »Der Himmel ist nicht die Grenze«, in: Frankfurter Rundschau, 21.01.1997.

32   Zitiert bei Minqi Li, *The Rise of China*, S. 150.

33   Richard Heinberg, *The Party's Over. Das Ende der Ölvorräte und die Zukunft der industrialisierten Welt*, Riemann, München 2004, S. 265.

34   Hermann Scheer, *Solare Weltwirtschaft*, Kunstmann, München 1999, S. 66.

35   Im Folgenden nicht eigens erörtert werden Gezeitenenergie, Geothermie, Wasserkraft usw., also Formen erneuerbarer Energie, die zwar regional von größerer Bedeutung sein können (wie etwa die Wasserkraft in Österreich), aber global gesehen quantitativ einen zu kleinen Beitrag leisten, um für eine Umstellung der Energieversorgung auf erneuerbare Energien besondere Bedeutung zu erlangen. Was die Wasserkraft betrifft, wären Großstaudammprojekte in vielen Regionen (insbesondere am Amazonas) aufgrund ihrer verhee-

renden ökologischen Auswirkungen (zum Beispiel Abholzung des
Regenwalds in großem Stil), aber auch aufgrund der damit verbundenen sozialen Probleme (Vertreibung einer großen Zahl von Menschen) kritisch zu thematisieren.

36 Andreas Exner / Christian Lauk, »Die ökologische Krise des Kapitals«,
    in: Streifzüge 44 (November 2008), S. 9.

37 Howard T. Odum, *Environmental Accounting. Emergy and Environ-
    mental Decision Making,* John Wiley, New York 1996. Für die wich-
    tigsten Energiequellen sind die von ihm berechneten Energiege-
    winnraten auch in einer Tabelle wiedergegeben in: Heinberg, *The
    Party's Over*, S. 252.

38 Vgl. Nicholas Georgescu-Roegen, *Energy and Economic Myths*, ZED
    Books, New York 1976.

39 Vgl. dazu mit entsprechenden genauen Quellenangaben: Trainer,
    Renewable Energy, S. 11–41.

40 James Howard Kunstler, *The Long Emergency. Surviving the End of
    Oil, Climate Change, and Other Converging Catastrophes of the
    Twenty-First Century*, Grove Press, New York 2005, S. 128.

41 Wobei oftmals allerdings die optimale Nutzung der Kapazität bei der
    Berechnung vorausgesetzt wird, das heißt, es wird die idealtypische
    Situation unterstellt, dass die Speicher gerade in Zeiten von über-
    schüssiger Stromproduktion leer und gerade bei Windflauten gefüllt
    sind.

42 Trainer, *Renewable Energy*, S. 101–106.

43 Heinberg, *The Party's Over*, S. 233.

44 Ebd., S. 239.

45 Ferruccio Ferroni / Robert J. Hopkirk, »Energy Returned on Energy
    Invested (ERoEI) for photovoltaic solar systems in regions of mode-
    rate insolation«, in: Energy Policy, November 2016, S. 338.

46 Ebd. 343.

47 Ebd. 338.

48 Ted Trainer, *Renewable Energy: What are the Limits*? Kap. 2: PV
    Solar Electricity: http://ssis.arts.unsw.edu.au/tsw/RE.html [3.1.2019].
    Insgesamt zur Photovoltaik vgl. Ted Trainer, *Renewable Energy
    Cannot Sustain a Consumer Society*, Springer, Dordrecht 2007,
    S. 59–72.

49 Annette Schlemm, *Die neuen Grenzen des Wachstums, Teil 1 oder:
    Ist Photovoltaik umwelt- und klimaverträglich?*, www.streifzuege.
    org. [8.1.2019, seit Kurzem nicht mehr online verfügbar]. Als Print-

ausgabe von der Autorin in Form einer Heftmappe als »creative commons« zur Verfügung gestellt.

50 Dominik Sollmann, zitiert bei Schlemm, ebd., S. 16.

51 www.linksnet.de/files/pdf/Desertec-fg-200908.pdf [4. 12. 2019].

52 Trainer, *Renewable Energy*, S. 47; insgesamt zu solarthermischen Anlagen: ebd., S. 43–57.

53 Ich beziehe mich hier exemplarisch auf zwei: Greenpeace, »Der Plan. Deutschland ist erneuerbar!«, 1.5.2011; Studie als Reaktion auf den Atomunfall in Fukushima zur Unterstützung der Forderung nach einem Ausstieg aus der Atomenergie, www.greenpeace.de/sites/ www.greenpeace.de/files/20110501-Der-Plan-Energiewende-ohne-Atom-und-Kohle.pdf [8.1.2019]; WWF-Studie 2017, »Zukunft Stromsystem – Kohleausstieg 2035. Vom Ziel her denken«, www.oeko.de/ fileadmin/oekodoc/Stromsystem-Kohleausstieg-2035.pdf [8.1.2019].

54 Patrick Barta / Jane Spencer, »As Alternative Energy Heats Up, Environmental Concerns Grow«, in: Wall Street Journal, 5.12.2006, S. 5.

55 Heinberg, *The Party's Over*, S. 152f; Alice Friedemann. »Peak Soil: Why Cellulosic Ethanol, Biofuels Are Unsustainable and a Threat to America«, in: Cultural Change, 10 04.2007.

56 Andreas Exner / Christian Lauk / Konstantin Kulterer, *Die Grenzen des Kapitalismus. Wie wir am Wachstum scheitern*, Verlag Carl Ueberreuter, Wien 2008, S. 84.

57 Trainer, *Renewable Energy*, S. 75.

58 Minqi Li, *The Rise of China*, S. 157.

59 Trainer, *Renewable Energy*, S. 73.

60 Benjamin Dessus, »Technologische Utopien«, in: Le monde diplomatique (deutsche Ausgabe), 14.1.2005, S. 14.

61 Heinberg, *The Party's Over*, S. 245.

62 Heinberg gibt an, dass die Energiemenge, die man heute in einem Tanklastwagen mit Benzin transportiert, im Fall von Wasserstoff 21 Tanklastwagen erforderlich machen würde!

63 Minqi Li, *The Rise of China*, S. 158.

64 Trainer, *Renewable Energy*, S. 97.

65 Ebd., S. 98.

66 Zur Ökobilanz von Elektroautos vg . etwa: Christoph M. Schwarzer, »So sauber ist das Elektroauto«, in: Zeit online, 16.1.2014, www.zeit. de/mobilitaet/2014-01/elektroauto-energiebilanz/ [5.1.2019]); Christoph Schrader, »Ökobilanz: Ein kritischer Blick«, in: Spektrum der

Wissenschaft online, 14.11.2017, www.spektrum.de/news/wie-ist-die-umweltbilanz-von-elektroautos/1514423.html [5.1.2019]; Hanna Decker, »Wie klimafreundlich ist das Elektroauto wirklich?, in: FAZ online, 2.11.2017, www.faz.net/aktuell/wirtschaft/diesel-affaere/wie-klimafreundlich-ist-das-elektroauto-wirklich-15273918.html [5.1.2019]; die beste umfassende Analyse bietet: Winfried Wolf, *Mit dem Elektroauto in die Sackgasse. Warum E-Mobilität den Klimawandel beschleunigt*, Promedia, Wien 2019.

67 Vgl. Minqi Li, *The Rise of China*, S. 164.

68 Volker Quaschning, »Sektorkopplung durch die Energiewende. Anforderungen an den Ausbau erneuerbarer Energien zum Erreichen der Pariser Klimaschutzziele unter Berücksichtigung der Sektorkopplung«, Hochschule für Technik und Wissenschaft Berlin 2016, https://pvspeicher.htw-berlin.de/wp-content/uploads/2016/05/HTW-2016-Sektorkopplungsstudie.pdf [9.3.2019].

69 Andreas Exner / Christian Lauk / Konstantin Kulterer, *Die Grenzen des Kapitalismus. Wie wir am Wachstum scheitern*, Verlag Carl Ueberreuter, Wien 2008, S. 81.

70 Tim Jackson, *Wohlstand ohne Wachstum. Leben und Wirtschaften in einer endlichen Welt*, hrsg. von der Heinrich-Böll-Stiftung, oekomverlag, München 2011, S. 59–77. Allerdings stehen die politischen Schlussfolgerungen, die Jackson dann zieht, in gar keinem Verhältnis zu dieser klaren Analyse. Noch detaillierter erörtert ist die »Ehrlich-Gleichung« in: Li, *The Rise of China,* S. 144–148.

71 Jeremy Rifkin, *Entropie. Ein neues Weltbild*, Ullstein, Frankfurt am Main 1989, S. 213 f.

2. Die Grenzen marktkonformer Steuerungselemente

1 Irmi Seidl / Angelika Zahrnt (Hg.), *Postwachstumsgesellschaft. Konzepte für die Zukunft*, Metropolis-Verlag, Marburg 2010.

2 BUND / Misereor (Hg.), *Zukunftsfähiges Deutschland. Ein Beitrag zu einer global nachhaltigen Entwicklung.* Studie des Wuppertal Instituts für Klima, Umwelt, Energie, Birkhäuser, Basel 1996, S. 186.

3 DIW, *Wirtschaftliche Auswirkungen einer ökologischen Steuerreform*, Berlin 1994, S. 18.

4 Franz Groll, *Der Weg zur zukunftsfähigen Gesellschaft. Die solidarische Wirtschafts- und Gesellschaftsordnung als Alternative zum Kapitalismus*, VSA Verlag, Hamburg 2013, S. 34.

5   Ebd., S. 48. Zur Darstellung des Modells insgesamt vgl. ebd., S. 35–52.

6   So wörtlich in: Franz Groll, »Was kann, darf, muss wachsen, wenn der Ressourcenverbrauch stark zurückgehen muss?«, franzgroll.de/PDF/Was%20kann%20darf%20muss%20wachsen.pdf, S. 6 [6.2.2019].

7   Vgl. Ulrich Schachtschneider, *Freiheit, Gleichheit, Gelassenheit. Mit dem Ökologischen Grundeinkommen aus der Wachstumsfalle*, oekomverlag, Hamburg 2014, S. 31–33.

8   Saral Sarkar, *Die nachhaltige Gesellschaft. Eine kritische Analyse der Systemalternativen*, Rotpunktverlag, Zürich 2001, S. 253.

9   Schachtschneider, *Freiheit, Gleichheit, Gelassenheit*, S. 40–41.

10 Mohssen Massarrat, »Sinns ›Paradoxon‹ oder warum Marktkräfte das Klima nicht schützen können«, in: Z 91 (September 2012), S. 1–2.

11 Nick Reimer, »Attraktiv wie Schweinebauch«, in: Der Freitag, 31.01.2019, S. 15.

12 Hans-Werner Sinn, *Das grüne Paradoxon. Plädoyer für eine illusionsfreie Klimapolitik*, Econ, Hamburg 2009, S. 417.

13 Massarrat, »Sinns ›Paradoxon‹«, S. 15–16.

14 Johannes B. Opschoor, *Environmental Taxes and Incentives*, Centre for Science and Environment, New Delhi 1991, S. 21–22.

15 Groll, *Der Weg zur zukunftsfähigen Gesellschaft*, S. 62.

16 Ebd., S. 66.

17 Ebd.

18 Eine Schrumpfung des Ressourcenverbrauchs in dieser Größenordnung hat vor allem Friedrich Schmidt-Bleek als notwendige Voraussetzung für Nachhaltigkeit aufgewiesen. Vgl. Friedrich Schmidt-Bleek, *Wieviel Umwelt braucht der Mensch?, mips – Das Maß für ökologisches Wirtschaften*, Springer, Basel 1993.

19 Herman Daly, *Steady-State Economics*, Island Press, San Francisco 1973, S. 51.

20 Sarkar, *Die nachhaltige Gesellschaft*, S. 263.

21 Ebd., S. 274–286.

22 Ebd., S. 273.

23 Andrew McLaughlin, »Ecology, Capitalism, and Socialism«, in: Socialism and Democracy 10 (1990), S. 75–79.

3. Sackgassen und Umwege

1 Niko Paech, *Befreiung vom Überfluss. Auf dem Weg in die Post-wachstumsökonomie*, oekomverlag, München 2012, S. 75–76.

2 Vgl. dazu vor allem: Saral Sarkar, *Die Krisen des Kapitalismus. Eine andere Studie der politischen Ökonomie*, AG SPAK, Neu-Ulm 2010, S. 213–242.

3 »Autos kaufen keine Autos. Heiner Flassbeck, Chefökonom der UNCTAD, über die Ideologie der Enthaltsamkeit, die Schnapsidee des Stabilitätspaktes und die große Gefahr einer deflationären Abwärts-spirale«, in: Der Freitag, 18.07.2003.

4 Alle Zitate Bofingers aus: Peter Bofinger, *Wir sind besser, als wir glauben. Wohlstand für alle*, Pearson Studium, München 2005, S. 259 f.

5 Vgl. Arbeitsgruppe Alternative Wirtschaftspolitik, *Memorandum 2005. Sozialstaat statt Konzern-Gesellschaft. Kurzfassung*, Eigenverlag, Bremen 2005, S. 7.

6 Sarkar, *Die Krisen des Kapitalismus*, S. 239.

7 Vgl. ebd., S. 236–237.

8 David Leonhardt, »Nations Cut Back, and Shadow of the 1930s Looms«, in: The New York Times (abgedruckt in: Süddeutsche Zeitung, 12.7.2010).

9 Das im deutschen Sprachraum wohl bekannteste neoliberale Modell eines bedingungslosen Grundeinkommens stammt vom Unternehmer Götz Werner. Vgl.: Götz Werner, »1000 Euro für jeden machen die Menschen frei.« Interview in der Frankfurter Allgemeinen Zeitung, 15.8.2010; Götz Werner, »Zum Grundeinkommen«, www.unternimm-die-zukunft.de/de/zumgrundeinkommen [22.2.2019]. Zur Kritik an diesem Modell vgl.: Heiner Flassbeck / Friederike Spiecker / Volker Meinhardt / Dieter Vesper, *Irrweg Grundeinkommen. Die große Umverteilung von unten nach oben muss beendet werden*, Westend Verlag, Frankfurt am Main 2012, S. 21–24.

10 Ich beziehe mich in meiner Kritik einzig auf Modelle von Organisationen, die sich dem Netzwerk Grundeinkommen angeschlossen haben. Vgl.: Ronald Blaschke / Adeline Otto / Norbert Schepers (Hg.), *Grundeinkommen. Geschichte – Modelle – Debatten*, Karl Dietz Verlag, Berlin 2010; Ronald Blaschke, »Grundeinkommen und Grund-sicherungen. Modelle und Ansätze in Deutschland«, www.grundein-kommen.de/die-idee/finanzierungsmodelle [22.2.2019].

11 André Gorz, *Abschied vom Proletariat. Jenseits des Sozialismus*, Rowohlt, Reinbek bei Hamburg 1983, S. 155–158.

12   Saral Sarkar, *Die nachhaltige Gesellschaft. Eine kritische Analyse der Systemalternativen*, Rotpunktverlag, Zürich 2001, S. 330.

13   Flassbeck/Spiecker/Meinhardt / Jesper, *Irrweg Grundeinkommen*, S. 38.

14   Vgl. vor allem: Christian Felber, *Die Gemeinwohl-Ökonomie. Das Wirtschaftsmodell der Zukunft*, Piper, München 2018.

15   Ebd, S. 44.

16   Ich stütze mich im Folgenden vor allem auf Sarkar, *Die Krisen des Kapitalismus*, S. 342–346.

17   Elmar Altvater, *Das Ende des Kapitalismus, wie wir ihn kennen*, Westfälisches Dampfboot, Münster 2005.

18   Ebd., S. 213.

19   Ebd., S. 210.

20   Ebd., S. 87–88.

21   Ebd., S. 209.

22   Ebd., S. 207.

23   Ebd., S. 208.

24   Ebd., S. 14.

25   Paech, *Befreiung vom Überfluss*, S. 11.

26   Ebd., S. 83.

27   Ebd., S. 97.

28   Ebd., S. 33.

29   Ebd., S. 115,

30   Ebd., S. 104.

31   Ebd., S. 112.

32   Ebd., S. 99.

4.   Auf dem Weg zu einer ökosozialistischen Gesellschaft

1   Niko Paech, *Befreiung vom Überfluss. Auf dem Weg in die Post-wachstumsökonomie*, oekomverlag, München 2012, S. 67.

2   Maria Buitenkamp / Hank Venner / Teo Wams (Hg.), *Action Plan Sustainable Netherlands*, Vereniging Milieudefensie, Amsterdam 1993, S. 182.

3   Paech, *Befreiung vom Überfluss*, S. 21 und S. 136.

4   Vgl. zu entsprechenden konkreten Planungen etwa das »European Defense Paper« der Europäischen Union: Andreas Zumach, *Die kommenden Kriege. Ressourcen, Menschenrechte, Machtgewinn –*

Präventivkrieg als Dauerzustand?, Kiepenheuer & Witsch, Köln 2²2005, S. 132–138.

5 Zu dieser Einschätzung kam die im Auftrag von Friends of the Earth Netherlands erstellte Studie: Buitenkamp / Venner / Wams, *Action Plan Sustainable Netherlands.*

6 Paech, *Befreiung vom Überfluss*, S. 20.

7 Helge Peukert, »Welche Finanzmarktpolitik brauchen wir für die öko-soziale Wende? Kernpunkte einer nationalen und internationalen Reorganisation«, in: Amos international (Internationale Zeitschrift für christliche Sozialethik; Sozialinstitut Kommende Dortmund) 1 (2019), S. 34.

8 Richard Heinberg, *The End of Growth. Adapting to Our New Economic Reality*, New Society Publishers, Gabriola Island 2011, S. 231–266.

9 Ebd., S. 33–40. Vgl. insgesamt auch: Helge Peukert, *Das Moneyfest. Ursachen und Lösungen der Finanzmarkt- und Staatsschuldenkrise*, metropolis, Marburg 2013.

10 Paech, *Befreiung vom Überfluss*, S. 44.

11 Ebd., S. 59.

12 Elmar Altvater, *Die Zukunft des Marktes,* Westfälisches Dampfboot, Münster 1992, S. 359.

13 Vandana Shiva, »Export at Any Cost: Oxfam's Free Trade Recipe for the Third World«, zitiert bei: Saral Sarkar, *Die Krisen des Kapitalismus. Eine andere Studie der politischen Ökonomie*, AG SPAK, Neu-Ulm 2010, S. 258–259.

14 Ausführlich besprochen in Sarkar, *Die Krisen des Kapitalismus*, S. 245–256.

15 Zit. nach: BUND / Misereor (Hg.), *Zukunftsfähiges Deutschland. Ein Beitrag zu einer global nachhaltigen Entwicklung.* Studie des Wuppertal Instituts für Klima, Umwelt, Energie, Birkhäuser, Basel 1996, S. 172.

16 John Stuart Mill, zitiert bei: Ossip K. Flechtheim, »Einführung in den Ökosozialismus«, in: Klaus-Jürgen Scherer / Fritz Vilmar (Hg.), *Ein alternatives Sozialismuskonzept. Perspektiven des Ökosozialismus*, Fachbereich Politikwissenschaft der Freien Universität Berlin, Berlin 1983, S. 19–20.

5. Warum wir keine Marxisten sind

1. Die Originalzitate von Karl Marx sind hier zitiert nach: Karl Marx / Friedrich Engels, *Werke*, hrsg. vom Institut für Marxismus-Leninismus beim ZK der SED, Bde. 1–40, Dietz Verlag, Berlin 1956 ff. (in Klammern zitiert als MEW mit Band- und Seitenzahl).

2. Axel Honneth, *Die Idee des Sozialismus. Versuch einer Aktualisierung*, Suhrkamp, Frankfurt am Main 2016.

3. Hans Immler, *Natur in der ökonomischen Theorie*, Leske + Budrich, Opladen 1985, S. 253.

4. Nicholas Georgescu-Roegen, *Energy and Economic Myths. Institutional and Analytical Economic Essays*, Pergamon, New York 1976.

5. Vgl. dazu meinen diesbezüglichen Kommentar in dem von mir herausgegebenen Marx-Lesebuch: Karl Marx, *Texte – Schriften. Ausgewählt, eingeleitet und kommentiert von Bruno Kern*, Marixverlag, Wiesbaden 2015, S. 274–310.

6. Kuno Füssel, »Hommage an Karl Marx. Warum und wie soll man sich mit Karl Marx beschäftigen?«, in: Michael Ramminger / Franz Segbers (Hg.), »*Alle Verhältnisse umzuwerfen … und die Mächtigen vom Thron zu stürzen.*« *Das gemeinsame Erbe von Christen und Marx*, VSA Verlag, Hamburg 2018, S. 23–24.

7. Otto Ullrich, *Weltniveau. In der Sackgasse des Industriesystems*, Rotbuch Verlag, Berlin 1979, S. 21 und 102.

8. Kohei Saito, *Natur gegen Kapital Marx' Ökologie in seiner unvollendeten Kritik des Kapitalismus*, Campus Verlag, Frankfurt am Main 2016.

9. Zitiert nach: ebd., S. 212.

10. Vgl. dazu insgesamt ebd., S. 159–271.

11. David Pepper, *Eco-Socialism. From Deep Ecology to Social Justice*, Routledge, London 1993.

12. Ebd., S. 247.

13. Ebd., S. 2.

14. Ebd., S. 233.

15. Ebd., S. 219.

16. Ebd., S. 247.

17. Ebd., S. 100.

Literaturhinweise

Einleitung: Kollektive Vernunft wider die Logik des Selbstmords

Als Standardwerk unserer Auffassung von Ökosozialismus kann nach wie vor gelten: Saral Sarkar, *Die nachhaltige Gesellschaft. Eine kritische Analyse der Systemalternativen*, Rotpunktverlag, Zürich 2001. Allerdings ist es aufgrund des Erscheinungsjahres in mancher Hinsicht überholt. So entspricht die Diskussion vieler technischer Details in Bezug auf erneuerbare Energien nicht mehr dem heutigen Stand. Es werden theoretisch anspruchsvolle Debatten mit bestimmten Positionen, etwa der der »Marktsozialisten«, geführt, die heute kaum mehr relevant sind. Umgekehrt fehlt die Auseinandersetzung mit wichtigen Strömungen und Protagonisten, die zurzeit sehr einflussreich sind. Dennoch war dieses Buch bislang die umfassendste Darstellung unserer Position. Sehr lesenswert ist auch der erste Teil, der den Zusammenbruch der Sowjetunion aus ökologischer Sicht analysiert.

Für das Verständnis von »Ökosozialismus« im Sinne der Vierten Internationale ist repräsentativ: Michael Löwy, *Ökosozialismus. Die radikale Alternative zur ökologischen und kapitalistischen Katastrophe*, Laika Verlag, Hamburg 2016. Meines Erachtens zu Unrecht relativ bekannt geworden ist Klaus Engert, *Ökosozialismus – das geht*, Neuer isp-Verlag, Karlsruhe 2010. Der Autor beschreibt die ökologische Krise sehr eingehend. Sie dient ihm aber offensichtlich bloß als zusätzliches Argument für seine unabhängig davon feststehende antikapitalistische Haltung. Mit seiner eigenen sozialistischen Tradition setzt er sich nicht auseinander. Es fehlt jede konkretere Beschreibung notwendiger politischer Schritte. Der Autor weigert sich beharrlich, über die Konsequenzen der stofflichen Grenzen für die Industriegesellschaft zu diskutieren. Als einzige Konsequenz fordert er ein Verbot der Werbung (!) ein.

1. Das Märchen vom »grünen Wachstum«

Die gründlichste und umfassendste Darstellung der Potenziale und Grenzen erneuerbarer Energien leistet Ted Trainer, *Renewable Energy Cannot Sustain a Consumer Society*, Springer, Dordrecht 2007. Zu seinen Grundpositionen verweise ich auch auf seinen Grund agentext: thesimpler-way.info. Was die unzulängliche politische Bearbeitung des Klimawandels betrifft, so möchte ich aus der schier unüberschaubaren Fülle der Publikationen jene hervorheben, die unserer Position am nächsten kommt: Marcel Hänggi, *Wir Schwätzer im Treibhaus. Warum die Klimapolitik versagt*, Rotpunktverlag, Zürich 2008.

2. Die Grenzen marktkonformer Steuerungsinstrumente

Die wichtigste Referenz in Bezug auf eine fundamentale Kritik der Instrumente von Ökosteuern und Zertifikatehandel ist Mohssen Massarrat, *Das Dilemma der ökologischen Steuerreform*, metropolis, Marburg, 2., stark erweiterte Auflage, 2000. Lesenswert in dieser Hinsicht ist auch, trotz seiner insgesamt neoliberalen Orientierung, Hans-Werner Sinn, *Das grüne Paradoxon. Plädoyer für eine illusionsfreie Klimapolitik*, Econ, Hamburg 2009.

3. Sackgassen und Umwege

Eine sehr gründliche Auseinandersetzung mit dem Keynesianismus, mit Harry Shutt, Herman Daly, Elmar Altvater und so weiter leistet Saral Sarkar, *Die Krisen des Kapitalismus. Eine andere Studie der politischen Ökonomie*, AG SPAK, Neu-Ulm 2010.

4. Auf dem Weg zu einer ökosozialistischen Gesellschaft

Die Grundzüge unserer Vorstellung einer ökosozialistischen Gesellschaft sind nach wie vor gültig dargestellt in Saral Sarkar, *Die nachhaltige Gesellschaft. Eine kritische Analyse der Systemalternativen*, Rotpunktverlag, Zürich 2001. Was die Exitstrategien betrifft, so scheint mir ein Hinweis auf den bisher völlig unterbelichteten Aspekt des notwendigen Umbaus des Finanzsystems wichtig. Auch für Laien gut verständlich sind diese Aspekte dargestellt in Helge Peukert, *Das Moneyfest. Ursachen und Lösungen der Finanzmarkt- und Staatsschuldenkrise*, metropolis, Marburg 2013. In knapper Form dargestellt hat der Autor seine diesbezüglichen Positionen in: Helge Peukert, »Welche Finanzmarktpolitik brauchen wir für die öko-soziale Wende? Kernpunkte einer nationalen und internationalen Reorganisation«, in: Amos international (Internationale Zeitschrift für christliche Sozialethik; Sozialinstitut Kommende Dortmund), 1 (2019), S. 33–40.

5. Warum wir keine Marxisten sind

Zu unserem Marxismusverständnis darf ich auf meine eigenen Publikationen verweisen. Zu nennen ist hier zunächst das von mir mit entsprechenden Kommentaren herausgegebene Marx-Lesebuch: Karl Marx, *Texte – Schriften. Ausgewählt, eingeleitet und kommentiert von Bruno Kern*, Marixverlag, Wiesbaden 2015. Des Weiteren meine Marx-Biografie: Bruno Kern, *Karl Marx. Ökonom – Redakteur – Philosoph*, Weimarer Verlagsgesellschaft, Wiesbaden 2017. Speziell zu den ökologischen Aspekten im Werk von Karl Marx sei verwiesen auf die interessante Studie von Kohei Saito, *Natur gegen Kapital. Marx' Ökologie in seiner unvollendeten Kritik des Kapitalismus*, Campus Verlag, Frankfurt am Main 2016. Der Autor zeigt anhand der Auswertung der vierten Abteilung der MEGA eine interessante »ökologische Wende« des späten Karl Marx auf, die allerdings sein hinterlassenes Werk und dessen Rezeption kaum mehr beeinflussen konnte. Ärgerlich ist lediglich, dass Saito, ausgehend von diesem Befund, eine kaum haltbare Apologie des Marx'schen Gesamtwerkes leistet. Er unterschlägt dabei alles, was nicht in dieses Schema passt, vor allem das so wirkmächtige *Manifest der Kommunistischen Partei*, und nimmt Umdeutungen der Frühschriften von Karl Marx, näherhin der *Pariser Manuskripte*, vor, die man nur als hanebüchen bezeichnen kann. Dennoch sind seine Forschungsergebnisse hinsichtlich des späten Marx von höchster Relevanz.

6. Alle Räder stehen still, wenn den Ramsch keiner mehr will!

Trotz meiner in diesem Buch dargestellten grundsätzlichen Kritik an Niko Paechs Grundposition halte ich das Buch, in dem er sie am konzisesten ausgeführt hat, für äußerst inspirierend hinsichtlich der Frage nach dem eigenen Lebensstil, nicht zuletzt aufgrund der bewundernswerten Formulierungsgabe des Autors: Niko Paech, *Befreiung vom Überfluss. Auf dem Weg in die Postwachstumsökonomie*, oekomverlag, München 2012. Darüber hinaus sind zu diesem Aspekt die Bücher von Marianne Gronemeyer äußerst empfehlenswert. Vgl. vor allem: Marianne Gronemeyer, *Die Macht der Bedürfnisse. Überfluss und Katastrophe*, Wissenschaftliche Buchgesellschaft, Darmstadt 2016; Marianne Gronemeyer/Wolfgang Ullrich, *Dem Konsumismus trotzen?*, Wieser Verlag, Klagenfurt 2015.

Personenregister

Der Autor

Bruno Kern, geboren 1958 in Wien, studierte Theologie und Philosophie in Wien, Freiburg/Schweiz, München und Bonn. Er promovierte mit einer Studie über die Marxismusrezeption in der Theologie der Befreiung. Zurzeit arbeitet er als selbstständiger Lektor, Übersetzer und Autor in Mainz. Darüber hinaus ist er Gründungsmitglied der Initiative Ökosozialismus (2004) und des Netzwerks Ökosozialismus (2018).

www.oekosozialismus.net

Christoph Fleischmann

**Nehmen ist seliger
als geben**

Wie der Kapitalismus die
Gerechtigkeit auf den Kopf stellte

240 Seiten, Broschur, 2018
ISBN 978-3-85869-799-8

Gerechtigkeit im Kapitalismus

Seit dem Aufkommen kapitalistischer Wirtschaftsformen wird kaum noch Gleiches gegen Gleiches getauscht: Der gerechte Preis ist der, den wir zu zahlen bereit sind – unabhängig vom eigentlichen Wert der Ware. »It's the economy, stupid«, Angebot und Nachfrage.
Auf der Suche nach einem Jenseits des Kapitalismus unternimmt Christoph Fleischmann einen höchst aufschlussreichen Gang durch die Geschichte der Tauschgerechtigkeit. Von Aristoteles über die Scholastiker des Mittelalters und der frühen Neuzeit zu Thomas Hobbes und den neoliberalen Ökonomen.

Ein Buch über faire Preise und den Wandel der Gerechtigkeit im Kapitalismus – schlau gedacht und unterhaltsam geschrieben.

Rotpunktverlag.

Ludger Eversmann

Marx' Reise ins digitale Athen

Eine kleine Geschichte von Kapital,
Arbeit, Waren und ihrer Zukunft

240 Seiten, Broschur, 2019,
ISBN 978-3-85869-822-3

Die Digitalisierung in den Dienst der Menschen stellen

Der Philosoph und Wirtschaftsinformatiker Ludger Eversmann
spürt auf dieser hochspannenden Gedankenreise der Frage
nach, wie wir den technischen Fortschritt in den Dienst einer
neuen ökonomischen Ordnung stellen können – und wie diese
Ordnung jenseits der Systemfehler des Kapitalismus aussehen
könnte. Im Dialog mit klassischen und zeitgenössischen
Theoretikern und Philosophen – u. a. Aristoteles, Marx, Rifkin,
Brynjolfsson – sucht dieses Buch nach verständlichen Ant-
worten auf ein komplexes Problem: Wie wird die Arbeit in
Zukunft verteilt sein? Gibt es ein »digitales Athen«, wo das
Problem der (Über-)Produktion gelöst ist und Maschinen die
Sklavenarbeit machen? Was machen dann die Menschen?
Wem gehören die Maschinen? Wartet dort das »gute Leben«?

Rotpunktverlag.